Inhalt

Danksagung

Zuallererst danke ich den Interviewpartnerinnen und -partnern in Fürstenberg, Neustrelitz, Frankfurt am Main, München und Berlin, die sich bereitfanden, meinem Kollegen Jens Schley und mir ihre Erinnerungen zu erzählen. Es war für sie keineswegs leicht, sich auf unsere Fragen einzulassen, sich zu erinnern und ein Stück des eigenen Lebens preiszugeben.

Der Thyssen-Stiftung sei gedankt, die in Kooperation mit der Gedenkstätte Ravensbrück die Erhebung und Transkription der Interviews gefördert hat. Die Ernst Strassmann Stiftung und die Heinrich Böll Stiftung haben die Recherche in den verschiedenen Archiven ermöglicht, und die Brandenburgische Landeszentrale für Politische Bildung unterstützte gemeinsam mit der Stiftung zur Aufarbeitung der SED-Diktatur die Niederschrift des vorliegenden Textes.

Ich danke auch Loretta Walz und Beate Meyer, die mir freundlicherweise Ausschnitte aus ihren Interviews zur Verfügung stellten.

Berlin, im August 2007 *Annette Leo*

Toreinfahrt in der Bahnhofstraße mit dem Schriftzug des Fuhrunternehmens Lewald.

Ein Spaziergang vom Bahnhof Fürstenberg bis zur Gedenkstätte

Fürstenberg/Havel im September 2006. Der Regionalexpress aus Berlin hält. Der Bahnsteig ist leer. Mit mir steigt nur eine Frau aus, die schwer an zwei Taschen trägt. Zusammen gehen wir die Treppe hinunter, durch den Tunnel mit den bekritzelten, fleckigen Wänden und an der anderen Seite wieder hoch. Das Bahnhofsgebäude ist verschlossen. Schon lange gibt es keinen Zugabfertiger und keinen Fahrkartenschalter mehr. Auf die Straße gelangt man durch ein Tor zwischen dem Haus und dem backsteinernen Wasserturm. Eine Lautsprecherstimme sagt, dass der Zug jetzt abfährt, weiter in Richtung Stralsund. Auf dem Bahnhofsvorplatz steigt die Frau in ein wartendes Auto, das rasch anfährt. Dann wird es still. Die Sonne scheint auf den Platz. Es ist ein schöner windiger Spätsommertag.

Anfangs kamen die Transporte hier an. Erst später wurden die Schienen direkt bis ans Lager gelegt. Aber in den ersten Jahren stiegen die Häftlinge hier aus und mussten nach Ravensbrück laufen. Frau Lenz,[1] die am liebsten gar nicht genannt werden möchte, wohnte damals am Bahnhof und sah vom Fenster aus, wie die Kolonnen an ihrem Haus vorbeiliefen. Das sagte sie aber nur am Telefon. Sie wollte sich mit mir nicht verabreden, sie wollte nicht mehr davon erzählen, weil ihr Mann dagegen sei. Der Vater von Frau Möbius arbeitete damals bei der Bahn. Sie sagt, er habe ihr erzählt, einer der Angekommenen habe ihm im Vorbeigehen ein paar neue Schuhe in die Hand gedrückt. „Schnell wegstecken", habe der Mann gesagt. Eine seltsame Geschichte: Ein Häftling schenkt einem Eisenbahner ein paar Schuhe. Ob Frau Möbius' Vater die Schuhe getragen hat? Schließlich waren sie neu. Vielleicht trug er sie noch, als er im Mai 1945 selbst in ein Lager kam.

1 Die in diesem Beitrag zitierten Aussagen und Erinnerungen stammen fast ausschließlich aus Interviews, die Annette Leo und Jens Schley 1999 und 2000 mit Fürstenberger Bürgern geführt haben. Auf Wunsch der Interviewpartner wurden ihre Namen fast alle geändert.

An welcher Stelle stiegen die gefangenen Frauen und Männer aus? Wahrscheinlich nicht auf dem Bahnsteig wie die anderen Passagiere. Eher schon an der Rampe ein Stück daneben, wo die Pakete für die Post abgeladen wurden. Manche der überlebenden Häftlinge sprachen später, wenn sie danach gefragt wurden, von einer Rampe. Aber die meisten nahmen damals von dem Ort kaum etwas wahr. Sie erinnerten sich vor allem an den Schrecken und die Angst, die sie empfanden, als die Waggontüren aufgestoßen wurden und sie sich den Aufseherinnen mit den Hunden gegenüber sahen. Kamen sie vor allem im Dunkeln an, oder auch am helllichten Tag, wenn alle sie sehen konnten? Die meisten Anwohner sagen, dass die neu angekommenen Häftlinge nicht durch das Zentrum des Ortes liefen, sondern den kürzeren, weniger belebten Weg zum Lager gleich am Bahnhof links die Luisenstraße entlang bis zum Tunnel nahmen. Dort seien sie dann nach rechts abgebogen und hätten die F 96 überquert.

Ich aber gehe die Bahnhofstraße entlang, vorbei an dem touristischen Informations-Kiosk, der mit dem Plakat „Wasserstadt Fürstenberg“ wirbt. Gleich daneben befindet sich auf einer kleinen Anhöhe das sowjetische Ehrenmal. Steinerne Stufen führen hinauf bis zu einer niedrigen schmiedeeisernen Umzäunung, gesäumt von Laternen, deren Glas zerschlagen und deren Glühbirnen entfernt wurden. In den Boden sind vier Reihen von blanken rötlichen Granitplatten eingelassen. Die Aufschriften sind vom Zaun aus nicht zu lesen. Im Zentrum der Anlage steht ein schmaler weißer Turm mit einem roten Stern auf der Spitze, umgeben von roten Säulen. „Ewiger Ruhm den Helden der Sowjetarmee“. Es ist still geworden um diesen Ort, seit sich im Jahr 1993 die Einheiten der sowjetischen Armee, die zu diesem Zeitpunkt schon russische Armee hieß, in einem feierlichen Akt verabschiedet hatten, um zurück in die Heimat zu fahren. Ihre Toten, die noch kurz vor dem Sieg ihr Leben verloren hatten, ließen sie hier zurück. Fast fünfzig Jahre lang war der weiße Turm mit den roten Säulen jeweils am 8. Mai der Schauplatz für eine Gedenkfeier gewesen. Die Fürstenberger Garnison war dort mit den Repräsentanten der Stadt- und Kreisverwaltung, mit den Vertretern der örtlichen Parteien zusammengetroffen. Auch eine vorher festgelegte Anzahl junger Pioniere, Mitglieder der Jugendorganisation und Arbeiterinnen und

Arbeiter aus den Betrieben, war aus diesem Anlass zum Ehrenmal beordert worden, ähnlich wie jeweils am Ende des Monats April zu den Erinnerungszeremonien im „Lager", wie die Fürstenberger die Gedenkstätte bis heute nennen. In den feierlichen Reden, die bei diesen Anlässen vorgetragen wurden, ging es stets um die Toten der „anderen", um die gefallenen Befreier, um die ermordeten und gestorbenen Häftlinge, während die „eigenen" Toten aus dieser Zeit, die Wehrmachtsoldaten, die Flüchtlinge und Kriegsgefangenen an entfernten oder verschwiegenen Orten begraben lagen, zu denen man damals nur schwer gelangte und an denen keine offiziellen Zeremonien stattfanden.

Das Haus direkt gegenüber dem Ehrenmal in der Bahnhofstraße Nr. 4 mit seinem Turm und den emporstrebenden backsteinernen Verzierungen an der wuchtigen Fassade mutet an wie eine Mischung aus Burg und Kirche. Über der Toreinfahrt steht noch immer der große Schriftzug *W. Lewald.* Lewald war der größte Fuhrunternehmer in Fürstenberg. Mit seinem Wagen fuhr er in den ersten Jahren die Leichen der gestorbenen Häftlinge vom Konzentrationslager bis zum Fürstenberger Krematorium. Die Asche wurde auf dem Friedhof in eine Grube geschüttet und eine Eisenplatte darüber gelegt. So jedenfalls erinnert sich Frau Schröder, die dort als Kind gespielt hat. Zusammen mit anderen Kindern hat sie die schwere Platte ein Stück beiseite geschoben und schaudernd in das Loch geschaut. Linda Tebs, die unmittelbar neben dem Friedhof einen Gemüsegarten bewirtschaftete, sagt, sie habe den Lewald häufig vorbeifahren sehen. An manchen Tagen sei das schwarze Leichenauto innerhalb von kurzer Zeit zwei- oder sogar dreimal gekommen. Von ihrer Schwester, die im Dorf Ravensbrück wohnte, wusste Frau Tebs, woher der Wagen die Leichen brachte. Sie habe sich aber nicht weiter darum gekümmert, sagt sie. Es sei immer so viel zu tun gewesen im Garten und mit den Kindern.

Neben dem Haus Nummer 4 befindet sich das Bierlokal „Pipeline", auf dem angrenzenden Grundstück wuchert das Unkraut. Erst vor kurzem wurde das Haus abgerissen und auch das große graue Mehrfamilienhaus daneben, an dessen Fassade Weinranken emporklettern, scheint einem ähnlichen Schicksal entgegenzugehen. Seit langem schon ist es leer, im Obergeschoss hängt das Schild „zu verkaufen".

Die Straße führt über eine kleine Brücke. Der Blick in den Kanal eröffnet rechts und links den schmalen Ausschnitt einer grünen Idylle: herabhängende Zweige von Bäumen und Büschen, kleine und große Boote, die an Stegen festgebunden sind. Für einen Moment übertönt der Wasserfall alle anderen Geräusche. Gleich hinter der Brücke verliert sich der Eindruck von Verfall. Das solide ockerfarbene Gebäude der alten Post wurde erst vor einigen Jahren renoviert und zu einem Wohnhaus umgebaut. In Fürstenberg gibt es kein Postamt mehr. Wer Briefmarken benötigt oder ein Paket aufgeben will, muss in den Quelle-Shop auf der Brandenburger Straße gehen, an dem das gelb-blau-rote Post-Zeichen hängt. Im Sommer 1945 diente der Keller des Hauses als NKWD-Gefängnis. So jedenfalls erzählt es Frau Marten. Die Fürstenberger Männer, die den Befehl bekamen, sich mit einer Decke und Marschgepäck auf dem Marktplatz vor der Kommandantur einzufinden, blieben dort eingesperrt, ehe sie sich auf den langen Fußmarsch Richtung Osten begeben mussten, in die Arbeitslager jenseits des Urals, von wo nur wenige zurückkehrten. Die Leute sprechen hier vom „Hungermarsch" oder vom „Todesmarsch", und während eine magere Katze ihren Rücken am Gitter des Kellerfensters reibt, frage ich mich, ob dies eine bewusste Anlehnung ist an den Todesmarsch der KZ-Häftlinge, von dem die wenigsten Fürstenberger damals etwas bemerkt haben, weil sie zu diesem Zeitpunkt schon auf der Flucht vor der Roten Armee waren. Ob ihre Ehefrauen, ihre Schwestern, Mütter oder Töchter damals vor den vergitterten Kellerfenstern des Postamts gehockt haben? Ob sie ihren Männern oder Vätern noch etwas zustecken, mit ihnen einige Worte des Abschieds wechseln konnten? Frau Marten sagt, sie habe immer, wenn sie dort vorbeiging, Angst gehabt, dass jemand etwas rufen würde.

Fürstenberg ist ein von Seen und Kanälen umschlossener und durchflossener Ort. An der Brandenburger Straße gab es früher sogar ein Elektrizitätswerk, an dessen Grundmauern noch immer die Reihen von Porzellan-Isolatoren befestigt sind, über die früher die Drähte gespannt waren. In dem kleinen Staubecken brodelt das Wasser, ehe es herabstürzt und unter der Brücke verschwindet. Der Vater von Herrn Linke hat zu Beginn des 20. Jahrhunderts dieses erste Elektrizitätswerk der Stadt gebaut und geleitet.

Max Linke, der ebenfalls Elektroingenieur wurde und später für eine große Stromgesellschaft in der Region arbeitete, zeigte mir während meines Besuchs stolz die mehrbändige Chronik seiner Familie. Dann blätterte ich noch in einem Fotoalbum, das er eigentlich gar nicht hatte zeigen wollen, und sah, dass einige Aufnahmen seines Hauses halb herausgerissen waren. Das habe er 1945 getan, sagte er verlegen. Niemand hätte sehen sollen, dass aus dem Fenster die Hakenkreuzfahne hängt.

Neben dem ehemaligen Elektrizitätswerk, in dem heute ein Seniorenklub der AWO zu Spiel- und Tanznachmittagen einlädt, liegt der Laden des Bäckers Martin, der als einziger weit und breit noch immer die kleinen, festen, duftenden Ost-Schrippen bäckt. Schräg gegenüber, auf der anderen Seite der Brandenburger Straße, fast an der Ecke Friedrich-Wilhelm-Straße, verkauft eine Vietnamesin Jeans und andere Textilien. Früher war dort das *Café Schröder*, eines der ersten Cafés am Platz, in dem sich die SS-Leute gern trafen – die aus dem KZ und die aus der Polizeischule in Drögen. Am Wochenende sei „bei Schröders" immer Tanz gewesen, erinnert sich der ehemalige Feinkosthändler Starcke. Elfriede Himmel, die damals ein junges Mädchen war, stahl sich mit ihrer Schwester manchmal vom elterlichen Hof, um sich ein bisschen zu amüsieren. An einem dieser Abende lernte sie dort ihren Verlobten kennen, einen SS-Mann aus Drögen, der sie aber zu ihrem Kummer dann doch nicht heiratete, was unter den Leuten im Ort Anlass für hämisches Gerede gab. In den Jahren 1947 und 1948 schließlich tagte im „Café Schröder" viele Male die Entnazifizierungskommission des Kreises, die immer aus Neustrelitz anreiste, um die Nazi-Vergangenheit einzelner Bürger zu untersuchen und darüber zu befinden. Die Kommission beschloss unter anderem, der späteren Schwiegermutter von Frau Marten ihr Hotel und ihr Kino wegzunehmen. Später soll sie es zwar zurückbekommen haben, aber schon seit vielen Jahren gibt es in Fürstenberg kein Filmtheater mehr.

Ich gehe die Brandenburger Straße in Richtung Schloss weiter. Mitten auf dem Marktplatz hinter der etwas kitschigen wasserspeienden Skulptur, dem neuen Zeichen für die Wasserstadt Fürstenberg, erhebt sich die backsteinerne neogotische Kirche. Die Leute erzählen, der Pfarrer habe am Ende des Krieges die Seiten aus der Kirchenchronik herausgerissen, die sich auf seine

Amtszeit zwischen 1933 bis 1945 beziehen. Auf diese Weise habe er seine völlige Ergebenheit für das NS-Regime vertuschen wollen. Einer seiner Nachfolger, Pfarrer Böttger, setzte später ein anderes Zeichen. Er ließ 1959 von einem Künstler einen sieben Meter langen Batikvorhang fertigen, der der größte seiner Art in Europa sein soll. Auf dem Vorhang ist die Leidensgeschichte Christi dargestellt, mit vielen Bezügen zu den Leiden der KZ-Häftlinge.

Wenn in der Kirche Hochzeiten stattfanden, so erinnert sich Herr Karl, dann sei oft – natürlich vor dem Krieg – ein roter Teppich vom Kirchenportal bis zum Eingang des *Mecklenburger Hofs* direkt gegenüber ausgerollt worden. Wenn das Brautpaar dann darüber schritt, sei das immer ein Erlebnis gewesen. Der Mecklenburger Hof, eines der ersten Häuser am Platz, gehörte den Eltern von Herrn Karl. 1953 flohen die Karls in den Westen, und als sie 1957 zurückkamen, weil sie es vor Heimweh nicht ausgehalten hatten, wurden sie gezwungen, auf ihr Eigentum zu verzichten. Wegen dieser Verzichtsurkunde konnte Herr Karl zu Beginn der neunziger Jahre das Grundstück nicht zurückbekommen. Bald nachdem er den Bescheid bekommen hatte, brannte das Gebäude ab, die verkohlten Mauern wurden abgetragen. Jetzt existieren nur noch die Treppe und ein Stück braun-gelb gekachelter Fußboden, wo einmal der Hoteleingang war. In den letzten Jahren stand auf dem leeren Grundstück ein Schild mit der Aufschrift: „Rückbau von Mehrfamilienhäusern einschließlich Nebengebäuden: Gesellschaft für Konversion Alt-Ruppin". Was immer der Begriff „Rückbau" zu bedeuten hatte, seit kurzem fehlt diese Ankündigung.

Im November 1941 wohnte ein gewisser Dr. Fritz Mennecke im *Mecklenburger Hof.* Im Auftrag des Reichssicherheitshauptamtes selektierte der Mediziner im Konzentrationslager Ravensbrück Häftlinge für die Gaskammer in Bernburg. Fast jeden Tag schrieb Dr. Mennecke muntere Briefe an seine Frau, in denen er seiner „liebsten Mutti" minutiös das Essen im SS-Kasino schilderte und ihr stolz berichtete, wie viele Häftlinge er wieder „begutachtet" habe. Auf Empfehlung von KZ-Kommandant Koegel wechselte Mennecke nach einigen Tagen ins *Hotel Wegert* über, weil der *Mecklenburger Hof* angeblich „nicht wanzenfrei" war.[2]

2 Vgl. Friedrich Mennecke, Innenansichten eines medizinischen Täters im Nationalsozialismus. Eine Edition seiner Briefe 1935–1947, Bd. 1, Hamburg 1987, S. 204 f.

Roter Teppich, Blumenkinder und Brautpaar gehören in eine längst vergangene Zeit, als es auf der Brandenburger Straße noch nicht soviel Verkehr gab. Heute rattert, rauscht und dröhnt es Tag und Nacht von Süd nach Nord und von Nord nach Süd am Marktplatz vorbei. Die schweren Transporter lassen die Häuser erzittern und scheinen manchmal die Fassaden fast zu streifen. Seit vielen Jahren ist von einer Umgehungsstraße die Rede, aber ihr Verlauf war lange Zeit umstritten. Erst stoppten Proteste der Häftlingsorganisationen das Vorhaben, weil die Straße über historisch belastetes Gebiet etwa am Lager Uckermark führen sollte. Dann meldeten sich Umweltschützer zu Wort, um zu verhindern, dass eine Wiese mit der vom Aussterben bedrohten Trollblume planiert wurde. Nun, nach vielen Jahren, da es endlich eine Einigung über den politisch korrekten Verlauf der Umgehungsstraße zu geben scheint, haben viele Fürstenberger resigniert. Sie würden immer noch bestraft für das KZ, sagen einige. „Die da oben", meinen sie, hätten kein Interesse daran, dass in dieser Stadt etwas geschehe.

Die Fürstenberger Obrigkeit sitzt im Bürgermeisteramt am Rande des Marktplatzes, das vor einigen Jahren renoviert wurde und in frischer heller Farbe glänzt. 1945 residierte hier die sowjetische Kommandantur. Aber die Russen hielten damals auch viele andere Häuser der Stadt besetzt, ehe sie sich für die folgenden Jahrzehnte in die eigens für sie abgesperrten Territorien zurückzogen. In Frau Himmels Elternhaus, gleich neben der Apotheke, war der Sanitätsstab untergebracht. Elfriede Himmel sagt, die Nachbarn hätten sie und ihre Schwestern damals bedauert: Was die armen Mädchen alles auszuhalten hätten. Aber sie hätten gar nichts auszuhalten gehabt, weil die Offiziere sie geschützt und ihnen gut zu essen gegeben hätten. Der Sanitätsstab musste damals alle Instrumente und Medikamente aus den zahlreichen Fürstenberger Lazaretten verpacken und nach Osten in die Sowjetunion schicken. Auch sie und ihre Schwester hätten manchmal packen geholfen, während der freundliche Major auf einem Stapel Kisten saß und Mandoline spielte. Von den drei Himmel-Schwestern lebt heute nur noch eine in dem schönen alten Haus mit dem Denkmalszeichen an der Fassade. Man sieht die alte Dame selten auf der Straße. Sie sei ein bisschen wunderlich, sagen die Leute. Als ich an ihrem Haus vorbeigehe, sind die Gardinen vor ihren

Fenstern wie gewöhnlich zugezogen. Nur einmal hat sie mir die Tür geöffnet und mich hineingelassen. Als ich es später noch einige Male versuchte, hat sie auf mein Klingeln und Klopfen nie mehr reagiert.

Etwas erhöht über der Brandenburger Straße, die an dieser Stelle einen Knick macht, liegt die alte Burg mit ihren hohen dicken Feldsteinmauern. Im Mittelalter sollen hier die Raubritter gehaust haben, später zog ein Burg- und Amtshauptmann ein. Seit 1819 ist die Stadtschule dort untergebracht, die in den Erinnerungen der meisten Fürstenberger eine Rolle spielt. Der Vater von Frau Wiese war hier Lehrer, der Vater von Frau Tebs Schuldiener. Frau Hoff, die mit ihren Eltern und ihrer Schwester im Februar 1945 aus Rummelsburg in Hinterpommern flüchten musste, geriet Anfang März in Fürstenberg zunächst in ein Massenquartier in der „Burgschule", wie die Leute sagten. In der Ecke eines Klassenraumes drängten sie sich auf einem Strohlager zusammen. Bald nach ihrer Ankunft habe sie früh etwa um sechs Uhr ein seltsames Geklapper unten auf der Straße gehört. Als sie aus dem Fenster schaute, sei im Dämmerlicht eine Kolonne von Häftlingen vorbeigelaufen. Rechts und links von Schäferhunden bewacht. Das Klappern sei von den Holzpantinen gekommen, und anfangs habe sie gar nicht gesehen, dass es sich bei den Gefangenen um Frauen handelte.

Außer der Schule befindet sich heute in der Burg eine „Heimatstube", die in den neunziger Jahren in den Rang eines Museums erhoben wurde. Das bunte Durcheinander von Bierseideln, Jagdgewehren, Vereinsfahnen, Ritterrüstungen und in der Umgebung ausgegrabenen Faustkeilen und Tonscherben vermittelt aber kaum einen Überblick über die Geschichte Fürstenbergs. Es sind eher Zeichen vergangener Zugehörigkeit, Symbole des Lokalpatriotismus, die sich in dem muffig riechenden Raum aneinander drängen, verstaubte Erinnerungen an den einstigen Luftkurort, dessen Reinheit und Unschuld für immer verloren ist. Daneben im Archiv, einem ebenso feuchten Raum, hat Herr Kowalski seinen Arbeitsplatz. Er ist der Chronist des Ortes, der diese Dinge alle zusammengetragen hat. Eigentlich ist er längst im Ruhestand, aber er kann sich von seinem Werk nicht trennen. Herr Kowalski ist außerdem der Vorsitzende des nach der Wende wieder gegründeten Heimatvereins. Zusammen mit Herrn Bock gibt er jedes

Jahr den Heimatkalender heraus, der vor einiger Zeit öffentlich ins Gerede gekommen ist – nicht nur wegen der allzu heftigen Germanentümelei mit Runenzeichen und altgermanischen Monatsnamen –, vor allem erregte ein Text Anstoß, in dem ein Mitglied des Vereins gefordert hatte, das ehemalige KZ-Gelände solle „saniert" und wieder der Natur angepasst werden. Damit löste er eine heftige Auseinandersetzung aus. Einige Vereinsmitglieder verlangten den Ausschluss des Betreffenden aus dem Verein und zogen sich empört zurück, als sie damit nicht durchkamen. Der vorsichtige Herr Kowalski bedauerte das sehr. Der Text sei aber missverstanden worden, sagt er. Eine Kommission habe das untersucht. Der Schreiber habe sich gar nicht auf die Gedenkstätte bezogen, sondern auf das Gelände ringsherum, auf den Kohlebunker und das Öllager. Jedenfalls habe die Kommission das festgestellt. Wenn eine Sache nicht eindeutig sei, dürfe man so einfach niemanden ausschließen. Sie seien schließlich ein „demokratischer Verein", in den jeder eintreten könne, egal ob er Kommunist oder Jude, ein Zigeuner oder Jugoslawe sei, das spiele keine Rolle.

Hinter der Burg ändert die Brandenburger Straße ihren Namen. Sie heißt nun *Unter den Linden*. Hundert Meter weiter steht ein altes Zollhaus, dessen Fenster heute zugenagelt sind. Das Haus markiert die einstige Landesgrenze zwischen Mecklenburg-Strelitz und Brandenburg-Preußen. Das dahinter beginnende Dorf Ravensbrück gehörte bis 1952 zur Verwaltung von Brandenburg. Noch heute verweisen manche Fürstenberger auf diese administrative Trennung, um zu erklären, dass die Stadt und das Konzentrationslager nichts miteinander zu tun gehabt hätten. 1952 wurde Ravensbrück ein Ortsteil von Fürstenberg. Beide zusammen gehören seit 1992 zum Land Brandenburg. Herr Bock vom Heimatverein, der sich bei der Volksabstimmung Anfang der neunziger Jahre für die Mecklenburger Option stark gemacht hatte, empfindet diese Entscheidung als eine Niederlage. In Fürstenberg würden eben zu viele „Zugezogene" leben, sagt er, denen sei die Tradition leider ziemlich egal.

Auf alten Karten ist zu sehen, dass die eigentliche Landesgrenze nicht direkt am Zollhaus, sondern erst ein Stück hinter dem Stadtpark und dem Yachthafen verlief. Die gepflegte Grünanlage mit ihren geometrisch geschnittenen

Büschen und dem restaurierten Konzert-Pavillon kommt in den Erzählungen vieler Fürstenberger vor. Hier fanden Kurkonzerte und Vereinsfeste statt. Vom Stadtpark aus blickt man über den Schwedtsee direkt auf die hohe Außenmauer des Lagers. Von der Skulptur der *Tragenden* des Bildhauers Will Lammert, die am See-Ufer steht, ist nur der backsteinerne Sockel zu sehen. Auch das Krematorium daneben mit seinem hohen Schornstein ist von den Bäumen fast verdeckt. Neben mir rennt ein kleiner kräftiger Junge rasch auf das Seeufer zu. Eine Frau läuft hinter ihm her und hält ihn fest. Der Junge senkt trotzig den Kopf, während seine Mutter auf ihn einredet. Das Wasser des Sees glänzt im Licht der Nachmittagssonne. Ein Paddelboot ist schemenhaft zu erkennen, während es langsam auf die Bojen zugleitet, die das Ufer rings um die Gedenkstätte markieren. Frau Heise, die ich gefragt hatte, ob man auch damals vom Stadtpark aus die Mauer und das Krematorium habe sehen können, meinte, die „Klagemauer" sei doch erst nach dem Krieg errichtet worden und das Krematorium habe man schließlich auch für ein Heizhaus halten können.

Gegenüber vom Stadtpark, auf der anderen Seite der B 96, steht das Barockschloss, das die Herzöge von Mecklenburg-Strelitz einst erbauten und Anfang des 20. Jahrhunderts an die Stadt verkauften. Bis zur Mitte der 30er-Jahre diente das Gebäude als Nervensanatorium. Der damalige Direktor, Dr. von Gebsattel, musste die Einrichtung schließen, als viele seiner jüdischen Patienten ausblieben. Während des Krieges wurde das Schloss als Lazarett genutzt. Seit den 1950er-Jahren lebten hier alte und pflegebedürftige Menschen. Aber vor kurzem hat die Stadt das Grundstück verkauft. Ein Investor erwarb das riesige renovierungsbedürftige Bauwerk und will daraus ein Hotel machen, wie auf einer großen Tafel zu lesen ist. Die Patienten mussten umziehen. Frau Bornim, die Freundin von Frau Möbius, lag dort seit vielen Jahren im Bett. Frau Bornim war während des Krieges im KZ dienstverpflichtet und kümmerte sich um die Versorgung der SS-Leute mit Lebensmitteln. Als Zivilangestellte, sagt Frau Möbius, und sie sagt auch, dass ihre Freundin darüber nicht sprechen möchte. Es rege sie zu sehr auf. Sie habe mit den Häftlingen wirklich nichts zu tun gehabt. Die Baracke, in der sie gearbeitet habe, sei weit entfernt vom eigentlichen Lager gewesen.

Bibelforscherinnen hätten dort sauber gemacht, denen sie manchmal etwas zu essen hingelegt habe.

Im Haus *Unter den Linden* Nummer 7 hat bis zu seinem Tod im vergangenen Jahr Herr Kopf gewohnt. Auch er hat damals im KZ gearbeitet, als Lehrling bei der Prenzlauer Baufirma Jahn, die die Webereihallen errichtete. Weil er den Häftlingen Lebensmittel brachte und auch Briefe für sie hinausschmuggelte, wurde der Siebzehnjährige schließlich selbst dort eingesperrt. In den letzten Jahren seines Lebens saß der kleine Herr Kopf meist hinter der zugezogenen Gardine seines Fensters und trank. „Wohnung zu vermieten" steht jetzt auf einem Schild an diesem Fenster. Ich frage eine junge Frau, die gerade die Haustür aufschließt, ob sie den alten Herrn gekannt hat. Sie zuckt mit den Schultern. Den Namen habe sie noch nie gehört. Sie wohne erst seit ein paar Monaten hier.

Direkt an der Ecke zwischen der B 96 und dem Abzweig zum ehemaligen Dorf Ravensbrück liegt der kleine Ravensbrücker Friedhof. Das Haus gegenüber war einmal die Dorfkirche, aber das kann nur noch erkennen, wer Bescheid weiß. Die Kirche wurde Anfang der siebziger Jahre an einen Privatmann verkauft und zu einer Autowaschanlage umgebaut. Vorher waren Versuche der Fürstenberger Kirchgemeinde gescheitert, die Kirche zu einem Ort der Besinnung und Einkehr für Besucher der KZ-Gedenkstätte zu gestalten. Die mecklenburgische Landessynode hatte bereits den Beschluss gefasst, und der Lutherische Weltbund versprach, Geld für die Renovierung zu geben. Aber dann legte der DDR-Staat sein Veto ein. Vermutlich fürchteten die Funktionäre um ihr Gedenk-Monopol.

Ich biege vor dem Friedhof in die Dorfstraße ein. Hier treffe ich auf den Weg, den die Häftlingskolonnen gingen, wenn sie vom Bahnhof kommend die Fernverkehrstraße überquerten. Aber das war nur bis 1941 so. Dann wurde an der Eisenbahnlinie nach Lychen der Haltepunkt Ravensbrück gebaut, und die Häftlinge stiegen dort aus.

In der Dorfstraße lässt schon nach wenigen Metern der Lärm der Autos deutlich nach. Gleich rechts die Nummer 3 ist das Haus des Tischlermeisters Kemper. Der leer stehende Laden im Erdgeschoss war früher sein Sarggeschäft. In dem lang gestreckten Werkstattbau aus grau-gelbem Backstein, der die linke Hofseite begrenzt, wird seit einigen Jahren schon nicht mehr gearbeitet. Zu seinem großen Kummer hat Herr Kemper niemanden gefunden, der sein Handwerk weiter betreiben will. Von 1939 bis zum Abzug der SS im April 1945 war sein Vater mit dem Aufbau und Ausbau des Lagers beschäftigt. Zum Schluss täfelte er Häuser für die SS-Führer und für die Aufseherinnen im Innern mit Holz. Die letzte Rechnung, sagt Herr Kemper, habe die SS nicht mehr bezahlt. Nach der SS kam die Rote Armee, für die die Firma Kemper bald ebenso unentbehrlich wurde. Sie baute weiter an den Führerhäusern, in die die sowjetischen Offiziere mit ihren Familien zogen.

In der Dorfstraße 42, schräg gegenüber von Kempers ehemaliger Werkstatt, wirbt ein Reisebüro mit günstigen Angeboten. Davor auf einem Sockel steht ein nach vorn gekippter himmelblauer Swimmingpool wie ein Denkmal für die schöne Lebensweise, die mit der deutschen Vereinigung bis nach Fürstenberg gekommen ist. An der Fassade des Hauses daneben sieht man noch immer die Spuren der Gedenktafel, die dort bis 1990 hing. Darauf stand, dass Rosa Thälmann, die Frau des KPD-Vorsitzenden Ernst Thälmann, im April 1945 „in diesem Haus" versteckt wurde. Der damalige Hausherr, der Bauunternehmer Herrmann Ahlgrimm, der Frau Thälmann und etwa zehn bis zwölf andere Häftlingsfrauen aufnahm und sie so vor dem Todesmarsch bewahrte, kam in dem Tafeltext nicht vor. Ahlgrimm wurde 1953 von der Staatssicherheit verhaftet und wegen „staatsfeindlicher Hetze" angeklagt. Deshalb durfte sein Name nicht erwähnt werden. Er war zur Unperson geworden. So blieb in der offiziellen Erinnerung nur das Haus übrig, das den bedrohten Frauen bis zur Ankunft der Roten Armee Schutz gewährt hatte. Nach der Wende rissen unbekannte Täter die Tafel ab. Sie wird in der Gedenkstätte aufbewahrt. Eine neue Tafel, auf der Hermann Ahlgrimm endlich für seine mutige Tat gewürdigt wird, gibt es bis heute nicht.

Die Straße macht einen Bogen und, ehe sie sich gabelt, führt sie über den kleinen Hegensteinbach. Direkt an der Gabelung steht auf einem Sockel eine Skulpturengruppe des Bildhauers Fritz Cremer: Mehrere Frauen, die eine kranke, schwache Kameradin tragen. Eine von ihnen hält ihre Hand über den Kopf eines Kindes. Zwei traurige Blumenkübel aus Beton mit halbvertrockneten Geranien stehen an den Ecken des Sockels. An dieser Stelle befand sich vermutlich bis 1945 der Schlagbaum. Hier begann der riesige Komplex des Konzentrationslagers Ravensbrück, der weit mehr umfasste als das Häftlingslager. In dem äußeren Gürtel befanden sich Wirtschaftsgebäude, Verwaltungsbaracken, Lagerschuppen und Unterkünfte für Wachmannschaften. Im linken Teil der Gabel führt die Straße nach Lychen weiter, während die Fortsetzung der Dorfstraße seit Ende 1938, dem Beginn des Aufbaus des Lagers, gesperrt war.

Nicht weit von der Skulptur steht seit kurzem ein großer Behälter aus vergittertem Draht, gefüllt mit kleinen quadratischen Granitsteinen. Mit solchen Steinen mussten die Häftlingsfrauen von Ravensbrück die Straße pflastern. Das Ergebnis dieser qualvollen und mühsamen Arbeit – die Straße, die bis heute aus diesen Steinen besteht – ist das eigentliche Denkmal, auf die der Drahtbehälter hinweisen möchte. Wenige Meter dahinter gabelt sich der Weg erneut und heißt nun in seinem rechten Teil *Straße der Nationen*. An dieser Stelle erhebt sich auf einem hohen Sockel ein weiteres Denkzeichen: ein sowjetischer Panzer, Symbol für die Befreiung des Konzentrationslagers im April 1945 durch die Rote Armee. Auf gleicher Höhe mit dem Panzer erstreckt sich auf der gegenüberliegenden Straßenseite eine weite, leere mit Steinplatten gepflasterte Fläche, aus deren Ritzen sich erfolgreich Gras und andere Unkräuter hervorarbeiten. Das sollte der Parkplatz werden; dahinter liegt in Weiß und Rot der niemals eröffnete Flachbau des Supermarkts. Vielleicht ist dies der umstrittenste Supermarkt in der Geschichte der Bundesrepublik. Auf jeden Fall ist er ein trauriges Symbol für die verworrenen Auseinandersetzungen der Wendezeit. Im Sommer 1991, kurz vor Vollendung des Baus, protestierten überlebende Häftlingsfrauen mit einer Mahnwache gegen die Errichtung eines Supermarktes auf dem Gelände des ehemaligen Konzentrationslagers. Empörte Fürstenberger Bürger blockierten daraufhin einige Zeit später die B 96 an ihrer schmalsten Stelle. Sie verstanden die Aufregung nicht. Schließlich begann die Gedenkstätte erst einen Kilometer hinter dem Supermarkt. Und zu DDR-Zeiten hatte an dieser Stelle jedes Jahr ein Zirkus seine Zelte aufgeschlagen. Eine erbitterte Auseinandersetzung über den Grenzverlauf zwischen dem historisch „belasteten“ Territorium und dem Raum für „normales Leben“ brach auf. Vermutlich zum ersten Mal seit Ende der vierziger Jahre wurde über die Beziehung zwischen der Stadt und dem Lager gesprochen und auch über das, was die Bewohner der Stadt hätten sehen und wissen können. Im Ergebnis blieb der rot-weiße Flachbau leer. Eine Zeit lang lagerte das Rote Kreuz Decken und Tragbahren darin. Ein anderer Nutzer fand sich nicht. Jetzt stehen im Sommer manchmal Wohnmobile auf der großen, freien Fläche. Auf den Steinplatten sieht man Reste der Feuer, die ihre Bewohner abends entzündet haben.

Hinter der Bauruine des Supermarkts beginnt ein Kiefernwäldchen. Es ist still geworden, die Luft riecht nach Wald und See, Vögel zwitschern. Ab und zu fährt ein Auto vorbei. Fußgänger gibt es hier kaum. Nach etwa 200 Metern Weg wird rechts das Seeufer sichtbar. Auf der linken Seite tauchen die ersten Häuser der ehemaligen SS-Siedlung auf, erbaut im charakteristischen „Heimatschutzstil“ mit Fachwerk-Loggien und Naturstein-Säulen. Einige der Gebäude mit ihrem gelben Anstrich und den maroden Dächern sehen noch so aus, wie sie die sowjetischen Offiziersfamilien vor mehr als zehn Jahren verlassen haben. Aber acht der größeren Häuser, in denen damals die Aufseherinnen untergebracht waren, wurden vor einigen Jahren renoviert und umgebaut. Sie beherbergen heute eine Jugendbegegnungsstätte, Seminarräume und eine Ausstellung über die KZ-Aufseherinnen. Die Häuser sind nach Bäumen benannt, sie heißen „Ahorn“, „Eiche“, „Kastanie“ und „Pappel“. Auf der Treppe zum Eingang von „Kastanie“ sitzen ein paar Jungen und Mädchen und rauchen. Einer klimpert auf der Gitarre. Zwischen den Bäumen hängt eine Wäscheleine.

Am Parkplatz macht die Straße einen kleinen Bogen. Sie endet vor dem lang gestreckten Bau der ehemaligen Kommandantur. Der säulenbestandene repräsentative Eingang des zweistöckigen Hauses liegt direkt gegenüber der SS-Wohnsiedlung, während seine Rückseite zum Häftlingslager, bzw. zum Garagenhof weist. Auf dem Schornstein über dem spitzen Mittelgiebel ist eine Uhr, die nicht mehr geht. Zeigt sie für immer die Zeit an, an dem das Lager vor sechzig Jahren befreit wurde, oder ist das eine der vielen Legenden? Besucher in sommerlicher Kleidung bewegen sich gemessenen Schritts um das Gebäude herum. Eine junge Frau mit Fahrradhelm auf dem Kopf hält zwei zappelnde kleine Jungen fest und versucht dabei eines der Schilder am Hofeingang zu lesen.

Lagermauer mit später zugemauerten Eingängen an der Seeseite.

Gedenken „in Reih und Glied“

Links neben dem Kommandanturhaus befindet sich das Lagertor bzw. das, was davon geblieben ist. Als die Sowjetarmee 1993 das gesamte Gelände des Lagers freigab, wünschten sich die überlebenden Häftlingsfrauen, dass das Tor wieder so hergestellt werden sollte, wie es zwischen 1939 und 1945 ausgesehen hatte. Aber wie hatte es denn ausgesehen? Es gab nur wenige verschwommene Fotos, die Beschreibungen der Ravensbrückerinnen waren nicht eindeutig. Vielleicht war das Bild dieses Tores, das fast fünfzig Jahre lang nicht zugänglich gewesen war, in Vergessenheit geraten, vielleicht hatten sich mittlerweile andere Bilder von bekannteren Konzentrationslagertoren darüber geschoben. Einige Frauen erzählten der Filmemacherin Loretta Walz, über dem Eingang habe der Schriftzug „Arbeit macht frei“ gestanden. Weil man sich darüber nicht einig werden konnte, blieb das Tor dann im Wesentlichen so unvollständig, wie die sowjetische Armee es hinterlassen hatte, nachdem der rote Stern und das große Eingangsschild abmontiert worden waren: eine große Öffnung in der Mauer für die Fahrzeuge und eine kleinere daneben für die Menschen.

Hinter dem Tor beginnt ein großer leerer Platz, der völlig mit schwarzer grober Schlacke bedeckt ist. Auf dem Platz sind riesige Fotos von überlebenden Häftlingsfrauen aufgestellt, so wie sie heute aussehen: schöne alte Frauen. Der vordere Teil dieses leeren Platzes, so kann man einem Schild entnehmen, war der Appellplatz des Lagers. Die einstige Lagerstraße markieren sechzig bis siebzig Jahre alte Bäume, deren Stämme fremdartig aus der toten schwarzen Fläche herauswachsen. Die Grundrisse der Häftlingsbaracken hinter dem Appellplatz sind als Vertiefungen in der Schlacke angedeutet. Die Baracken selbst gibt es nicht mehr. Sie wurden nach 1945 an Flüchtlinge und Vertriebene verkauft, die sie in ihre Einzelteile zerlegten und in den Dörfern der Umgebung wieder aufbauten. Schilder erklären, was nicht mehr zu sehen ist, damit sich heutige Besucherinnen und Besucher in etwa vorstellen können, wie das Gelände in der Zeit des Konzentrationslagers aussah. Aber das ist schwer. Am ehesten kann man sich das Küchengebäude vorstellen, weil das Fundament noch sichtbar ist. Die gemauerten Flachbauten, die die sowjetischen Soldaten seinerzeit an Stelle der Baracken errichtet hatten, sind – ebenso wie die Tankstelle und der Verkehrsgarten für Armee-Fahrschüler – längst abgerissen. Unter den Zeitschichten des Nachkriegs wollten Landschaftsplaner und Historiker die Spuren aus der Zeit des Konzentrationslagers wieder freilegen.

Auch die Gedenkstätte selbst besteht aus mehreren Zeitschichten. Das mit schwarzer Schlacke bedeckte Lagergelände ist gewissermaßen der äußere Ring, ihr „jüngster" Teil, der erst Mitte der neunziger Jahre zugänglich wurde. Mehr als zehn Jahre vorher, zu Beginn der achtziger Jahre, hatte die sowjetische Armee sich aus dem Kommandanturgebäude der Gedenkstätte zurückgezogen. Der älteste Teil, das „Kernstück", das 1959 als „Nationale Mahn- und Gedenkstätte Ravensbrück" feierlich eingeweiht wurde, befindet sich zwischen der Außenseite der Lagermauer und dem Seeufer. Dazu gehören das Rosenbeet an der Mauer, das Krematorium, der Zellenbau, der als Ausstellungsraum dient, die große Steinwalze als Sinnbild der schweren Arbeit und der große gepflasterte Platz rings um die Figur der „Tragenden", die am Ufer auf einem hohen Sockel steht und in Richtung Stadt schaut.

Wenn sie nach der Gedenkstätte gefragt werden, sprechen die Fürstenbergerinnen und Fürstenberger vor allem von diesem Platz. Dort standen sie bis 1989 jedes Jahr Ende April, wenn die Funktionäre aus Berlin und Potsdam zusammen mit überlebenden Häftlingen den Tag der Befreiung des Konzentrationslagers begingen. Oder zur Kundgebung am ersten Sonntag im September, dem „Tag der Opfer des Faschismus". Aber „Gedenkstätte" sagen sie eigentlich nicht. Für sie ist dieser Ort noch immer das „KZ" oder das „Lager". Frau Berger spricht vom ersten „KZ-Treffen", an dem sie teilgenommen hat. Auf ihre Wortwahl angesprochen, sagt sie verlegen, das sei eben „so gang und gäbe", das sei nicht böse gemeint. So würden alle sprechen. Auch Frau Ermel meint: „Wir sagen immer KZ", das habe sich so eingebürgert.

Frau Abel erinnert sich, dass sie als Kind bei den Gedenkfeiern „Spalierstehen" musste. Aus allen Schulen des Kreises seien die Jungen und Mädchen dorthin beordert worden. Auch später, als sie Lehrling bei der Deutschen Reichsbahn war, sei die Teilnahme an den Veranstaltungen Pflicht gewesen.

„Ich weiß bloß, dass es so heiß war, manchmal, und wir hatten so fürchterlichen Durst und denn standen wir, Kind an Kind, ja."

Vielleicht war die Teilnahmepflicht für Erwachsene nicht so streng wie für Kinder und Jugendliche. Frau Golz jedenfalls spricht davon, dass sie nur einmal, als sie noch beim HO-Spezialhandel angestellt war, „in Reih und Glied" habe dorthin marschieren müssen. „Da war'n wir sozusagen verpflichtet, dahin zu gehen ... anzutreten. So wurden wir doch zu DDR-Zeiten behandelt." Einer habe „eine große Rede geschwungen", dann hätten sie alle zusammen die Internationale gesungen und zum Schluss seien sie noch an der Mauer entlang defiliert. „Diese Mauer, das war so eine Ehrenmauer, da war zwischen zwei Pfosten ein Land und über der Mauer drüber weg, da haben schon die Russen gehaust."

Frau Schröder, die zu DDR-Zeiten bei der Stadtverwaltung angestellt war, sagt, sie habe immer an den Gedenkveranstaltungen teilnehmen müssen. „Wir mussten da immer hinmarschieren und waren gar nicht so begeistert davon. Dann standen da welche mit Büdchen, dann haben wir auch versucht, da irgendwie mal was „Obstiges" zu kriegen. Ich meine, wir haben uns das alles angehört, wenn die ausländischen Delegationen kamen und, und ... Ich war natürlich sehr ergriffen, wenn ihre Angehörigen dann da ... nicht. Und es wurde auch vieles erzählt, und ... doch, wir waren immer mit draußen."

Im Brandenburgischen Landesarchiv sind detaillierte Ablaufpläne überliefert, die in der SED-Bezirksleitung Potsdam anlässlich besonderer Gedenkfeiern ausgearbeitet wurden. Darin wurden unter anderem „Richtzahlen für die geforderten Kundgebungsteilnehmer nach den jeweiligen Wohnorten aufgeschlüsselt. Demnach sollten an der Kundgebung am 9. September 1984, dem 25. Jahrestag des Bestehens der Mahn- und Gedenkstätte Ravensbrück, aus der Region mehr als 6000 „Mitglieder der FDJ und Werktätige" teilnehmen. Auf Fürstenberg entfielen 3000 Personen, auf die Gemeinden Grüneberg, Löwenberg, Gransee, Altlüdersdorf und Dannenwalde 1550, auf Zehdenick und Templin 1500.[3] Das heißt, die Fürstenberger mussten die meisten Teilnehmer stellen, sie hatten schließlich auch den kürzesten Weg.

3 Maßnahmeplan der SED-Bezirksleitung Potsdam, o. D., Brandenburgisches Landeshauptarchiv (BLHA), Rep. 530, Nr. 7312, S. 12.

Die Äußerungen der Fürstenbergerinnen und Fürstenberger über die Gedenkveranstaltungen weisen fast alle diese besondere Mischung aus Gleichgültigkeit gegenüber einer Pflichtübung und echter emotionaler Beteiligung auf. Manche erwähnen die am Rand der Veranstaltung aufgebauten Stände, an denen Obst, tschechisches Bier und andere DDR-Mangelwaren angeboten wurden.

Frau Schröder: „Dann standen sie da manchmal, mit Fisch oder Öl oder Brötchen oder Obst oder was weiß ich, manchmal auch sogar mit Textilien da. Na vor allem war uns ja dann unheimlich danach, was zu trinken, und da war ja natürlich großer Andrang nach diesem Selterswasser oder was es da gerade zu gab. Denn wir sind ja meistens morgens schon um 8, halb 9 rausmarschiert und das zog sich ja dann bis weit nach Mittag hin."

Auch Linda Tebs ging jedes Jahr „dort runter", solange sie noch arbeitete. Es sei immer viel gesprochen worden dort, „lauter politische Sachen". Aber schließlich seien sie doch alle froh gewesen, „dass dieser verfluchte Krieg endlich vorbei war". Frau Tebs erinnert sich außerdem an „wunderbare Weintrauben", die einmal an einem Stand am Eingang verkauft worden seien. Für sie seien das die ersten Weintrauben seit Jahrzehnten gewesen. Ihre Kinder hätten sich gefreut.

Herr Weber, der bei Kriegsende 12 Jahre alt war, ist später jedes Jahr zu den Kundgebungen gegangen. „Da fühlte man sich eben hingezogen. Und dann hatte man da manchmal mehr zugehört, manchmal weniger zugehört, wenn da jemand redete. Oder man hatte dann geguckt: ‚Ach der und der ...'" Eigentlich, räumt er ein, sei es Pflicht gewesen. „Dann war ich ja schon im Lehrverhältnis und dann hieß es, wenn solche Veranstaltungen waren, wir haben daran teilzunehmen. Da ist man eben hingegangen, ich habe da nichts ausgelassen."

Herr Karl erzählt, dass sie früher immer hingehen mussten. „Das gab es gar nicht anders. Wer im volkseigenen Betrieb gearbeitet hat, wurde angehalten, dort mit dran teilzunehmen an der Demonstration. Sie hätten oftmals den ganzen Tag dort stehen müssen. An heißen Tagen seien die Leute „umgefallen wie die Fliegen". Heute, wo er Rentner ist und wo es diese Pflicht ohnehin nicht mehr gibt, gehen er und seine Frau gar nicht mehr „dorthin".

Das sei so bedrückend, sagt Frau Karl. Sie könne dann nachts nicht schlafen. „Warum soll ich mir das nun antun?"

Frau Reppin, deren Mann viele Jahre die Fürstenberger LPG leitete, gehört zu den wenigen Gesprächspartnerinnen, die aus eigenem Antrieb an den Gedenkveranstaltungen teilnahmen. „Also von mir aus kann ich sagen – nein, nicht Pflicht." Sie hätte einfach sehen wollen, „was da draußen gewesen ist [...], nachdem man ja hier in Fürstenberg davon wenig mitgekriegt hat". Wie Frau Reppin ging auch Frau Brüning jedes Jahr im April freiwillig zur Gedenkveranstaltung. Sie bestreitet sogar, dass es so etwas wie eine Teilnahmepflicht gab: „Es wurde im Betrieb angesprochen. Und wer eben mitgehen wollte, ist dann mitgegangen. Von wegen mit Zwang." Nur die Teilnahme an der Kundgebung zum 1. Mai, so Frau Brüning, sei damals Pflicht gewesen. Aber da sei sie nicht hingegangen. Sie fand die Veranstaltung im April viel interessanter, wegen der Anwesenheit der Polinnen, Russinnen und Französinnen. Mit einer Französin sei sie bis heute in Kontakt.

Seltener als von der freiwilligen oder nicht freiwilligen Teilnahme an den offiziellen Gedenkkundgebungen ist von einem individuellen Besuch an diesem Ort die Rede. Frau Tebs sagt, sie sei einmal mit Verwandten dorthin gegangen. Bei der Gelegenheit habe sie sich das Krematorium angeschaut, an dem sie ein besonderes Interesse hatte. Nachdem nämlich das Krematorium fertig war, seien die Leichenwagen nicht täglich mehr zum Friedhof gekommen, was sie ja von ihrem Garten aus hatte beobachten können. Auch Elfriede Himmel erzählt von einem Besuch des Krematoriums zusammen mit ihrer Nachbarin. Sie wollte nicht glauben, was über das Konzentrationslager bekannt geworden war. Der Besuch in der Gedenkstätte bestärkte sie in ihrer Abwehr: „Mensch, dat kann doch gar nicht möglich sein, dat sie in so 'n kleenes Ding da, Tausende von ... von Häftlingen verbrannt haben, kann gar nicht sein."

Herr Weber schaute sich eine Ausstellung an, als er als Elektriker dort Leitungen verlegte. Vor allem die Fotos erschütterten ihn. Vorher habe man ja nichts gewusst über das KZ. Frau Reppin sagt, sie sei auch außerhalb der großen Veranstaltungen in die Gedenkstätte gegangen, um sich in Ruhe die Ausstellungen anschauen zu können. Sie werde nie vergessen, sagt sie, was sie da gesehen habe. „Also was man da ausgestellt hat, auch von den Kindern und so. Das hat mich so beeindruckt." Gerade weil man in Fürstenberg damals von dem KZ wenig mitbekommen habe, sei es für sie wichtig gewesen, Bescheid zu wissen.

Ruth Marten, die später nach Neustrelitz zog, begleitete beinahe jedes Jahr italienische Delegationen in die Gedenkstätte, für die sie dolmetschte. Sie erinnert sich daran, dass Blumen an der Mauer niedergelegt, aber auch ins Wasser geworfen wurden. „Also es war eigentlich immer recht einfühlsam und stimmungsvoll. Aber eben alles ... es war alles für die Kommunisten."

Ein zwiespältiges Verhältnis zur Gedenkstätte hat Herr Stegemann, der im gleichen Jahr, 1933, geboren ist wie Herr Weber. Stegemannn, der als junger Mann in den fünfziger Jahren aus politischen Gründen inhaftiert war, spricht von seiner tiefen Abneigung gegen jegliche Propagandaaufmärsche. Die Gedenkstätte ist für ihn einerseits ein Symbol der DDR-Politik. Andererseits findet er die Anlage am Seeufer mit der Skulptur schlicht und gelungen. „Sie strahlt eine Ruhe, eine Stille aus. Also sie kann ein Ort des Gedenkens sein, das empfand ich positiv. Ich bin auch mit meinem Rollstuhl häufig im Sommer dort gewesen. Aber ganz für mich." Vielleicht macht ihn sein Schicksal als Häftling besonders sensibel für die Leiderfahrung anderer. Vielleicht geht es ihm in dieser Hinsicht ähnlich wie Anneliese Ahlgrimm, der Tochter des Bauunternehmers Ahlgrimm, die als junges Mädchen zur Zwangsarbeit nach Sibirien deportiert wurde. Nach ihrer Freilassung 1954 floh sie in den Westen, besuchte aber seit den sechziger Jahren häufig ihre Familie. „Und immer, wenn ich nach Fürstenberg kam – da hat sich meine ganze Familie immer drüber aufgeregt: ich bin auf's Rad und bin runter an den Schwedtsee und konnte immer noch nicht fassen, was da passiert ist. Was die Nazis da gemacht haben. Hab' da oft allein gesessen, 'ne Zigarette geraucht und hab' gedacht: Mein Gott, was ist da passiert." Die Ausstellung hat sie sich nie angeschaut. Sie hatte ihre eigenen Erinnerungsbilder im Kopf – aus Ravensbrück im Mai 1945 und aus den Lagern Workuta und Koschwa, die sie überlebte.

Sigrid Ermel, deren Vater in einem sowjetischen Zwangsarbeitslager starb, hat gerade deshalb die Gedenkstätte nie betreten. Sie habe „solche Antipathie", sagt sie. „Das tut mir so weh, weil mein Vater in so einem

Lager musste sterben. Der ist doch wie so ein Hund eingebuddelt worden in irgendeine Decke oder was und rein gemacht. Da geht doch heute auch keiner hin und bringt Blumen. Und hier soll ich nun, wenn jetzt so eine Veranstaltung ist, und soll da mitgehen und Blumen niederlegen. Das kann ich nicht. Ich kann das nicht."

Auch Frau Gumbert sagt, dass sie noch nie in der Gedenkstätte war. Einmal habe sie wohl hingehen wollen „in die – wie Sie sagen – Gedenkstätte", und da sei geschlossen gewesen. Sie und ihr Mann betrieben eine Fleischerei und belieferten seit 1943 ausschließlich das KZ Ravensbrück. 1945 wurde der Betrieb deshalb beschlagnahmt, ihr Mann kam ins Gefängnis. Bis zu ihrem Tod fühlte Frau Gumbert sich ungerecht behandelt, zu Unrecht bestraft. Sie und ihr Mann, so sagt sie, hätten mit dem, was im Lager geschah, doch nichts zu tun gehabt.

Blick von der Gedenkstätte Ravensbrück über den See auf die Stadtsilhouette.

Blicke hin und zurück über den See

Nähe und Ferne zu einem versperrten Ort

Die steinerne Frau auf dem Sockel schaut über den See. Auf der anderen Seite liegt die Stadt, zwischen Baumkronen ein Gewirr von roten und braunen Dächern, deren markantester Punkt der Kirchturm ist. Vollzieht die Skulptur den Blick nach, der für die Häftlingsfrauen damals vielleicht eine bittere, traurige oder tröstliche Begegnung mit beschaulichem Alltagleben bedeutete? Konnten sie die Stadtsilhouette überhaupt sehen? Schließlich befanden sie sich normalerweise hinter der etwa vier Meter hohen Mauer. In den Interviews mit der Filmemacherin Loretta Walz haben sich nur wenige der befragten Frauen dazu geäußert. Isa Vermehren, die als sogenannter Sippenhäftling im Zusammenhang mit dem 20. Juli 1944 im Zellenbau eingesperrt war, sagt, gerade mal die Kirchturmspitze hätte über die Mauer geragt. Die Jüdin Erna de Vries spricht von der Sehnsucht, die sie empfand im Angesicht der Häuser und des Kirchturms, dieses Stückchen „zivilen Lebens". Waltraud Blass, eine deutsche Kommunistin, konnte den See und die Stadt am anderen Ufer sehen, als sie einmal außerhalb der Lagermauer Ziegelsteine aus einem Lastkahn entladen musste. „Wenn du jetzt frei wärst", sei ihr damals durch den Kopf gegangen, „das wäre ja ein schönes Erholungsgebiet". Elfriede Schneider, die als Schutzhäftling schon mit siebzehn Jahren erst nach Uckermark und dann nach Ravensbrück kam, erzählt, sie habe beim Ausladen von Kohle „immer die Kirche im Auge gehabt". Sie habe sich gedacht: „Da möchte ich einmal rein und meine ganzen Sünden da beichten."[4]

Das Städtchen Fürstenberg an der Havel, landschaftlich idyllisch gelegen zwischen Wäldern und klaren Seen, besaß bis zum Jahr 1938 vor allem einen Ruf als Luftkurort und Ruhesitz wohlhabender Berliner. Die Fürstenberger lebten vom Fremdenverkehr und von der Binnenschifffahrt, sie waren Fischer, Handwerker und Ackerbürger, außerdem gab es im Ort

4 Alle Zitate stammen aus dem Archiv von Loretta Walz, Video-Produktion.

eine Textilfabrik und die „Faserstoff“, einen Rüstungsbetrieb. Wenn die Fürstenbergerinnen und Fürstenberger von der Vorkriegszeit sprechen, dann sprechen sie von ihrer Kindheit und Jugend in einer „heilen Welt“. Von den Sommerurlaubern aus Berlin ist die Rede, die alljährlich mit ihrer Anwesenheit ein wenig weltstädtischen Glanz in den Ort brachten. Sie erinnern sich an Schützenfeste, Konzerte im Stadtpark, an den Yachtklub, an Blumenkorso auf dem Schwedtsee. „Fürstenberg war früher wirklich eine Perle“, sagt Herr Starcke wehmütig. Er zählt die großen schönen Hotels auf: *Mecklenburger Hof*, Hotel *Wegert*, *Zum Goldenen Löwen*, und die prominenten Gäste, die in seinen Feinkostladen kamen, um einzukaufen. Herr Karl schwärmt von der „Gemütlichkeit“ und davon, dass sie alle wie eine große Familie gewesen seien. Frau Marten, die Tochter des Juweliers, war Mitglied des Tennisclubs. „Wir spielten dann Tennis, wenn Kurkonzert war. Es war, es war wunderschön.“

Aus welcher Zeit stammen diese Erinnerungen? Aus den zwanziger und dreißiger Jahren? Da gab es zumindest auch eine große Krise, die den kleinen Handwerkern und Gewerbetreibenden sehr zu schaffen machte. Die Eltern von Frau Heise zum Beispiel verloren ihre Gastwirtschaft im Spreewald, ehe sie nach Fürstenberg zogen und dort das *Bergrestaurant* kauften. Seit 1933 sei es dann wieder aufwärts gegangen, sagt sie. Ihr Vater sei deshalb in die NSDAP eingetreten. Dass er es bis zum stellvertretenden Ortsgruppenleiter brachte, erwähnt sie aber nicht. Das erzählt eine ihrer Freundinnen mit einem kleinen hämischen Unterton.

Richtig überzeugte Nazis, die schon vor 1933 aktiv waren, gab es vermutlich wenige in Fürstenberg. Zu ihnen gehörte der Feinkosthändler Starcke, der sehr früh in die SA eintrat und einige der NS-Größen persönlich kannte. Mit Goebbels, so sagt er, habe er gefrühstückt, als der einmal in seinen Laden gekommen sei. Aber spätestens als Hitler Reichskanzler wurde, war auch in Fürstenberg eine Mehrheit der Einwohner für die Nationalsozialisten, darin unterschied sich der Ort nicht von anderen Städten und Gemeinden. Vielleicht war es eine für mecklenburgische Verhältnisse sogar recht kleine Mehrheit. Bis 1933 gab es im Stadtparlament nämlich noch starke kommunistische und sozialdemokratische Fraktionen. Manche Fürstenberger erinnern sich an heftige und sogar tätliche Auseinandersetzungen zwischen Nazis und Kommunisten in den letzten Jahren der Weimarer Republik.[5]

Die Kommunisten, so wird gesagt, wohnten draußen am Bürgersee. Dort hatte die Stadt in den zwanziger Jahren Wohnungen für die Armen und Arbeitslosen gebaut. In den Augen der guten Bürger, die Grundstücke besaßen und eine Firma oder ein Geschäft betrieben, waren die Kommunisten deshalb vor allem Leute, die es im Leben zu nichts gebracht hatten, die nichts wollten und nichts konnten. Die Angst, während der großen Krise alles zu verlieren und auch dorthin zu gelangen, wo jene schon saßen, verstärkte offenbar noch ihre Abneigung und Distanz. Als nach dem Ende des Krieges die KPD-Mitglieder mit Hilfe der Roten Armee nicht nur Polizisten, sondern auch Stadträte und Bürgermeister wurden, waren die Bürger in Fürstenberg nicht zuletzt deshalb der Ansicht, dass das neue Regime nichts taugen könne. Die *Friedrich-Wilhelm-Straße*, die zu DDR-Zeiten nach dem im KZ umgekommenen Fürstenberger Kommunisten *Karl-Preuß-Straße* benannt wurde, hieß unter Eingeweihten „Fuhlmors-Straße". Fuhlmors ist Platt und heißt Faulpelz.

Aber zurück zum Luftkurort. Die „heile Welt", an die sich die heute Achtzigjährigen bewusst erinnern, das müssen etwa die Jahre von 1933 bis 1939 gewesen sein. Herr Kemper erzählt, dass es in dieser Zeit aufwärts ging, nicht nur in der Tischlerei seines Vaters, in diesen Jahren kamen auch mehr Touristen als vorher: „Mit Mal gab's Arbeit, die Leute verdienten. Denn kam die KdF ja, die nannte sich KdF, die Leute konnten reisen." Die Ausflugsdampfer der NS-Freizeitorganisation *Kraft durch Freude* legten auch in Fürstenberg an und brachten den Cafés und Restaurants zahlende Gäste. Erich Kemper durfte 1938 sogar an der Jungfernfahrt des KdF-Kreuzfahrtschiffs *Gustloff*

5 Bei den Wahlen zum Reichstag 1928 wählten in Fürstenberg 0,4 Prozent der Bürger NSDAP. Die SPD kam auf 26 Prozent der Stimmen, die KPD auf 18,2. 1930 hatte die NSDAP schon 22,9 Prozent, SPD 19,8, KPD 21,2; im November 1932 schließlich war der Stimmenanteil der NSDAP auf 39,7 Prozent gestiegen, KPD und SPD hatten immerhin noch je 18 Prozent. Zitiert nach Wolfgang Stegemann/Wolfgang Jacobeit, Fürstenberg/Havel – Ravensbrück. Beiträge zur Kulturgeschichte einer Region zwischen Brandenburg und Mecklenburg. Bd. 2: Wechselnde Machtverhältnisse im 20. Jahrhundert, Teetz 2004, S. 98 ff.

nach Madeira teilnehmen. Ein unvergessliches Erlebnis für ihn. Frau Falk beteuert, sie wolle auf keinen Fall die Nazi-Herrschaft verherrlichen, aber immerhin müsse gesagt werden, dass in den ersten Jahren viel für die Stadt getan worden sei, vor allem dank eines sehr aktiven Bürgermeisters. „Damals gab es erst noch den freiwilligen Arbeitsdienst, und der wurde ja eingesetzt am Röblinsee und hat so kleine Parks oder so was angelegt. Daneben wurde dann gebaut. Und in der Zeit, diesen dreißiger Jahren bis zum Kriegsbeginn ist eigentlich das Schöne da entstanden."

Frau Frank allerdings hat die Aktivitäten des Arbeitsdienstes in weniger guter Erinnerung. Bis zu ihrer Heirat war sie „Hausmädel", wie sie sagt, bei Ruth Hamburger, die zusammen mit ihrer Mutter und ihrer Nichte Eva die einzige jüdische Pension am Röblinsee – das *Haus an der Sonne* betrieb. Frau Frank sah die jungen Männer mit den Spaten über der Schulter jeden Tag marschieren. „Die gingen dann unten immer vorbei, am See unten. Und haben immer gerufen ‚Juden raus, Juden raus', haben die gerufen." Schräg gegenüber vom Haus der Hamburgers habe „einer von den Obernazis" gewohnt. Der habe sie zu sich bestellt und ihr verboten, dort weiter zu arbeiten. Zu diesem Zeitpunkt war Frau Frank schon schwanger. „Und dann hab' ich gesagt, ich heirate sowieso, ich gehe sowieso weg." Deshalb durfte sie dann die letzten Monate bis zu ihrer Eheschließung noch bleiben. Der Abschied von den Hamburgers sei ihr sehr schwer gefallen, sie habe es dort wirklich gut gehabt. „Das war meine schönste, meine schönste Zeit im Leben, ja." Im Februar 1937 wurde ihr erstes Kind geboren. Sie sei dann mit dem Baby noch einmal hingegangen, wie es sich „Fräulein Ruth" gewünscht hatte. Durch den Hintereingang habe sie sich geschlichen, damit der Nazi vorn nichts mitbekam. „Dann kam ich nach Hause und erzähle das meinem Mann. Der ist bald verrückt geworden. ‚Mensch', sagt er, ‚du hättest uns alle ins KZ gebracht. Um Gottes Willen, wie kannst du das machen?' Aber ich hab's riskiert. Ja."

Herta Frank weiß nichts über das weitere Schicksal von Ruth Hamburger, ihrer Nichte Eva und ihrer Mutter. Sie habe nur gehört, dass die drei Frauen Fürstenberg bald darauf verließen. Eva Foley, geborene Hamburger, die heute in Vancouver (Kanada) lebt, erzählte 1991 in einem Interview, ihre

Tante Ruth habe im Herbst 1938 dem Druck der Stadtverwaltung nachgegeben und die Pension am Röblinsee verkauft. Zu diesem Zeitpunkt seien sie die einzigen Juden in Fürstenberg gewesen. Am Abend des 9. November 1938 befand Eva sich mit zwei jüdischen Pensionsgästen im Haus, als SA-Leute alle Fenster, einschließlich der verglasten Veranden, zertrümmerten. Offenbar wussten sie nicht, dass das Haus bereits in „arischem Besitz" war. Die Stadt Fürstenberg musste deshalb für die Reparaturen aufkommen. „Das hat uns dann nichts mehr gekostet. Denn damals mussten die Juden ja das alles bezahlen, diese Schäden."[6]

Als die SS Ende 1938 am Ufer des Schwedtsees ein Konzentrationslager für Frauen errichten ließ und zu Beginn des Jahres 1939 die Straße nach Himmelpfort sperrte, markiert dies auch für die Fürstenberger und Fürstenbergerinnen deutlich das Ende der Idylle. Sie mögen das vor allem deshalb so deutlich empfunden haben, weil die Eröffnung des Lagers im Frühjahr 1939 und der Beginn des Krieges im September nur wenige Monate auseinander lagen. Vermutlich war die Wahl des Standortes für das Frauen-KZ nicht zwingend. Aber die geografischen Gegebenheiten waren günstig für das Vorhaben. Trotz guter Verkehrsanbindung zur Bahnlinie nach Berlin, zur Fernstraße 96 und zum Wasserstraßennetz der Havel war das Gelände durch Fluss, Seen und Wälder von der Stadt Fürstenberg wie vom Dorf Ravensbrück auf natürliche Weise weitgehend abgeschirmt. Im Mai 1939 kamen die ersten Häftlinge aus dem KZ Lichtenburg in das Lager. Es waren zunächst vor allem deutsche Frauen, die entweder aus politischen Gründen inhaftiert waren oder als sogenannte Sicherheitsverwahrte, Asoziale oder Zigeunerinnen nicht in die nationalsozialistische Volksgemeinschaft passten.

Nach Beginn des Krieges änderte sich die Zusammensetzung der Häftlingsgesellschaft erheblich. Frauen aus allen von Nazi-Deutschland besetzten Ländern wurden ins Lager verschleppt, später kamen Jüdinnen aus den Vernichtungslagern im Osten, deren Arbeitskraft noch in den auf dem Lagergelände errichteten Rüstungsbetrieben ausgebeutet werden sollte. Neben dem Frauenlager entstand 1941 ein kleineres Männerlager. Das KZ Ravensbrück

6 Unveröffentlichtes Interview Eva Foley, geführt von Beate Meyer am 3. 7. 1991 in Hamburg.

wurde mehrfach erweitert, mit seinen zahlreichen Außen- und Nebenlagern dehnte es sich wie ein Netz über die Region aus. Von einer Abschirmung konnte kaum noch die Rede sein. In den letzten Kriegsjahren arbeiteten Häftlinge in fast allen Betrieben der Stadt, auch von den Landgütern und Bauernhöfen wurden sie zur Erntezeit angefordert. Im Gegenzug belieferten Fürstenberger Firmen das Konzentrationslager und waren an seinem Auf- und Ausbau beteiligt. Der Anblick von KZ-Aufseherinnen, von denen einige aus dem Ort selbst stammten, von SS-Offizieren und Wachleuten gehörte zum Alltag. Die Präsenz der SS verstärkte sich noch, als 1941 im Ortsteil Drögen am anderen Ende der Stadt eine Schule der Sicherheitspolizei einzog, in der Gestapo- und Kriminalbeamte für ihre speziellen Aufgaben bei der „völkischen Neuordnung Europas" ausgebildet wurden. Es folgten zahlreiche Abteilungen des Reichssicherheitshauptamtes, die nach schweren Bombenangriffen auf Berlin aus der Prinz-Albrecht-Straße nach Fürstenberg ausgelagert wurden.

Wer hat was gewusst?

Wer danach fragt, was die Fürstenbergerinnen und Fürstenberger vom Konzentrationslager wahrgenommen und was sie gewusst haben, betritt sofort vermintes Gelände. Die Frage löst Abwehr aus, weil sie in den Augen der Befragten einen unausgesprochenen Vorwurf enthält. Zum ersten Mal seit Ende der vierziger Jahre kam das Thema im Jahr 1991 im Zusammenhang mit dem Skandal um den Supermarkt wieder an die Oberfläche. Damals fühlten sich die Bürger der Stadt an den Pranger gestellt, für etwas verantwortlich gemacht, womit sie ihrer Meinung nach nichts zu tun hatten. Dass ihre Erinnerungen und Beobachtungen jenseits von Schuldvorwürfen und Rechtfertigungen tatsächlich von Interesse sein würden, war offenbar ein ungewohnter Gedanke. In dem Bild, das während der DDR-Zeit in der Nationalen Mahn- und Gedenkstätte Ravensbrück von der KZ-Geschichte gezeichnet wurde, kamen die Bürgerinnen und Bürger des nahe gelegenen Städtchens erst gar nicht vor. Das Konzentrationslager war darin eine Insel des Schreckens ohne Umfeld. Die vielen Verbindungen zwischen Lager und Stadt passten nicht in die einfachen Bilder und Botschaften, die auf den Ausstellungstafeln vermittelt wurden.

Aber ist eine solche Frage denn so viele Jahre später überhaupt noch zu beantworten? Die damaligen Wahrnehmungen haben sich mit späterem Wissen überlagert, mit späteren Deutungen, mit späteren Rechtfertigungsversuchen. Es ist schwer, unter all diesen verschiedenen Schichten noch die Spuren der ursprünglichen Bilder zu finden. So verwundert es nicht, dass vor allem diejenigen, die damals Kinder waren, am unbefangensten mit den Erinnerungen umgehen. Als ich Frau Wolter und ihrer Nichte Frau Abel frage, was sie damals vom Konzentrationslager mitbekommen haben, antwortet die 91-jährige Frau Wolter schnell und ohne Zögern: „Gar nischt. Wir haben davon nischt gesehen und gehört." Sie schaut hinüber zu ihrer dreißig Jahre jüngeren Nichte.

Doch Frau Abel, die bei Kriegsende sieben Jahre alt war, bestätigt diesen Satz nicht. Sie erzählt von den Häftlingskolonnen, die jeden Tag durch ihre Straße geführt wurden. „Die haben so schön gesungen, ja, dadurch war das alles ein bisschen überspielt." Ich möchte wissen, was die Frauen gesungen haben. Frau Wolter, die eigentlich nichts gesehen und gehört hat, meint, die Lieder habe man schlecht verstehen können, „Also durch das Laufen, wenn so 'ne Kolonne läuft, das verhallt ja denn so." Das sei wegen dieser „Klapperschuhe" gewesen, ergänzt Frau Abel, die sich dann doch nicht sicher ist, ob das ihre eigenen Erinnerungen sind oder nur die Erzählungen ihrer fünf Jahre älteren Schwester. Zwei Generationen – zwei Versionen. Die unverstellten Kinder-Erinnerungen von Frau Abel legen offen, was die damals erwachsene Frau Wolter heute nicht mehr wahrhaben möchte: Der Alltag neben dem Konzentrationslager, die Normalität des täglichen Anblicks der Häftlingsfrauen, die zur Arbeit hinauszogen, ihr Gesang und das Klappern der Holzpantinen.

Im Verlauf des Gesprächs stellt sich heraus, dass die Häftlinge sogar in unmittelbarer Nähe ihres Hauses die Gleise für die Bahn verlegt haben. Frau Wolter: „Hier hinter unser'm Garten da, hatten sie alles ausgebaggert, da sollte ja die Eisenbahn gebaut werden. Da haben die Frauen mit de Loren immer von da oben ... und denn hier vom Berg ist dat genommen worden, die Erde, ne? Und da haben sie mit Loren so rangefahr'n, sonst war nischt." Mehr will sie nicht sagen. Mehr will sie nicht gewusst haben. Sie habe immer viel zu tun gehabt und auch mit niemandem darüber gesprochen. „Da hat sich ja keiner getraut, einer zum andern was zu sagen [lacht], aus Angst, dass man da auch reinkommt. Das ist so gewesen."

Das Konzentrationslager war ein versperrter Ort. An der Lychener Straße befand sich der Schlagbaum. Die Boote durften an diesem Teil des See-Ufers nicht mehr anlegen, Dort, wo das KZ gebaut wurde, war vorher eine Badeanstalt. Frau Marten sagt, das Baden sei im gesamten See verboten gewesen. Das Lager war autark mit eigener Wasserversorgung, eigenem Abwassersystem und Strom- und Telefonnetz. Ein versperrter Ort, von Anfang an von Schweigen umgeben und von Gerüchten und Legenden, die das Schweigen mit Phantasien füllten, das Unerzählbare erzählbar und das Unvorstellbare vorstellbar machten. Haben die Legenden den Schrecken versinnbildlicht oder ihn verkleinert, überdeckt – oder beides zugleich?

Herr Starcke: „Sie werden lachen, hatte keiner gewusst. Man hat gewusst, dort hinten ist ein KZ, und das geht alles seinen rechten Gang, die sind hier durchmarschiert, ist klar, mussten arbeiten, waren auch Polen drin, und dann sah man die wieder zurückmarschieren."

„Wir haben zwar gewusst, da hinten ist das KZ, aber mehr auch nicht", sagt Friedrich Karl, der damals noch ein Kind war. Manche wollen Schreie gehört haben, die über den See schallten. So jedenfalls hat es der Schuldirektor Schulze nach Kriegsende seinen Schülern erzählt. Linda Tebs hat selbst nichts gehört, sie sagt aber, andere hätten davon gesprochen. Herr Karl sagt, man habe oft gegen Abend die Hunde heulen hören, „wenn der Wind hier rüber stand". Die Leute hätten dann gesagt, da sei wieder einer ausgebrochen. Auch Frau Brüning, die damals ein Kind war und ihre Großeltern in Fürstenberg besuchte, erinnert sich an das Hundegebell. Die Krumme Straße, wo die Großeltern wohnten, lag nicht weit vom Ufer des Schwedtsees entfernt. Gegen Abend sei es immer besonders laut geworden. Frau Brüning kennt sich mit Hunden aus und meint, das müsse kurz vor der Fütterung gewesen sein. Herr Nauhaus sagt, es sei laute Musik zu hören gewesen.

Das Krematorium mit seinem rauchenden Schornstein, das seit 1943 von der Stadtseite aus sichtbar war, wurde erst viele Jahre nach dem Krieg zu einer Art Symbol für die Verbrechen, die in Konzentrationslagern begangen wurden. Damals hieß es, das sei eine Bäckerei oder ein Heizhaus. Ruth Marten erinnert sich, ihnen sei erzählt worden, die Kleidung der Häftlinge werde dort verbrannt. Frau Wiese, Jahrgang 1931: „... und dann wurde gesagt, die backen so viel Brot. Also dass das das Krematorium war, dass da laufend Leute verbrannt wurden und so. Das hab' ich nicht mitgekriegt. Ich weiß nicht, ob die das nu absichtlich uns falsch gesagt haben, um das zu verharmlosen." Auch Frau Hoff hörte so etwas, als sie Anfang 1945 als Flüchtling nach Fürstenberg kam. Als sie mit ihrer Schwester einmal in den Stadtpark ging, fragte sie einige Spaziergänger nach dem Schornstein gegenüber, aus dem eine riesige Rauchwolke stieg, ob das eine Fabrik sei. „Den Geruch habe ich noch in der Nase. Das war irgendwie so ... so süßlich." Die Angesprochenen – sie weiß nicht, ob es Fürstenberger waren oder Flüchtlinge wie sie – hätten gemeint, dort müsse eine Bäckerei sein. „Und da haben wir gedacht, na ja in der schlechten Zeit, wer weiß, was die da verbacken."

Erich Kemper hat gehört, das Lager sei nachts beleuchtet gewesen, damit die Alliierten keine Bomben darauf warfen. Genaues wisse er nicht. Er sei ja die meiste Zeit als Soldat in Frankreich gewesen. Diese Bemerkung ist ihm aber so wichtig, dass er noch einmal darauf zurückkommt. Als ich einwende, die Scheinwerfer hätte es wohl gegeben, aber doch eher, um eine Flucht von Häftlingen über die Mauer zu verhindern, beharrt er auf seiner Version: „Wird vielleicht 'ne Abmachung mit den Feindmächten gewesen sein, dass das erkennbar ist und nicht bombardiert wird", sagt er nachdrücklich und schaut mich fast bittend an. Wünscht er sich, dass es dort doch wenigstens ein Zipfelchen Menschlichkeit gegeben habe, oder heißt das übersetzt: Die Häftlinge waren vor Bombenangriffen geschützt, es ging ihnen besser als uns Deutschen?

Hinter der Absperrung

„Es kann ja so was nie ganz geheim bleiben, es sickert ja immer was durch", sagt Herr Hanke. „Viele von den Fürstenberger Unternehmern haben ja da gearbeitet: Die Rohrleger, und die Maurer, und, und, und ..." Der Vater von Herrn Kemper hat die Baracken ausgebaut, Frau Gumbert und ihr Mann haben Fleisch und Wurst geliefert. Der Vater von Frau Ahlgrimm hat den

Zellenbau und die Aufseherinnenhäuser errichtet. Außerdem gab es viele kleine alltägliche und nicht alltägliche Berührungspunkte zwischen Stadt und Lager, die die Abschottung durchlässig machten und die jeweils Fragmente an Wissen transportierten. Am wenigsten aufschlussreich sind dabei die Bemerkungen von Elfriede Himmel, die ihren Vater manchmal begleitete, wenn der sich die Küchenabfälle vom KZ für seine Schweine holte. Aus ihrer Rede wird nicht recht deutlich, ob sie tatsächlich vom KZ spricht oder später von der sowjetischen Kaserne. Jedenfalls sei da am Zaun ein Loch gewesen, wo sie sich die Küchenabfälle „rausgegrabbelt" hätten. „Nachher war es denn auch vorbei. Denn haben sie's nachher verboten." Weiter habe es da nichts zu sehen gegeben, meint sie, „das war nicht so toll".

Anna Berger arbeitete seit 1943 bei der Post in Fürstenberg und nahm am Bahnhof die Postsendungen in Empfang. Dort seien immer, sagt sie, die Rot-Kreuz-Pakete für die Häftlinge angekommen. Weil es schnell gehen musste, wurden die Pakete aus dem Waggon auf den Bahnsteig geworfen. „Schöne, vom Roten Kreuz, feste eingepackte Pakete. Es gingen hin und wieder auch welche auf, und man ist ja doch neugierig, wir haben nichts genommen, aber wir haben uns das angeguckt: Schokolade und, und ... und was alles drin war. Währenddessen auch andere Pakete, polnische, russische, kann ich nicht sagen, weil wir ja die Schrift nicht kannten." Sie habe die Pakete aufheben und in einem Schuppen stapeln müssen, von wo sie dann abgeholt und ins KZ gebracht worden seien. Später seien es dann so viele Pakete gewesen, dass der ganze Waggon abgehängt und nach Ravensbrück umgeleitet worden sei. Und einmal habe sie ein Telegramm an einen SS-Unterscharführer ausliefern müssen. Da sei sie mit einem extra Ausweis durch die Absperrung an der Lychener Straße geradelt. An der Straße hätten Frauen gesessen und Steine geklopft. Sie habe sich zu dem SS-Mann durchgefragt, habe ihr Telegramm abgegeben und sei schnell zurück. Jeder Kontakt mit den Häftlingen sei „tabu" gewesen.

Der Vater von Herrn Stegemann arbeitete als Kraftfahrer in der Großwäscherei Huve, die für die Kasernen der Umgebung die Wäsche wusch, auch für Ravensbrück. Sein Vater fiel 1944 im Krieg, deshalb konnte Herr Stegemann ihn später nicht danach fragen, ob er nur die Wäsche für die SS oder auch die für die Häftlinge gefahren hat. Jedenfalls sei sein Vater dort mit Häftlingen zusammengetroffen: „Ich weiß nur, dass meine Mutter mir nach 'm Krieg erzählt hatte, dass mein Vater, der öfter mal zum KZ Wäsche liefern musste, dass er sich immer so 'n halbes Brot mit eingesteckt hatte."

Herr Weber berichtet, dass eine junge Frau, die im Nachbarhaus wohnte, in der Kommandanturverwaltung des Lagers im Büro gearbeitet habe. Er weiß nicht mehr, ob sie eine Uniform trug. „Aber ein sehr nettes Mädel", sagt er, und dass sie ihn einmal mitgenommen habe, „aber nur bis in das Hauptgebäude". Zum Häftlingslager ging noch ein extra Tor. „Und hab' dann immer da die Häftlinge laufen sehen. die hatten da eben Arbeiten gemacht, alles was so Straße fegen und ... na ja alles, als Kind habe ich das gar nicht so richtig mitbekommen, ich habe bloß gesehen, mit Besen und Schippen rannten die da rum."

Frau Marten erinnert sich, dass sie 1943 zusammen mit ihrem ersten Ehemann Jochen Seiler in den Kommandanturbereich hinter der vorderen Schranke gelangte. Ihr Mann war Wehrmachtoffizier. Während seines Heimaturlaubs wollte er sich mit eigenen Augen überzeugen, ob an den Gerüchten über die Konzentrationslager, die unter den Soldaten an der Front kursierten, etwas dran sei. Sie habe sich schick angezogen, sagt Frau Marten, damit sie dort entsprechend auftreten konnte. Leider sei sie nur bis zu einem Offizierskasino gekommen, wo sie einen Kaffee trinken und mit zwei Herren von der SS plaudern durfte. Ihren Mann führte man anschließend in eine, wie er später erzählte, „vorbildlich eingerichtete Krankenbaracke". Mehr habe er nicht zu sehen bekommen. Vermutlich hat Major Seiler der Fassade nicht geglaubt. Vermutlich hatte er schon längere Zeit seine Zweifel. 1944 wurde er wegen Wehrkraftzersetzung zum Tode verurteilt und hingerichtet, aber das ist eine andere Geschichte.[7]

Wesentlich mehr über die Realität des Lagers erfuhr Frau Marten aus einer anderen Quelle. Ein SS-Wachmann aus Bayern, der als Kunde in den Uhren- und Schmuckladen ihrer Mutter gekommen war und sich erboten hatte, der Frau nach Ladenschluss ihre schmerzenden Füße zu massieren, sei

7 Siehe Kapitel „... wie fanatisch die sein konnten".

während dieser Massage plötzlich weinend zusammengebrochen und habe von Grausamkeiten berichtet, die im Lager an den Häftlingen verübt würden und deren Zeuge er geworden sei.

Frau Wieses Vater, der Lehrer und zugleich Organist der Gemeinde war, versuchte einmal zusammen mit dem Superintendenten Graf von Korff in das Lager zu gelangen. Vermutlich kamen sie, wie das Ehepaar Marten, nur durch die äußere Absperrung. Frau Wiese erinnert sich, Korff sei im Auftrag einer Schweizer Familie gekommen, deren Tochter als Bibelforscherin inhaftiert war. Er habe ihren Vater gebeten, ihn zu begleiten. „Und da sind sie beide losgegangen und kamen wieder und hatten nichts erreichen können. Sie sind wirklich nur vorne gewesen. Sie sind nicht bis ans Lager ran. Sie wurden sofort zurückgewiesen. Obwohl der von Korff ... es war doch kein Ruhmesblatt, aber er hat gedacht, es würde wirken, weil zwei Söhne von ihm bei Hitlers Leibstandarte waren. Da dachte er, er kommt dadurch eher rein und kann die Frau sprechen. Aber das hat nicht gezogen."

Ilse Möbius, 1945 25 Jahre alt, passierte in den letzten Monaten vor Kriegsende insgesamt drei Mal nur für wenige Minuten die äußere Absperrung des Lagers, um Lebensmittelpakete für eine Häftlingsfrau abzugeben. Sie hatte deren Schwester, eine Frau von Stahl, in der Bahn kennengelernt und ihr spontan Hilfe zugesagt. Die Frau, die in Österreich lebte, schickte ihr mit der Post Lebensmittelmarken. Ilse Möbius kaufte damit in Fürstenberg ein und gab die Pakete im Lager ab. Beim dritten Mal wurde sie von einem wachhabenden SS-Mann vernommen und mit einer Verwarnung weggeschickt. Auf dem Rückweg zum Tor begegnete sie einer Häftlingskolonne und musste ohnmächtig zusehen, wie eine Aufseherin eine alte Frau misshandelte. Diese Bilder verfolgen sie bis heute. Sie macht sich Vorwürfe, dass sie der Frau nicht geholfen hat. „Das ist das, wo ich nicht mit fertig werde. Ich stand an der Straßenkante und habe das gesehen und wusste wirklich nicht, was ich machen sollte. Ich habe immer gedacht: Gehst Du dazwischen? Das hätte ihre Mutter sein können.[8] Aber dann habe ich wieder an meine Eltern gedacht. Also das war so eine Zerreißprobe, das kann ich gar keinem sagen."

8 Gemeint ist wohl: Die Häftlingsfrau hätte die Mutter der Aufseherin sein können.

Völlig verstört kam sie zu Hause an und wagte seitdem nicht mehr, in das Lager zu gehen. Weil sie ihr Versprechen aber einhalten wollte, schickte sie die folgenden Pakete mit der Post. „Danach bin ich dann so sehr krank geworden, also das habe ich nicht verkraftet." Frau Möbius erzählte dieses Erlebnis später nur ihrem Mann. In ihrem Freundes- und Kollegenkreis in Fürstenberg sei über die Vergangenheit wenig und über das Konzentrationslager schon gar nicht gesprochen worden. Da habe sie nichts sagen wollen. Erst nach dem Supermarktskandal, als das lange beschwiegene Thema plötzlich wieder an die Oberfläche kam, habe sie zum ersten Mal in der Kirchgemeinde davon berichtet. Seitdem immer wieder. Einmal sei jemand aufgestanden und habe ihr zu dieser Tat gratuliert, ihre Geschichte wurde in einem Buch veröffentlicht, auch für einen Film gab sie ein Interview. In letzter Zeit hat es den Anschein, als ob ihre Geschichte sich ein wenig verselbstständigt hat. Vor kurzem erzählte mir ein Fürstenberger, Frau Möbius sei Mitglied einer örtlichen Widerstandsgruppe gewesen, die Lebensmittel und Medikamente ins Lager geschmuggelt habe.

Blick vom Stadtpark über den See auf Lagermauer und Krematorium.

„Leichte Mädchen“ und „Sternengucker“
Aussagen über die Häftlinge

Nur wenige Fürstenbergerinnen und Fürstenberger haben vor dem April 1945 das Lager betreten, aber alle haben die Häftlingskolonnen gesehen, die täglich durch den Ort liefen. Häftlinge arbeiteten neben ihnen im Betrieb, sie bauten Straßen und sie legten das Bahngleis vom Bahnhof durch die Lychener Straße bis zum KZ-Gelände. Fred Weber sagt, er und seine Freunde seien häufig den Häftlingsgruppen, die in der Stadt arbeiteten, neugierig hinterhergelaufen. Wenn sie zu nahe herankamen, hätten die Aufseherinnen sie meist verjagt. In der Steinförder Straße war ein Munitionsdepot, dort mussten die gefangenen Frauen die Granaten in mit Zinkblech ausgeschlagene Kisten legen. Fred Weber beobachtete einmal, wie sie sich auszogen und in der Havel badeten. Er hat diese Szene vor allem deshalb in Erinnerung behalten, weil er bei dieser Gelegenheit zum ersten Mal in seinem Leben nackte Frauen sah.

Der etwa gleichaltrige Wolfgang Stegemann sah die Häftlingskolonnen beinahe täglich während der Hofpause vorbeimarschieren. Der Schulhof grenzte ja direkt an die Brandenburger Straße. „Also sie war'n sauber angezogen, das muss ich sagen. Sie sangen auch. Sie sangen immer dasselbe Lied. ‚In meiner Heimat, da blühen die Rosen, in meiner Heimat, da blühet das Glück.‘ Und dann liefen mindestens, ja zwei, zwei Aufseherinnen und jede an einer Seite mit einem Schäferhund.“ Der Anblick war für die Schüler so gewohnt, dass sie sich keine Gedanken darüber machten. „Also die ganze Sache, die hat uns überhaupt nicht gejuckt. Bis auf dieses ... dieses Gefühl, na ja, also das ist so was ... so was Unheimliches. Die mussten ja was verbrochen haben, nicht?“

Eine Ahnung davon, wie es im Lager zugehen musste, bekam Wolfgang Stegemann von seinen beiden Mitschülern Horst Götzinger und Josef Ketterl vermittelt, die eines Tages in seine Klasse kamen, weil ihre SS-Väter von Dachau nach Ravensbrück versetzt worden waren. Josef Ketterl habe vor der Klasse angeben wollen. „Und der brüstete sich auch damit, zum Beispiel, dass er Häftlingsfrauen bespuckt und getreten hätte, als Junge, als zehn-, elf-, zwölfjähriger Junge. Das war also 'ne Heldentat für ihn. Wir haben uns das angehört, ja, wir waren ja auch nu in dem Geist durch die Schule erzogen, aber trotzdem kam uns das irgendwie 'n bisschen komisch vor." Diese Äußerung machte Josef Ketterl übrigens im Unterricht, angesichts eines erschrocken schweigenden Lehrers. Der habe nichts sagen dürfen, meint Herr Stegemann, so sei das eben gewesen. Diese Äußerung seines Klassenkameraden verstörte ihn viel mehr, als sie ihm imponiert hätte. Er sagt, da sei bei ihm etwas „in Gang" gekommen. Alle Wertvorstellungen, die ihm als Kind von Eltern, Lehrer und Pfarrer nahegebracht wurden, schienen hier auf den Kopf gestellt.

Friedrich Karl fuhr seit 1940 jeden Morgen mit dem Zug von Fürstenberg nach Hohenlychen zum Gymnasium. Bei dieser Gelegenheit stiegen öfter Männer-Häftlinge aus Ravensbrück und deren Wachleute in den Waggon ein: „Und dann kamen die rein. Hier in Ravensbrück war ja extra ein Bahnhof gebaut damals. Und dann fuhren die mit bis nach Lychen, durften aber nicht reden und nichts, gar nichts. Und wir saßen dann auf der einen Seite, und die saßen auf der anderen Seite. Aber wir haben dann versucht, ihnen was zuzustecken. Das ging so lange, bis die uns erwischt haben dabei, und dann war das nachher nicht mehr möglich. Dann wurden wir rausgejagt." Herr Karl sagt, „die Deutschen" durften nach diesem Vorfall nicht mehr im gleichen Wagen wie die Häftlinge sitzen. „Die sahen so verhungert aus", meint er. Aber ob er es wirklich gewagt hat, ihnen Brot zuzustecken, oder ob er sich später wünschte, er hätte es getan, ob es ein Mitschüler tat, mit dem er sich in diesem erzählenden „wir" identifiziert? Er sagt an einer anderen Stelle, er sei überzeugt davon gewesen, es handele sich bei den Häftlingen um „Schwerstverbrecher", um Einbrecher oder um Mörder. Passt das denn zusammen? Doch mehr als sechzig Jahre danach ist diese Frage kaum noch zu beantworten. Viele der Erinnerungsfragmente scheinen einander zu widersprechen. Vor allem diejenigen, die damals Kinder und Jugendliche waren, haben solche Widersprüchlichkeit in ihren Erzählungen bewahrt. Offenbar waren ihre Filter durchlässiger als die der Älteren. So ist noch etwas von ihrer damaligen Neugier, aber auch von ihrer Gleichgültigkeit, von ihrem Befremden und ihrer Ratlosigkeit geblieben.

Demgegenüber haben sich die damals Erwachsenen offenbar auf wenige Erinnerungsbilder geeinigt, die sich alle seltsam gleichen. Es sind Bilder von Häftlingsfrauen in gestreifter Kleidung, Holzpantinen und Kopftüchern, die – das wird immer wieder betont – einigermaßen gut genährt aussahen und die singend durch den Ort marschierten. Frau Wiese sagt, die Frauen hätten keine geschorenen Haare gehabt. Später hat sie dann daraus geschlussfolgert, man habe immer nur „die Neuankömmlinge hier durchmarschieren lassen, so dass wir auch kein reales Bild bekamen".

Die Schwester von Linda Tebs, die im Dorf Ravensbrück wohnte, soll anfangs, „als die Anlagen geschaffen wurden", dort sauber gemacht haben. Auch nach Rückfragen kam nicht so richtig heraus, wann und wo genau die Schwester gearbeitet hatte. Sie habe jedenfalls gesagt, so Frau Tebs, es sei „dort" anfangs „ganz gemütlich" zugegangen. Die Erzählerin selbst bestätigt diesen Eindruck. „Ich kann mich entsinnen, die Aufseherinnen sind mit 'ner ganzen Horde Gefangenen, wie man da sagt, sind die im Wald Blaubeeren pflücken gewesen. Na da hätte ihnen ja gut eine ... sie hatten nischt weiter bei. Hätten ja gut welche auskneifen können." Die Aufseherin habe sie und ihre Schwester dann gebeten, weiterzugehen. „Sie wollte nicht, dass wir mit denen in Kontakt kommen und uns unterhalten. Dat wollten die nicht."

Auch Herrn Nauhaus sind damals Häftlinge im Wald begegnet. „Die KZ-Häftlinge, einige Frauen, die sind ja auch draußen rumgelaufen in den Wäldern. Das waren, wie sie sagten, das waren die Bibelforscher, die haben da eben Pilze gesucht, und Blaubeeren gesucht und abends da wieder rein gegangen und haben ‚ihr Los', wie sie sagten, so genommen."

Herr Anselm kam während des Arbeitsdienstes in der Betriebsgärtnerei der *Faserstoff* mit Häftlingsfrauen zusammen. Da gebe es eigentlich nichts zu erzählen, sagt er. Die Frauen hätten einen lila oder schwarzen Winkel getragen und seien „gut in Schuss" gewesen. „Das waren ungefähr auch so zehn, zwölf Frauen, zwei Aufseherinnen dabei und die konnten da arbeiten wie jeder normale Zivilist auch, kein Mensch hat ihnen was gesagt ... Die Aufseherinnen, die haben sich nicht drum gekümmert, die haben nicht mit denen geschimpft, gar nischt, da ist kein böses Wort gefallen."

Frau Golz begegnete einmal einer Gruppe gefangener Frauen in einer Obstplantage in Gransee. Sie habe den Eindruck gehabt, dass es denen gut gehe, nur dass sie eben nicht frei waren. Elfriede Himmel erinnert sich, dass jedes Jahr im Herbst eine Häftlingsgruppe mit Aufseherin zum „Kartoffelnbuddeln“ auf den Hof ihres Vaters kam. Wenn man Arbeitskräfte brauchte, habe man einen entsprechenden Antrag stellen müssen. Frau Himmel habe auf Wunsch der Häftlinge meist Milchreis mit Zucker und Zimt gekocht. Die spätere Ehefrau von Herrn Bock war Lehrling in der Näherei Grahl und kam dort mit Häftlingen zusammen. Herr Bock, der selbst zu dieser Zeit Soldat gewesen war, wollte aber nicht, dass ich mit seiner Frau direkt spreche. Er berichtete mir, seine Frau habe erzählt, die Frauen hätten bei Grahl betriebseigene Arbeitskittel bekommen. Auch zusätzliches Essen hätten sie bekommen, natürlich in Absprache mit den Aufseherinnen. Der Vater von Herrn Bock leitete übrigens zur gleichen Zeit eine Filiale der Firma Grahl im Ghetto Łódź, aber das gehört nicht hierher.

Der Feinkosthändler Herr Starcke betrachtet das Konzentrationslager vor allem aus der Perspektive seines Geschäfts. Die SS-Offiziere waren seine guten Kunden. Sie kauften bei ihm en gros, vermutlich sowohl für ihre Kantine als auch privat. Als das Lager noch im Aufbau war, lieferte Starcke die Ware manchmal selbst dorthin. Später seien dann SS-Leute mit Häftlingen in den Laden gekommen. Die hätten dann die großen Schinken und Käse auf ein Auto geladen und seien weggefahren. Einmal, „das war niedlich“, sagt er, einmal sei eine ganze Truppe von Revuemädchen der Berliner „Scala“ ins KZ gekommen. „Und die kamen alle noch in ihren Tanzgirl-Kleidern, kamen die da draußen an, die waren acht Tage, glaube ich, oder so.“ Acht Tage KZ zur Abschreckung, weil die Mädchen ein Spottlied auf Hermann Göring gesungen hatten. Vermutlich hatte ihm das einer seiner SS-Kunden erzählt, und beide hatten darüber gelacht. Nach Starckes Eindruck konnte das alles nicht so schlimm gewesen sein. Später, als er dann schon Soldat war, habe er während des Streifendienstes in einem „hohen Offizierspuff“ in Hamburg eine Nutte getroffen, die ihn aus Fürstenberg kannte, weil sie als Häftling öfter in seinem Laden gewesen sei. „Die war hier im ... im KZ, und die haben sie nachher entlassen. Die hat gesagt, ‚Uns ging's ganz gut da‘.“ Mit dem Wissen von später fügte er hinzu: „Die wird wohl irgendeine Sonderstellung gehabt haben.“

Fast alle Begegnungen, von denen berichtet wird, klingen harmlos und tröstlich, und sie handeln vor allem von menschlicher Behandlung seitens der Aufseherinnen und seitens der Arbeitgeber oder von der Hilfsbereitschaft der

Fürstenbergerinnen und Fürstenberger. Die Ausnahme ist Anneliese Ahlgrimm. Sie hat etwas gesehen, was außer ihr niemand gesehen hat. Sie meint aber, das sei keine Ausnahme. Die anderen hätten es auch sehen müssen: „Also wer in Fürstenberg behauptet, er weiß nicht, was im KZ los gewesen ist, der lügt offensichtlich. Denn wir hatten's ... wir hatten's ja vor Augen." Anneliese Ahlgrimm wohnte mit ihren Eltern an der Ravensbrücker Dorfstraße. Sie hat vom Fenster aus gesehen, wie jüdische Frauen, die vom Bahnhof kamen, an ihrem Haus vorbei zum Lager getrieben wurden. „Es waren Hunderte. Es war, also ... das war so grauenhaft. Es war kalt. Manche hatten Gepäck und manche hatten kein Gepäck. Manche hatten 'n Mantel an, andere waren ganz dünn angezogen. Da hat ein SS-Mann auf ein Mädchen eingeschlagen. Die konnte wahrscheinlich nicht mehr. Hab' ich das Fenster aufgerissen und wollte was rausschreien, rausrufen zu dem SS-Mann. Da hat mich meine Mutter vom Fenster zurückgerissen. Hat gesagt: ‚Kannst du nicht endlich mal den Mund halten!'"

Frau Ahlgrimm spricht anders als die meisten Fürstenberger. Vielleicht ist das deshalb so, weil ihr Leben anders verlaufen ist. Sie war selbst Häftling in einem sowjetischen Lager, und als sie 1954 vom Polarkreis nach Fürstenberg zurückkehrte, blieb sie nicht dort, sondern floh in den Westen. Sie war nicht dabei, als die Übereinkunft des Schweigens und der Rechtfertigung sich in Fürstenberg bildete.

Herr Hanke war bis 1933 KPD-Mitglied. Als Binnenschiffer fuhr er vom Frühling bis zum Herbst auf der Havel, auf der Oder und auf der Elbe. Deshalb hatte er eigentlich viel weniger Gelegenheit, etwas über das Lager zu erfahren als die meisten seiner Mitbürger. Offenbar hat Herr Hanke aber mehr gesehen hat als andere. Er erzählt, dass er zweimal von Magdeburg Koks nach Fürstenberg gebracht habe. Beide Male hätten männliche KZ-Häftlinge sein Schiff entladen, mit bloßen Händen. „Ja, stellen Sie sich doch mal vor, die großen Koksbrocken, da kommt man doch mit keiner Forke, mit keiner Schippe nicht rein ... Und deren Hände haben immer geblutet, immer geblutet." Die Männer hätten ihm Zeichen gemacht, dass sie Zigaretten haben wollten. Aber das sei ja verboten gewesen, vier Wachleute „mit 'ner Knarre auf dem Buckel" hätten an Land gestanden und alles beobachtet.

Herr Hanke machte sich schließlich ein Loch in die Hosentasche und ließ einige Zigaretten beim Hin- und Hergehen auf den Boden fallen.

Doppeldeutige Erinnerungen

Warum kommen in den Äußerungen der anderen Befragten die Häftlinge nur selten als leidende Wesen vor? Warum gilt den gefangen gehaltenen Frauen so wenig Mitgefühl? Offenbar hat hier – völlig unabhängig von der später in der Gedenkstätte präsentierten Geschichtserzählung – eine viel frühere Deutung ihre Spuren hinterlassen. Die Fürstenbergerinnen und Fürstenberger konnten später schaudernd an den Krematoriumsöfen vorbeigehen und die riesige Steinwalze betrachten, sie konnten ergriffen sein von dem in die Wand gemeißelten Spruch von Anna Seghers, der von den „zarten schmächtigen" Frauenkörpern spricht, die sie „wie stählerne Schutzschilder durch die ganze Zeit des faschistischen Terrors vor euch und eure Zukunft gestellt haben". Und gleichzeitig konnten sie an der Vorstellung festhalten, dass die Frauen doch irgendwie „zu Recht" eingesperrt waren. Frau Abel sagte während unseres Gesprächs unvermittelt den Satz: „Das ist so'n zweischneidiges Schwert hier unser KZ". Vielleicht wollte sie damit genau diese Doppeldeutigkeit ausdrücken.

Friedrich Karl erinnert sich, ihnen sei erzählt worden, das seien Verbrecher „da drinnen". Deshalb habe er sich immer vorgestellt, es handle sich um „Schwerstverbrecher", um Menschen, die „einen Mord begangen haben oder schwere Einbrüche gemacht oder weiß ich was." Aus den Worten vieler anderer Befragter geht jedoch hervor, dass die Vergehen, die vor allem den weiblichen Häftlingen zugeschrieben wurden, von anderer Art waren. Herr Nauhaus: „Unverbesserliche, na das sind eben Unverbesserliche. Und da sind auch welche bei, die mit ... die mit fremden Leuten da sich wohl abgegeben haben." Linda Tebs kannte eine Frau, die was „mit einem Polen gemacht" habe und deshalb inhaftiert wurde. Elfriede Himmel ist sich sicher, dass die alle „was gemacht haben", das hätten sie ihr selbst gesagt. Das seien „leichte Mädchen" gewesen, die in Berlin auf der Straße ... na ja, ich wisse schon. Frau Heise erinnert sich, dass sie als Mitglied des Jungmädel-Bundes eine regelrechte Unterweisung bekommen habe zum Thema: „Wozu sind die Konzentrationslager da?" Man habe ihnen erklärt, da seien Nutten und Arbeitsscheue drin, und zwar diejenigen, die auch nach mehrmaliger Aufforderung nicht bereit gewesen seien zu arbeiten. Das sei ihr plausibel vorgekommen. Arbeiten müsse schließlich jeder, und heute sei es ja das Drama, dass die Jugendlichen keine Arbeit bekommen könnten.

Viele der Befragten wussten, was die Winkel in den unterschiedlichen Farben auf der Kleidung der Gefangenen zu bedeuten hatten. Frau Falk kam mit Häftlingsfrauen zusammen, als sie bei der „Faserstoff" dienstverpflichtet war. Die Politischen, sagt sie, seien an ihrem roten Kennzeichen zu erkennen gewesen, die Jüdinnen an einem gelben. Ihre Schulfreundin Frau Heise bezweifelte, ob Jüdinnen überhaupt in Ravensbrück gewesen seien. Die seien doch gleich „in die anderen Lager" gekommen. Aber Frau Falk beharrte auf ihren Erinnerungen. Wenn sie nach „Politischen" gefragt werden, erwähnen die Fürstenbergerinnen und Fürstenberger eigentlich nur Eugenie Zilligen, die von 1942 bis 1945 in Ravensbrück Häftling war und nach der Befreiung bis zu ihrem Tod in Fürstenberg lebte. Später wurde der Klub der Volkssolidarität nach ihr benannt, den Herr Henkel leitete. Er sagt, nach der Wende, als er schon im Vorruhestand war, sei das Schild mit ihrem Namen dann abmontiert worden. Frau Berger meint, die Zilligen hätte allgemein „die weiße Taube" geheißen, wegen ihrer weißen Haare. Und es sei allen ein Rätsel gewesen, warum sie so nah am ehemaligen KZ geblieben sei.

Eugenie Zilligen (1893–1968) stammte aus Lüttich in Belgien, lebte aber mit ihrem Ehemann Christian Zilligen schon seit Ende der 20er-Jahre in Deutschland. Wegen illegaler Grenzarbeit für die KPD wurde das Ehepaar 1935 jeweils zu sechs Jahren Zuchthaus verurteilt. Danach musste er in das KZ Sachsenhausen und sie nach Ravensbrück, wo sie in der Schneiderei arbeitete und später als Stubenälteste fungierte. Es heißt, „Cilly", wie Eugenie Zilligen von ihren ehemaligen Mithäftlingen liebevoll genannt wurde, habe im April 1945 Rosa Thälmann gerettet. Ihr Mann arbeitete nach dem Krieg als Eisenbahner auf dem Fürstenberger Bahnhof. Sie war, so steht es in ihren VdN-Unterlagen, „Agitator" im Wohnbezirk 5. Wolfgang Stegemann sagt von ihr, sie habe das DDR-Regime natürlich unterstützt, „hat also die Lokalpolitik hier voll mitgetragen".

Außerdem gab es noch den Kommunisten Friedel Schlaak, der als sogenannter Ehrenhäftling – ein seltsamer Begriff – beim SS-Baustab in Ravensbrück dienstverpflichtet war. Den Todesmarsch soll Schlaak als Lagerpolizist in SS-Uniform begleitet haben. Er war der erste Bürgermeister von Fürstenberg nach dem Krieg, den viele in keiner guten Erinnerung haben.

Eine besondere Rolle in den Erzählungen spielen die Zeuginnen Jehovas, die meist als „Bibelforscherinnen“ oder auch als „Sternengucker“ bezeichnet werden. Diese Frauen arbeiteten häufig als Putzfrauen oder Köchinnen in den Häusern der SS-Offiziere. Sie waren im Ort präsent, weil einige von ihnen sich sogar ohne Bewachung frei bewegen durften, um für ihre Herren oder Herrinnen Besorgungen zu erledigen. Frau Reppin meint, die Zeugen Jehovas seien auf dem Rücken mit einem Kreuz „extra gezeichnet“ worden. Eine immer wiederkehrende Bemerkung in vielen Interviews lautet, sie seien „freiwillig“ im KZ gewesen. „Die waren nämlich frei, die Bibelforscherinnen“, sagt Frau Wolter. „Die hätten ja nach Hause können, aber die haben nicht unterschrieben.“ Frau Reppin präzisiert: „Und die durften ja frei laufen. Die brauchten ja bloß zu unterschreiben, dass sie von diesem abtreten ... ja, von dem Glauben sich lösen, und dann wären sie entlassen worden.“ Diese Äußerungen klingen ein wenig zweideutig. Einerseits drücken sie natürlich Respekt vor den Frauen aus, die das Gefangenenschicksal – „ihr Los“, wie Herr Nauhaus sagt – bewusst für ihre religiöse Überzeugung auf sich nahmen. Aber „freiwillig im KZ“, da schwingt andererseits auch mit, dass die Betreffenden letztlich für ihre Situation selbst verantwortlich waren. Sie hätten schließlich unterschreiben und nach Hause gehen können. Wenn Frau Kunze die Häftlinge mit dem violetten Winkel in einem Nebensatz „Bibelwürmer“ nennt, so war das vermutlich eine damals verbreitete, halb freundliche, halb verächtliche Bezeichnung für diese unverständlichen Wesen, deren Prinzipienfestigkeit ein wenig unheimlich wirkte.

Eindeutiger fällt das Urteil über die wenigen Häftlingsfrauen aus, die für die Fürstenberger Namen und Gesichter hatten, weil sie aus dem Ort stammten oder nach der Befreiung dort blieben. Frau Golz erzählt von einer Frau aus der Nachbarschaft, die von allen die „Stadtkuh“ genannt worden sei, „weil sie alles genommen hat, was sich ihr bot“. Die sei „wegen ihres Lebenswandels“ für einige Wochen ins KZ gekommen, und danach habe sie wohl Angst gehabt und sich „gebessert“. Uschi Engel, die nach der Befreiung in Fürstenberg blieb, sei ein „leichtes Mädchen“ gewesen, und Friedel Hübsch, so sagen die Leute bis heute verächtlich, habe sich „mit Ausländern abgegeben“. Frau Frank erinnert sich, dass sie eine Frau kannte, die wegen Diebstahls verhaftet wurde. „Kann ich gar nicht mehr sagen, wie die hieß. Aber die hatte geklaut. Und die ist deswegen da reingekommen.“ An Anni Stahl erinnern sich mehrere Fürstenbergerinnen. Die Tochter des Spediteurs sei in der Stadt mit einem schönen Pelz gesehen worden, den sie aus der Sammelaktion für die Soldaten an der Ostfront gestohlen hatte. Sie wurde angezeigt, verhaftet und nach Ravensbrück gebracht. Nach Kriegsende, so erzählt Frau Kunze, habe sich die Stahl als „Opfer des Faschismus“ aufgespielt und sich bei der Brotschlange vorn anstellen wollen. Das hätten die anderen Frauen sich aber nicht gefallen lassen. Schließlich hätten die Kommunisten, mit denen sich die Erzählerin ausnahmsweise und nur in diesem Punkt einig fühlte, dem ein Ende bereitet und der Anni Stahl den OdF-Status aberkannt.

Die „leichten Mädchen“ und kleinen Diebinnen prägen bis heute das Bild der Fürstenbergerinnen und Fürstenberger vom Frauen-Konzentrationslager. Die Erinnerung an sie ist lebendiger und plastischer geblieben als an die Polinnen, Russinnen und Jüdinnen, die ihnen vermutlich in viel größerer Zahl begegnet sind, lebendiger auch als die später in der DDR gezeichneten Bilder von den kommunistischen Widerstandskämpferinnen. Was nicht mehr offen gesagt werden kann, weil ganz andere Deutungen und Bedeutungen des Geschehens inzwischen den öffentlichen Diskurs bestimmen, davon sind in den Erzählungen noch Spuren geblieben: die moralische Abgrenzung gegenüber den Frauen, die sich „mit Ausländern eingelassen haben“ oder deren Lebenswandel auf andere Weise allgemein anerkannte Normen verletzte. Bis heute sind die damaligen Vorstellungen von „Zucht und Ordnung“ kaum hinterfragt. Als Instrument der Säuberung der Gesellschaft von „Prostituierten“ und „Arbeitsscheuen“ war das Lager weitgehend akzeptiert. Doch gleichzeitig repräsentierte es eine ständige Drohung, die sich gegen alle richtete.

Das Krematorium auf dem Fürstenberger Friedhof. Bis zum Bau des lagereigenen Krematoriums wurden dort die Leichen der Häftlinge verbrannt. Heute sitzt in den Räumen die Friedhofsverwaltung.

„Glatze und Sträflingsanzug an und ab geht die Post ..."
Werner Kopf (ehemaliger Häftling)

In den Erzählungen einiger Fürstenberger tauchte hin und wieder sein Name auf: Werner Kopf. Der Schuster habe eine Weile im KZ Ravensbrück gesessen. Der Elektrikermeister Fred Weber sprach von ihm als von seinem „Parteifreund" und sagt, er habe einen „Kassiber raus- oder reingeschmuggelt". Er sei damals noch sehr jung gewesen. „Er wusste ja gar nicht, was er überhaupt macht, sage ich mal." Herr Kowalski nennt ihn „einen friedlichen ruhigen Schuster". Aber sonst wussten er und die anderen kaum Näheres über seine Person. Es schien, als ob Werner Kopf irgendwie nicht dazu gehörte, obwohl er doch ein Fürstenberger war und Handwerksmeister, der ein Geschäft betrieb. Herr Kemper sagt es deutlicher: „Der war auch ganz kurz drin. Der hat wohl mal ... Post befördert, glaub ich. Kriegte darauf 'ne große Rente. Ja."

Vor einem Jahr ist Herr Kopf gestorben, obwohl er noch nicht einmal achtzig war. Das war nicht nur die Tuberkulose, die er sich im Lager geholt hatte, das waren wohl auch der Alkohol und die Einsamkeit. Werner Kopf hatte keine Familie und anscheinend auch keine Freunde. Ich habe ihn in Erinnerung als kleinen, handfesten Mann, der Korn aus einer Seltersflasche trank, der ganz unverstellt seine Geschichte erzählte und dabei viel lachte, auch über Dinge, die eigentlich zum Weinen waren.

Werner Kopf wurde 1926 im Dorf Ravensbrück geboren. Seine Großeltern hatten in der Nähe des Friedhofs einen Bauernhof. Dort lebte Werner mit seiner Mutter und den drei jüngeren Geschwistern nach der Scheidung seiner Eltern. In seiner Erzählung nimmt die als warmherzig charakterisierte Großmutter einen größeren Raum ein als die Mutter. Von der sagt er nur, sie sei geschieden und habe viele Kinder gehabt. „Und ich war der Älteste davon und musste am meisten leiden dabei" (lacht).

Später heiratete die Mutter wieder und zog mit den Kindern zu ihrem zweiten Mann nach Neustrelitz, zwei weitere Geschwister wurden geboren. Sie wohnten in einem Haus in der Nähe des Bahnhofs zusammen mit anderen kinderreichen Familien. Der neue Mann der Mutter sei Maler gewesen und oft arbeitslos. Die Ferien verbrachte Werner Kopf immer bei seinen Großeltern, auf deren Hof mit den Schweinen, Enten und Ziegen es ihm besser gefiel als in der Stadt.

1940, nach dem Schulabschluss, da war er 14 Jahre alt, zog er ganz nach Ravensbrück. Er sagt, die Großeltern hätten seine Hilfe benötigt, nachdem ihre Söhne alle zum Militär eingezogen worden waren. Es klingt aber auch ein wenig so, als ob er sich mit dem Stiefvater nicht verstand. Als ich danach frage, weicht er erst aus und murmelt, der sei „nicht schlecht" gewesen und „habe sich eigentlich auch Mühe gegeben", um dann unvermittelt herauszuplatzen: „Bloß der Mann hat meine Schwester vergewaltigt mit dreizehn Jahren." Trotz schlimmer Drohungen habe seine Schwester sich doch der Mutter anvertraut und die habe Anzeige erstattet. Danach sei alles vorbei gewesen, die Ehe sei geschieden und der Stiefvater zu drei Jahren Zuchthaus verurteilt worden. Aber heute, sagt Werner Kopf, dem es ein bisschen unangenehm ist, dass er mir das gesagt hat, heute sei das alles noch schlimmer. „Diese Vergewaltiger, die bringen ja die Kinder gleich um." Gerade jetzt werde wieder ein Mädchen aus einem Dorf in der Region vermisst. Die Bilder, die ihm das Fernsehen täglich ins Haus bringt, machen ihm Angst. Die Bilder von Gewalt, von Not und Krieg sind für ihn Zeichen einer Zeit, die er nicht mehr versteht. Zum Zeitpunkt unseres Interviews begann gerade der Konflikt im Kosovo. „Die ganze Vergangenheit kommt denn wieder hoch, ich mag das schon gar nicht mehr sehen."

1940 zog Werner Kopf nach Ravensbrück zu seinen Großeltern. Er begann eine Lehre als Zimmermann bei der Firma Jahn in Prenzlau. 1942 bekam die Firma den Auftrag, mehrere große Webereihallen auf dem KZ-Gelände zu bauen. Der Lehrling fuhr jeden Tag mit dem Fahrrad ins KZ, dort war sein Arbeitsplatz. Sie seien immer von einer Aufseherin abgeholt und wieder rausgebracht worden, sagt er. Und er habe vorher ein Protokoll unterschreiben müssen, „dass annehmen und abgeben verboten ist, ansonsten, dat man selber inhaftiert wird, ja. Das hat man alles unterschrieben". Daran hielt er sich dann aber nicht, nachdem er erlebt hatte, wie es im Lager zuging. Zusammen mit einem Bautischler arbeitete er an den Dachverschalungen der Hallen. Dort oben hätten sie immer mitbekommen, wenn geschossen wurde. Er sagt, es seien wohl Häftlinge über die Postenkette gejagt und dann „auf der Flucht erschossen“ worden. Das habe er aber nicht gesehen, er hat nur die Schüsse gehört.

25 Häftlinge waren der Firma zugeteilt, erst nur Männer, dann kamen auch Frauen dazu. Die Frauen hätten Gräben ausgeschachtet für die Kanalisation. Als er einmal mit dem Fahrrad dort entlangfuhr, habe er gesehen, wie eine Frau hingefallen sei. „Und ich hab' das Fahrrad zur Seite geschmissen und hab' sie aufgehoben. Da kam die Aufseherin gleich auf mich zu und sagte: ‚Wenn Sie dat noch mal machen, dann sitzen Sie morgen auch drin‘, na ich hab' nischt mehr gesagt.“

Irgendwann hat Werner Kopf aufgehört, solche Warnungen zu beachten. Zuerst habe er Angst gehabt, sagt er, „aber die knien vor dir nieder und betteln um Brot“. Er habe schließlich keinen Bissen mehr herunterbringen können, ihm habe gar nichts mehr geschmeckt. „Und dadurch, dass wir nun auch Viehzeug hatten, Kartoffeln hatten wir genug und Viehzeug hatten wir genug, meine Großmutter, die hatte selber 'ne Räucherkammer und wir haben selber geschlachtet und Schinken gehabt und alles und dadurch konnt' ich ja auch was mitnehmen, nicht.“ Die Lebensmittel habe er in einem Versteck deponiert und dann jeweils immer in das Toilettenhäuschen gelegt, das auch von den Häftlingen benutzt wurde. „Da mussten die aber auch immer aufpassen, dat keiner von den SS-Leute dat mitbekommt. Die haben ja auch Kontrolle direkt auf'm Gelände gemacht. Die standen nicht bloß da oben in ihrem Schießstand und wo der Eingang war als Wachmann, die haben ja auch kontrolliert direkt im Gelände.“

Werner Kopf freundete sich mit einigen tschechischen Häftlingen an. Mit der Zeit wurde er immer kühner. Er beförderte Briefe für seine Freunde und empfing von ihren Angehörigen Pakete, die er ins Lager schmuggelte. Als die SS schließlich dahinterkam, wurden die Häftlinge gefoltert, bis sie den Namen ihres Helfers preisgaben. Im Januar 1943 wurde Werner Kopf verhaftet. Sechs Wochen lang saß der siebzehnjährige Junge im Zellenbau in Untersuchungshaft und wurde vom Leiter der Politischen Abteilung, Kriminalrat Ramdohr, verhört und misshandelt.

„Das Starkstromkabel hat er doppelt genommen und dann sagt er: Jetzt sagst du aber alles was gewesen ist. Und ich hatte schon aus Angst alles gesagt, wat ich gemacht hab. Da wollten sie noch mehr rauspressen. Ist ja klar [lacht]. Ja und denn ging det los nachher: Stock in die Haare rein, da hat ich ja noch Haare auf'm Kopf [lacht] und denn sind sie so hinterher gelaufen und da hat er auf's Kreuz geschlagen immer auf's Kreuz."

Plötzlich habe es an der Tür geklopft, Ramdohr habe nämlich, wenn er folterte, sein Büro immer abgeschlossen. Er öffnete, draußen stand seine Sekretärin. Kopf musste für eine Weile ins Nebenzimmer. „Und da saßen die Sekretärinnen da, Aufseherinnen alle in Uniform, auch die Schreibkräfte, ja, alle in Uniform. Na ick hab' nun mächtig geheult da, und nachher wie ick reingekommen bin, da sagt er: ‚Die eine, die spricht nicht mehr mit mir'. Die hat wohl mitgeheult im Stillen [lacht], die hat wohl mitgeheult und die kannte ja den Ramdohr, ja, wie gemein der war."

Offenbar war es selbst für die Sekretärinnen der Politischen Abteilung, die bestimmt einiges gewohnt waren, unerträglich, wie der Gestapobeamte mit einem Kind umging. Dass sein Peiniger Ludwig Ramdohr nach dem Krieg zum Tode verurteilt und hingerichtet wurde, erfüllt Herrn Kopf mit Befriedigung. Der sei „bestialisch" gewesen, sagt er. „Alle, die zur Vernehmung mussten da oben, die haben alle Senge gekriegt."

Nach sechs Wochen wurde Werner Kopf aus der Haft entlassen, vorläufig. Er durfte bei seinen Großeltern wohnen, musste als Zwangsverpflichteter in der Faserstoff-Fabrik arbeiten und durfte Fürstenberg nicht mehr verlassen. Erst im Oktober, als er schon insgeheim gehofft hatte, die Angelegenheit sei wegen seiner Jugend fallen gelassen worden, kam der Schutzhaftbefehl aus Berlin.

„Und ich stand in der Faserstoff an der Drehbank und mit einmal kommt Meister Schulz ran und sagt: ‚Du sollst hochkommen nach Ravensbrück'. Bin ich nach Hause bei Großmutter hin. Und da sagt se: Soll ich dir noch ein paar Eier machen, Junge? ... Nee, ich sag', ich hab' keinen Hunger mehr, ich wusste ja, wat mir blüht. Aber ich werd' mal mit dem Fahrrad hochfahren, dann kann ich immer noch die Ausrede benutzen, ich muss dat Fahrrad nach Hause bringen [lacht]. Und das sag' ich auch noch zum Ramdohr. Hat er mir dat Protokoll vorgelesen, ich sag', ich muss das Fahrrad noch nach Hause bringen. Das machen wir schon, sagt er. Das machen wir schon [lacht]. Na da hat man noch so gedacht, du kannst noch mal nach Hause gehen, aber da war schon: Glatze und Sträflingsanzug an und ab geht die Post. Saß ich drin auf unbestimmte Zeit."

Werner Kopf kam zunächst ins Männerlager von Ravensbrück, wo die Häftlinge, die ihn kannten, ihn unter ihren Schutz nahmen. Eigentlich habe er es dort besser gehabt als danach in Moringen, sagt er. Moringen war das Jugendlager, wohin er sechs Wochen später gebracht wurde. Er war ja noch minderjährig. In Moringen kam er auf den ST-Block, wo die „Politischen" untergebracht waren. Er war dort zusammen mit Jungen von den „Edelweißpiraten", mit Hamburger „Swingern" und einer ganze Gruppe aus Berlin, die bei der SS-Standarte „Feldherrnhalle" gedient hätten. Die seien alle so etwa ein Meter neunzig groß gewesen, aber weswegen sie im Lager waren, weiß Herr Kopf nicht. In seinem Block war Rainer Küchenmeister, dessen Eltern und Großeltern als Mitglieder der Widerstandsgruppe „Rote Kapelle" verhaftet worden waren. Den Küchenmeister, sagt Werner Kopf, habe er später gesucht, weil er ihn als Zeugen für seine Anerkennung als Verfolgter brauchte. Der sei aber nicht mehr in Berlin gewesen, sondern nach Frankreich ausgewandert.

In Moringen hätten die Jugendlichen „immer Kohldampf, immer Kohldampf" gehabt. Das Regime sei sehr streng gewesen, kleinste Vergehen wurden bestraft. Es gab dort Stockschläge wie im Konzentrationslager. Arbeiten mussten sie in einem Salzbergwerk 700 Meter unter Tage. Dort mussten sie Granaten herstellen. Einmal sei ihm von dem Pulver etwas ins Auge gekommen, weil die Gasmaske nicht dicht war. „Ich hab' dagelegen, die Gasmaske abgerissen, hab' geheult wie 'n Hündchen. Hab' gedacht, jetzt ist es aus, jetzt ist vorbei mit dir. Und gerieben und so gerubbelt auch, und reiben sollst ja nicht ... aber dat hat so gebrannt dat Zeug."

Er hatte Glück, der Schmerz verging, sein Auge blieb ihm erhalten. Die Großmutter schickte ihm Briefe und Päckchen. Seine Mutter, sagt er auf meine Frage kurz, habe „mit ihren Gören zu tun" gehabt.

Im April 1945 wurde das Lager Moringen evakuiert. Fünf Tage mussten die Jungens Richtung Harz marschieren, das heißt, sie marschierten vor allem nachts und schliefen am Tage in Scheunen. „Und denn mit einmal kriegten die 'n Befehl, da kam einer auf Motorrad angesaust von der SS, und alles auf die LKW's rauf, Autos rauf und weg. Haben uns stehen lassen und weg war'n sie. Ohne was zu sagen. Und wir haben geguckt." Mit seinem Kumpel, der aus Magdeburg stammte, ging er in Richtung Berlin. Drei Monate blieben sie bei einer Bäuerin in Kloster Gröningen. Die Frau gab ihnen Milch, langsam kamen sie wieder zu Kräften. Herr Kopf arbeitete noch eine Weile in einer Tischlerei. Im September 1945 machten sie sich auf den Heimweg. Auf dem Stettiner Bahnhof in Berlin gab er bettelnden Kindern das Brot und die Leberwurst, die ihm die Bäuerin mitgegeben hatte. Unter ihren hungrigen Blicken hatte er wieder mal keinen Bissen herunterbringen können. Außerdem dachte er, zu Hause würde er schon zu essen bekommen. Aber das war ein Irrtum. Dort wurde auch gehungert, und er musste später mit seiner Mutter zu den Bauern der Umgebung hamstern gehen.

Aber erst einmal fuhr er von Berlin mit dem Zug nach Fürstenberg und kam glücklich bei den Großeltern an, wo inzwischen auch seine Mutter und seine Geschwister wohnten. „Ach, kamen sie gleich alle rausgestürzt. Die haben gedacht, ich bin tot. Zuletzt ging doch keine Post mehr. Die haben gedacht ich bin tot. Mit einmal war er wieder da [lacht]." Nach seinen Erlebnissen im Lager fragte ihn niemand, weder die Mutter noch die Großmutter. „Dat war nachher alles vergessen", sagt er, „die waren froh, dass sie selber gelebt haben."

In der ersten Zeit bekam Werner Kopf, ebenso wie die anderen Einwohner des Städtchens, von der sowjetischen Besatzungsmacht eine Arbeit zugewiesen. Er musste wieder auf das KZ-Gelände an seinen alten Arbeitsplatz in die Webereihallen, wo er zusammen mit anderen die Webmaschinen abbaute und verpackte. Das wurde alles in Eisenbahnwaggons geladen und Richtung Osten geschickt. Danach absolvierte er eine Lehre als Schuster und fertigte Stiefel für die sowjetischen Offiziere.

Er ging tanzen, lernte Mädchen kennen, er hatte ja so viel nachzuholen. Da bekam er auf dem Rückweg von einem Tanzabend einen Blutsturz – Tuberkulose. Das war die Folge der schlechten Ernährung und der Arbeit im Salzbergwerk. Monatelang lag er im Krankenhaus, wurde operiert, bekam einen „Pneu". Nach dreieinhalb Jahren schmerzhaftester Prozeduren schließlich vernarbte die kranke Stelle in der Lunge. Nach fünf Jahren bescheinigten ihm die Ärzte fünfzigprozentige Arbeitsfähigkeit. Zwischenzeitlich hatte er einen Meisterlehrgang in Berlin besucht und wollte danach eigentlich nach Berlin gehen in die Schuhfabrik VEB Goldpunkt, wo einer seiner Meister-Mitschüler arbeitete. Aber daraus wurde nichts. Als sein Schuhmachermeister aus Fürstenberg von der sowjetischen Geheimpolizei verhaftet und wegen angeblicher Spionage zu zwölf Jahren Haft verurteilt wurde, bat ihn dessen Frau inständig, ihr zu helfen und die Werkstatt zu übernehmen. Das tat er dann. Er blieb in Fürstenberg, betrieb eine gut gehende Schuhmacherwerkstatt, kaufte später ein Haus und heiratete. Mit den Frauen aber hatte er kein Glück. Zwei Ehen gingen auseinander, Kinder gab es keine. Als schließlich seine Mutter zu alt war, um allein zu wohnen, nahm er sie zu sich und pflegte sie bis zu ihrem Tod. Vielleicht war das der eigentliche Sinn seines Bleibens: dass er seine Mutter endlich einmal ganz für sich hatte.

Durch seine Krankheit war er Anfang der fünfziger Jahre in Kontakt mit der Betreuungsstelle für die Verfolgten des NS-Regimes gekommen. Er sollte nämlich keine Invalidenrente bekommen, weil ihm die Arbeitsjahre fehlten. Da schickte ihn die Frau von der Sozialfürsorge in Gransee eine Treppe höher zur VdN-Kommission, deren Vorsitzender der erste Fürstenberger Bürgermeister Friedel Schlaak war. 1953 bekam Werner Kopf die Anerkennung als „OdF" und eine kleine Invalidenrente. Einige Jahre später wurde in der DDR eine Unterscheidung zwischen „Verfolgten" und „Kämpfern" eingeführt, wobei die Kämpfer die höheren Renten bekamen. Er habe zu den Verfolgten gehört, sagt Herr Kopf, „genau wie die Zigeuner". „Die Kämpfer, das waren die Kommunisten, die in der SED drin waren." In die SED wollte er nicht eintreten, er war Mitglied in der Nationaldemokratischen Partei Deutschlands (NDPD), da konnte man, wie er sagt, „seine persönlichen Dinge mehr anbringen", die Schwierigkeiten mit der Materialversorgung, was alles für einen Handwerksmeister eben wichtig war. Werner Kopf war viele Jahre lang Mitglied des Rates des Kreises. Es gab zwar Leute, die hinter seinem Rücken schlecht über ihn redeten, die ihm seine gute Rente neideten, aber, sagt er, so was gebe es eben immer und überall. Als die alten Genossen, die Widerstandskämpfer im Kreis Gransee immer weniger wurden – er war ja viel jünger als sie –, wurde er auch ab und zu eingeladen, um in der Gedenkstätte vor Schulklassen zu sprechen.

Das Ende der DDR stürzte Werner Kopf in tiefe Verunsicherung. Sein ganzes bisheriges Leben schien sich aufzulösen. 1989 hatte er noch die „Verdienstmedaille der DDR" verliehen bekommen. 1990 zerriss er in Panik die Urkunde, behielt die Plakette dann aber doch. In dieser Zeit hatte er mit seinem Nachbarn eine Auseinandersetzung wegen des Torwegs, „und dann brüllt der mit einem Mal durchs Telefon: ‚Die Zeiten der VVN sind vorbei'." So etwas machte ihm Angst, und es gab niemanden, mit dem er darüber sprechen konnte.

In den letzten Jahren vor seinem Tod saß der kleine Herr Kopf oft in seinem Haus in der Lindenstraße hinter zugezogener Gardine und trank Korn, obwohl der Arzt es ihm verboten hatte. Oder er schaltete den Fernseher an und regte sich über den viel zu liberalen Umgang mit Gewalttätern auf und über die vielen Ausländer, die den Deutschen die Arbeitsplätze wegnehmen. Oder er tapezierte seine Garage und die Schuppen und die Waschküche und überlegte, ob er seinem Neffen wirklich sein Haus vererben sollte, obwohl der sich doch gar nicht um ihn kümmerte.

1933 und 2007: zweimal die Brandenburger Straße mit Kirchturm im Hintergrund. Die historische Postkarte zeigt den Umzug anlässlich des „Heimatfestes" im Juni 1933 (Quelle: Privat).

„Ich hab' erlebt, wie fanatisch die sein konnten"

Ruth Marten (Witwe eines erschossenen Deserteurs)

Als ich Ruth Marten in ihrem schönen kleinen Haus in der „Theatersiedlung" in Neustrelitz besuchte, war sie fast achtzig Jahre alt. Eine schlanke, sorgfältig gekleidete und frisierte Frau mit immer noch ein wenig mädchenhaften Zügen. Ihr zweiter Mann starb vor einigen Jahren. An den Wänden des Zimmers hängen viele Fotos, die Frau Marten lächelnd mit einem gut aussehenden grauhaarigen und graubärtigen Mann zeigen. Mit ihm hat sie 30 erfüllte Jahre erlebt. Trotzdem seien ihr heute die beiden Jahre ihrer Ehe mit ihrem ersten Mann Jochen Seiler und dessen gewaltsamer Tod viel gegenwärtiger, sagt Frau Marten. Gerade in letzter Zeit sei ihr bewusst geworden, wie sehr die Ereignisse des Jahres 1944 sie geprägt hätten.

Sie wurde 1920 in Fürstenberg geboren. Ihre Eltern besaßen ein Uhrmacher- und Juweliergeschäft in der Brandenburger Straße. Ruth Kaminski wuchs behütet und ohne materielle Sorgen auf. „Das war ein gesundes und schönes und normales Zuhause. Und ein normales Familienleben, wie man sich's eben erträumt." Vielleicht, meint sie, hätte sie alles, was nachher kam, nicht verkraften können, wenn sie nicht diese schöne Jugend gehabt hätte. Nach dem Besuch der Volksschule in Fürstenberg schickten die Eltern sie aufs Lyzeum nach Neustrelitz. In den Ferien und an den Wochenenden war sie oft mit dem Paddelboot unterwegs. Zusammen mit anderen Mädchen spielte sie Tennis und ließ sich nachher von den Jungen im Kurpark zu einer Limonade einladen. Für Politik interessierte sie sich nicht. Sie sei natürlich im BDM gewesen, ebenso wie ihre Mitschülerinnen, und habe sogar eine Zeit lang die Funktion des „Sportwartes" ausgeübt, aber nur als „kleineres Übel", wie sie sagt, damit sie ansonsten in Ruhe gelassen wurde.

Im April 1937 hatte die siebzehnjährige Ruth die Gelegenheit, zusammen mit hundert Berliner Jugendlichen drei Monate als Austauschschülerin in die USA zu reisen. Sie hatte sich beworben, weil sie gerade über eine enttäuschte Liebe hinwegkommen wollte. Es wurde ein großes Erlebnis für sie. Von Wilhelmshaven ging es mit dem Schiff nach New York. Nach einer kleinen Rundreise durch verschiedene Städte und Regionen kamen die Schülerinnen und Schüler nach Cleveland, wo das Mädchen bei einer deutsch-amerikanischen Familie aufgenommen wurde. Der Mann war als arbeitsloser Maurer 15 Jahre zuvor nach Amerika ausgewandert und hatte dort mit einer Baufirma sein Glück gemacht.

„Und als ich kam, war der schon Millionär. Ja, also da habe ich gelebt, wirklich, wie im Paradies. Es war herrlich. Wir kriegten jede Woche Taschengeld. Wir mussten ja in die Schule gehen, jeden Tag drei Stunden. Ich hab' mir ausgesucht Musik und Deutsch, weil mich interessierte, was die in Deutsch machten und noch irgendwas. Und wir wurden viel rumgereicht. Es waren viele Veranstaltungen, College-Tanzabende und alles so etwas. Also da hab' ich sehr viel erlebt. Es waren alles recht betuchte Familien."

Bei der Ankunft der Gruppe in Cleveland hatte es einen Zwischenfall gegeben. In ihren Bus flatterten Flugblätter, auf denen gegen die Judenverfolgung in Deutschland protestiert wurde: „A jew ist a jew, but an american too", stand darauf. Frau Marten sagt, sie habe gar nicht gewusst, „was die wollten". Aber als die deutschen Lehrer die Papiere schnell einsammelten, habe sie eins davon heimlich eingesteckt.

Nach drei Monaten fuhr das Schiff zurück und brachte hundert amerikanische Jugendliche nach Deutschland. Hilde, die Tochter des Maurer-Millionärs, kam für die nächsten drei Monate mit zu ihr nach Hause, wo sie ihre Zeit vor allem damit verbrachte, den jungen SS-Männern aus der Drögener SD-Schule den Kopf zu verdrehen und zum Reichsparteitag nach Nürnberg zu fahren.

1938 machte Ruth das Abitur, es folgte ein Pflichtjahr auf dem Lande. Danach besuchte sie eine Sprachenschule in Berlin und lernte Englisch und Italienisch. Sie bekam sofort eine Stelle in der Berliner Vertretung der italienischen „Banco Nationale del Lavoro". Das sei eine herrliche Zeit gewesen.

„Das war wirklich ein Niveau, das mir viel Freude gemacht hat und mir auch viel gegeben hat, an Erfahrung mit Menschen und dem Bankwesen und dem Geldwesen, wovon ich ja keine Ahnung hatte. Es war ein bisschen frech von mir, da einzusteigen. Aber es hat geklappt. Das hab' ich gemacht bis 1943. 1942 hab' ich geheiratet. Mein erster Mann war auch alter

Fürstenberger, es war eine Jugendliebe. Es konnte gar nicht anders sein, als dass wir einmal heirateten. Und 1943 wurde meine Tochter geboren. Das war so meine glückliche Zeit."

An dieser Stelle hätte Frau Marten ihre Erzählung am liebsten abgeschlossen. Danach begannen die Geschehnisse, von denen sie bis heute immer wieder träumt und dann von ihren eigenen Schreien aufwacht. Als ihr zweiter Mann noch lebte, habe der sie dann immer in den Arm genommen und beruhigt. Aber nun ist niemand mehr da, und sie ist allein mit dem Gefühl der Angst, das der Traum hinterlässt, an den sie sich nie erinnern kann.

Mitte Juli 1944 stand ihr Mann, der als Bataillonskommandeur an der Ostfront kämpfte, plötzlich an der Tür. Major Jochen Seiler war auf der Flucht. Er berichtete seiner Frau, er sei zusammen mit 37 Soldaten, entgegen dem Durchhaltebefehl des Führers, aus einem Kessel bei Vilnius ausgebrochen. Wegen Wehrkraftzersetzung und Fahnenflucht würden ihm nun Verhaftung und Tod durch Erschießen drohen. Sie wollten zusammen in die Schweiz fliehen. Ihr Kind sollte zunächst bei der Großmutter bleiben. Unglücklicherweise kamen sie aber genau am 20. Juli 1944, dem Tag des Attentats auf Hitler, an der Grenze an. Vielleicht war es auch der 21. Juli. Jedenfalls war alles dicht, überall gab es Kontrollen und sie fanden niemanden, der bereit war, sie über die Grenze zu führen.

Jochen Seiler brachte seine Frau nach Fürstenberg zurück und stellte sich – in der Hoffnung, dass sie aus der Sache herausgehalten würde und er in dem Durcheinander nach dem Attentat noch eine Chance haben würde. Unmittelbar nach seiner Verhaftung sei er in die SD-Schule nach Drögen gebracht worden, sagt Frau Marten. Dort habe sie ihn einmal besuchen können, aber ganz inoffiziell. Das Treffen habe in der Wohnung des Fahndungsleiters, SS-Hauptsturmführer Steinbach, stattgefunden, auf dem Gelände der SD-Schule. Dieser Steinbach sei „ein Mensch" gewesen, sagt sie. Für die Begegnung durfte ihr Mann noch einmal seine Uniform anziehen. Die Achselklappen seien aber schon entfernt worden. „Dann sagte Jochen zu mir, sie haben ihn in einen Keller gesetzt. Ohne was anzuziehen, an Händen und Füßen gefesselt. Und so sitzt er da und wartet nun, wie es weitergehen soll.

Ich soll nicht den Kopf verlieren. Und er will durchhalten und will versuchen, in so eine ... na wie nannte man das ... Strafkompanie zu kommen."

Anfang August, sagt Frau Marten, habe sie einen Brief von der Fürstenberger Stadtverwaltung bekommen. Darin wurde sie aufgefordert, die eheliche Wohnung zu verlassen. Ihr Mann habe „sein Wohnrecht in Fürstenberg verwirkt", die Wohnung werde deshalb von einem Angehörigen der SD-Schule in Drögen „beansprucht". Mit ihrer kleinen Tochter Dagmar zog sie zur Mutter, die nach dem Tod ihres Ehemanns 1939 allein lebte. Zwischenzeitlich war Jochen Seiler in die Haftanstalt nach Dresden gebracht worden, wo er einen Selbstmordversuch unternahm.

Danach kam er nach Berlin Moabit. Einmal konnte seine Frau ihn dort besuchen. Als sie zum nächsten Besuchstermin anreiste, durfte sie ihn nicht sehen. Der Beamte sagte, ihr Mann sei krank. So fuhr sie wieder nach Hause. Nachts hämmerte es an der Tür. SS-Leute standen davor und nahmen sie fest. Ihr Mann sei an diesem Tag, so erfuhr sie, während eines Arztbesuchs geflohen. Sie wurde beschuldigt, ihm bei der Flucht geholfen zu haben. Nach zwei Tagen wurde sie zwar wieder freigelassen, aber nur, weil man sie, als „Lockvogel", wie sie sagt, benutzen wollte. In der Wohnung ihrer Mutter saßen ständig zwei Gestapo-Beamte und warteten darauf, dass ihr Mann sich bei ihr melden würde. Einmal habe Jochen tatsächlich bei ihr angerufen, unter anderem Namen. Sie habe ihn warnen können, obwohl die Beamten direkt neben ihr standen. Er sei dann zu seinem Vater gegangen, der ein paar Häuser von ihr entfernt wohnte, und habe dort Zivilkleidung und Geld bekommen. Daraufhin sei der Achtzigjährige am nächsten Tag verhaftet worden. „Wie sie's rausgekriegt haben, weiß ich nicht. Ich nehme an, durch Nachbarn oder die Haushaltshilfe, die's gesehen haben. Das zeigt die Einstellung der Bevölkerung."

Sechs Wochen lang blieb ihr Schwiegervater in Haft. Nach seiner Freilassung wurde Frau Marten festgenommen. Da war ihre Rolle als „Lockvogel" bereits beendet, weil Jochen Seiler in der Nähe von Cottbus ergriffen und am nächsten Tag, dem 27. September 1944, in Spandau erschossen worden war. Frau Marten sagt, sie sei etwa zehn Wochen in Haft geblieben in der einzigen Frauenzelle des Männergefängnisses von Neustrelitz, niedergedrückt von der Trauer um den Ehemann und der Angst vor der eigenen

Zukunft. Ein Mitgefangener, der als Schreiber im Büro des Direktors arbeitete und den sie gebeten hatte, mal in ihre Akte zu schauen, habe berichtet, bei ihr sei das „ganz zweischneidig. Bei Ihnen ist entweder – Kopf ab oder Sie werden freigesprochen". Tatsächlich wurde das Verfahren gegen sie wegen Wehrkraftzersetzung und Fluchthilfe am 9. Dezember 1944 eingestellt. Sie ist bis heute der Meinung, dass sie das dem Fahndungsleiter Steinbach zu verdanken habe. Der habe sie auch einmal im Gefängnis besucht und ihr Mut zugesprochen.

In ihre Zelle wurde eines Tages eine junge Polin aus Ravensbrück eingeliefert. „Mit der hatten sie Experimente gemacht. Wir waren zu sechst in einer Zelle und da hab' ich das gesehen. Da hatten sie Muskeln rausgenommen und hatten eh, aufgrund des Russenfeldzuges mit Erfrierungen gearbeitet. Und wollten sehen, wie weit eben das Fleisch wieder regeneriert werden kann. Also, die hatte kaum noch Muskeln an den Beinen. Das hatten sie alles raus ... Das war dann erfroren und ... hatten sie rausoperiert. Die zeigte uns das. Die sah aus ... grausig, wie ein Skelett. Die ist nachher auch, ich weiß nicht, wo sie hingekommen ist." Frau Marten meint, dass sie aufgrund solcher Erfahrungen ein anderes Verhältnis zu den überlebenden Häftlingen habe als die meisten Fürstenbergerinnen und Fürstenberger. Für sie seien die Häftlinge „vom Unglück gezeichnet" gewesen. Sie selbst hat auch erfahren, was es bedeutet, stigmatisiert und ausgegrenzt zu werden. Als sie nach ihrer Haftentlassung die Urne mit der Asche ihres erschossenen Mannes auf dem Fürstenberger Friedhof begraben wollte, weigerte sich der Pfarrer, die Grabrede zu halten. Die Stiefmütterchen, die sie auf das Grab pflanzte, seien immer wieder zertrampelt worden.

„Ich fuhr mit Dagmar, meiner kleinen Tochter damals im Sportwagen, abends, wenn ich mit der Arbeit fertig war, an den Stadtpark, unten. Da waren die Enten, die konnte sie füttern. Da haben sie mich rausgejagt. Da haben sie gesagt, ich hätte dort nichts zu suchen. Dann passierte es mir, ich musste morgens Milch holen gehen für Dagmar. Wenn ich mich in die Reihe stellte, haben sie mich zurückgeschubst, so dass ich keine Milch mehr abkriegte. Da hab' ich dann meine über achtzig Jahre alte Tante hingeschickt. Die ist dann mit dem Milchtöpfchen hin und hat die Milch geholt. Das waren so Dinge, die einem unvergesslich sind, wo ich sage, ich hab' auch die Fürstenberger Bevölkerung kennengelernt, wie fanatisch die sein konnten in der Zeit. Das ist etwas, was ein großes Loch in den Beziehungen zu Fürstenberg für mich hinterlassen hat. Und wenn sie heute freundlich zu mir sind, dann weiß ich, es ist alles nicht ehrlich." Einige Leute hätten sich damals besonders gehässig verhalten, sagt sie, vor allem ein ehemaliger Lehrer, aber Namen möchte sie nicht nennen.

In den letzten Monaten bis zum Kriegsende arbeitete Ruth Seiler in der Werkstatt des elterlichen Ladens. Zusammen mit einem alten Uhrmacher, der nicht mehr in den Krieg musste, reparierte sie Messgeräte, die ihnen von der „Faserstoff" geliefert und dann in Panzer oder anderes Kriegsgerät eingebaut wurden. Bei ihrer Haftentlassung habe sie die Auflage bekommen, in einem Rüstungsbetrieb zu arbeiten, sagt sie, und das sei als „Rüstungsarbeit" anerkannt worden. So konnte sie zu Hause bleiben und sich um ihr Kind kümmern.

Ende April, am Tag vor dem Einmarsch der Russen, kamen SS-Leute mit umgehängten Maschinenpistolen in die Werkstatt und forderten sie auf, innerhalb von zwei Stunden den Ort zu verlassen. Als sie nach dem Grund fragte, bekam sie den Satz zu hören, sie solle „hier nicht mit den Russen zusammentreffen". Also packte sie einige Sachen zusammen, legte ihr an Masern erkranktes Kind in den Kinderwagen und machte sich auf den Weg Richtung Steinförde. Auf der Straße herrschte Chaos. Sie traf auf Zivilisten, die vor der Roten Armee flüchteten, auf zurückweichende Wehrmachtsoldaten und auf Kolonnen von Ravensbrücker Häftlingsfrauen, die von ihren Bewachern ebenfalls in diese Richtung getrieben wurden.

„Da lagen umgeworfene Fuhrwerke von Flüchtlingen und tote Pferde. Und da kam ich in diesen Treck mit rein von den Häftlingen, das war im Wald. Die schleppten sich nur durch die Gegend. Und das Furchtbare war eben für mich, diese Kochgeschirre, die sie da hatten. Soll ich's mal sagen? Diese Kochgeschirre, die sie sich dann zwischen die Beine hielten, weil sie ja nicht ins Gebüsch gehen durften, und das dann wegschütteten. Und wenn es dann irgendwann von den Treckwagen noch was zu Essen gab, dann taten sie das wieder da rein und, und ... Also es war grausig. Es wurden auch Häftlinge erschossen, die nicht mehr laufen konnten."

Als ich sie frage, ob sie das selbst gesehen habe, bekräftigt sie ihre Äußerung noch einmal: „Ja, das hab' ich gesehen. Die wurden in den Wald geführt und dann knallte es. Und dann kamen die SS-Leute wieder – alleine. Das hab' ich gesehen."

Sie lief mit ihrem Kinderwagen etwa zehn bis zwölf Kilometer bis zur Försterei Pelzkuhl. Dorthin hatten sich auch andere Fürstenberger und Fürstenbergerinnen geflüchtet, dorthin kam am Abend ihre Mutter. Im Haus hatte sich ein SS-Trupp festgesetzt. „Dann kriegten wir da noch Beschuss und saßen unten im Keller. Dann brannte das Ganze aus. Und dann waren aber nur noch Russen da. Die kamen an: Hurrä, Hurrä. Und na ja ... die Frauen mussten natürlich ran, zum Teil. Ich hatte mein krankes Kind auf dem Arm. Die hatte die Masern und sah auch so aus. Davor haben die ja 'ne Heidenangst gehabt, die Russen. Die kamen nicht ran an mich. Ich hatte immer das kranke Kind auf'm Arm."

Frau Marten sagt, trotz der Vergewaltigungen, die sie miterleben musste, wenngleich sie selbst verschont blieb, trotz der Plünderungen und anderer Übergriffe der sowjetischen Soldaten sei das Kriegende für sie „eine Erlösung" gewesen. Endlich habe sie sich nicht mehr verstecken, nicht mehr verstellen müssen. Zweifellos vor allem deshalb war ihr Verhältnis zur Besatzungsmacht deutlich entspannter als das vieler ihrer Nachbarinnen und Nachbarn. Dass niemand aus Fürstenberg eine Lebensmittelkarte bekam, wenn er oder sie nicht wenigstens ein paar Tage auf dem KZ-Gelände gearbeitet hatte, fand sie „hochachtungsvoll". Sie selbst sei auch einige Tage dort gewesen und habe Tote bestattet und riesige Berge von Wäsche gewaschen, die in einem Lagerraum aufgetürmt waren. Eine andere Halle sei voll von Schuhen, auch Kinderschuhen, gewesen, die hätten sie sortieren müssen. „Und da hab' ich gesehen, was da war. Es war grausig."

Schließlich bekam sie von der Kommandantur die Erlaubnis, das Uhrengeschäft wieder zu öffnen. Die Russen seien doch „Fans für Uhren" gewesen. Jeder sei mit einer Handvoll Uhren zu ihnen gekommen. Sie hätten sie dann reparieren müssen. Aus drei Uhren hätten sie eine gemacht. Irgendwie sei es gegangen. Vom Kommandanten wurde sie unterstützt. Sie konnte ihn auch um Hilfe bitten, wenn einer seiner Leute aufdringlich werden wollte. „Dann raste ich zur Kommandantur, und die wussten schon immer. Dann sprangen die aus'm Fenster und kamen mit. Und haben die dann gleich am Kragen gekriegt, solche Situationen gab es auch." Einmal habe ein Soldat sie verprügelt, weil ihm in ihrem Laden die Uhr gestohlen worden war. Aber Ruth Seiler fand, dass es „Schlimmeres" gegeben habe. Sie hatte „Schlimmeres" erlebt, und diese Erfahrung hatte ihre Maßstäbe verändert. Das brachte sie auch den überlebenden Häftlingen nahe, von denen in den ersten Wochen nach Kriegsende noch viele in Fürstenberg wohnten, ehe sie in die Heimat zurückkehren konnten.

Einmal sei eine junge Tschechin in ihren Laden gekommen. Das Kleid, das sie anhatte, erkannte Ruth Seiler als ihr einziges Sommerkleid, das tags zuvor von der Wäscheleine gestohlen worden war. Darüber seien sie ins Gespräch gekommen. Das Mädchen erzählte, ein russischer Soldat habe ihr das noch ein wenig nasse Kleid geschenkt. Schließlich ging sie auf den Vorschlag ein, das Kleid gegen eine Schürze zu tauschen. Die beiden jungen Frauen freundeten sich miteinander an. Bis zu ihrer Abreise hätte Halina fast jeden Tag in ihrem Laden gesessen, sagt Frau Marten. Sie und ihre Mutter kochten abends meist einen großen Topf Suppe für die Häftlinge, die sich bei ihnen einfanden. „Dann saßen immer so fünf, sechs bei uns um den Tisch – wir hatten so einen großen runden Esstisch –, saßen da und haben erzählt. Einer, das war ein Professor oder Doktor, der erzählte dann von der Arbeit bei Siemens. Und er sagte: ‚Ja, also wir mussten mehr arbeiten als ein normaler Mensch. Und wenn's nicht klappte, dann gab's eben kein Essen oder dann musste man Appell stehen. Das war ja immer das Furchtbarste, dieses Appellstehen.' Aber sie haben eigentlich wenig erzählt. Das waren so Einzelheiten, die ans Tageslicht kamen." Frau Marten meint, die Häftlinge seien von einer „rührenden Dankbarkeit" gewesen. Sie hätten kein böses Wort von ihnen gehört. Die Tschechin Halina habe ihr sogar noch geschrieben.

Als sich die junge Frau dann auch noch mit einem sowjetischen Nachrichtenoffizier anfreundete, erreichten Missgunst und üble Nachrede der Nachbarn vermutlich ihren Höhepunkt. Aber das sei ihr letztlich egal gewesen, das habe sie nach alledem auch noch verkraftet. Drabkin sei zu ihr gekommen und habe sie gefragt, ob sie ihm Englisch-Unterricht erteilen würde. Er brachte Süßigkeiten für ihre Tochter und für sie Zeitungen aus Westberlin mit. Dieser Mann, sagt Frau Marten, sei eine wirklich interessante und liebenswürdige Persönlichkeit gewesen. Das sei nachher „eine richtige Freundschaft" geworden. „Also nichts mit Mann und Frau und so hatte das gar nischt zu tun. Er achtete mich." Sie hatte das Gefühl, dass er ein wenig die Hand über sie hielt.

Die guten Beziehungen zu Drabkin und zum Kommandanten bewährten sich, als ein Fürstenberger „Erzkommunist", ein ehemaliger Häftling, ihr und ihrer Mutter das Geschäft wegnehmen wollte, um sich selbst an ihre Stelle zu setzen. Der Vorstoß konnte abgewehrt werden. Den Mann habe sie sich damit dauerhaft zum Feind gemacht, sagt Frau Marten. Später wandte sie sich an die OdF-Stelle, um als Verfolgte anerkannt zu werden, da habe er hinter dem Schreibtisch gesessen und ihr gleich klar gemacht, dass ihr Antrag keine Chance habe. Da sie weiterhin „Kapitalist" sei, habe er gesagt, und all die Jahre immer „Heil Hitler" gerufen habe, werde sie bestimmt nicht anerkannt.

Als sie es in den siebziger Jahren noch einmal in Neustrelitz versuchte, bekam sie fast die gleiche Antwort: Sie und ihr Mann hätten nur nach dem Motto gehandelt: „die Ratten verlassen das sinkende Schiff". Das habe sie so verletzt, dass sie es nicht noch einmal versucht habe. Im offiziellen Antifaschismus-Verständnis der DDR hatte die verzweifelte, im Grunde unpolitische Tat eines einzelnen Offiziers keinen Platz. Dabei sei es ihr gar nicht so sehr um eine Rente gegangen, meint Frau Marten, sondern eher um eine moralische Anerkennung. „Ich will es schwarz auf weiß", sagt sie. Dann schweigt sie eine Weile und wundert sich, wie lange sie mit mir über die Geschichte ihres ersten Mannes und über alles, was danach passierte, gesprochen hat. Eigentlich vermeidet sie das sonst, weil es ihr immer noch sehr nahe geht. Aber nun hat sie das Gefühl, dass es gut so war.

1951 verließ Frau Marten ihren Heimatort Fürstenberg. Sie hatte Wolfgang Marten, einen alten Fürstenberger Jugendfreund geheiratet. Der hatte sein Musikstudium in Westberlin abgeschlossen und zog mit ihr und ihrer Tochter Dagmar nach Neustrelitz, wo er als Musiker am Theater beschäftigt war. Ein Jahr zuvor war ihr Bruder Klaus aus Hamburg zurückgekehrt. Nach der Entlassung aus der englischen Kriegsgefangenschaft hatte er eine Ausbildung als Uhrmacher absolviert und konnte nun das elterliche Geschäft übernehmen. Ruth Marten arbeitete als Dolmetscherin und Übersetzerin für Italienisch. Diese Tätigkeit führte sie seit den sechziger Jahren häufig in die Gedenkstätte Ravensbrück, wenn sie italienische Delegationen dorthin begleitete. Einmal habe sie ein junges italienisches Ehepaar betreut, die beide zusammen eine Doktorarbeit über das Frauenkonzentrationslager schreiben wollten. Mit denen habe sie tagelang im Archiv gesessen und habe ihnen die Akten ins Italienische übersetzt. Die Doktorarbeit sei aber letztlich nicht anerkannt worden, weil die beiden keine Interviews mit überlebenden Häftlingen geführt hätten.

Seitdem ihre Mutter tot ist, kommt Frau Marten eigentlich nur noch nach Fürstenberg, um auf den Friedhof zu gehen, auf dem ihre Eltern und ihr erster Mann begraben liegen. Neulich wurde sie dort von einer alten Frau angesprochen: „Ach, Fräulein Kaminski, da sind Sie ja auch wieder!" Das berühre sie doch sehr, sagt sie, obwohl sie mit Fürstenberg eine Menge schlimmer Erinnerungen verbinde, sei es für sie doch „ein Stück Heimat".

Der Fürstenberger Bahnhof. An dieser Rampe mussten die Häftlinge vermutlich aus den Waggons steigen und zum KZ gehen, bevor die Gleise direkt bis Ravensbrück gelegt wurden.

„Die sind da so reingerutscht“

Fürstenbergerinnen als Aufseherinnen im Lager

Frau Abel, Jahrgang 1938, erzählt, dass ihre große Schwester mit ihren Freundinnen manchmal „Aufseherinnen“ gespielt habe. „Dürfte man gar nicht erzählen, aber ...“, bricht sie verlegen ab. Die Mädchen hätten sich Umhänge umgelegt und seien „so richtig einhermarschiert“. In diesem Satz steckt noch ein wenig von der später oft geleugneten Faszination, die damals wohl von diesen Frauen ausging, wenn sie neben den Häftlingskolonnen durch die Straßen liefen oder einfach so durch den Ort radelten. Die Frauen mit den schwarzen Umhängen, häufig begleitet von ihren großen Hunden, wurden zu Hauptpersonen eines Kinderspiels, vielleicht sogar zu Vorbildern für die kleinen Mädchen. „Man wusste ja nicht, wie sie sich verhielten, dass sie so ...“, setzt Frau Abel entschuldigend hinzu.

Frau Wiese, Jahrgang 1931, meint, mit den Käppis und den Stiefeln hätten die Frauen „sehr männlich“ gewirkt. Linda Tebs, die damals schon erwachsen war, erinnert sich an die „besondere Kopfbedeckung“ der Aufseherinnen, „wie so ’n Schiffchen“, und dann hätten sie „irgendwelche dunkle Sachen“ angehabt. Ob die Kleidung grün oder braun war, das weiß sie nicht mehr. Sie meint auch, es habe sich nicht direkt um eine Uniform gehandelt. Es sei aber sichtbar gewesen, dass diese Frauen zu einer besonderen Gruppe gehörten.

Martha Gieske wäre beinahe selbst Aufseherin in Ravensbrück geworden. Als sie 1944 ihr Arbeitsdienstjahr in der Landwirtschaft absolviert hatte, sollte sie wählen zwischen einer Dienstverpflichtung als „Funkmädchen“ bei der Wehrmacht in Warnemünde, Kriegshilfsdienst bei den Heinkel-Werken in Rostock oder eben als Aufseherin in Ravensbrück. Die Achtzehnjährige wollte sich für den Dienst im Frauen-KZ entscheiden. Für sie zählte vor allem, dass sie dann wieder zu Hause bei den Eltern hätte wohnen können, die im Fürstenberger Ortsteil Drögen ein Häuschen besaßen und eine kleine Landwirtschaft betrieben. Nur weil ihr Vater damals dringend davon abriet, nach Ravensbrück zu gehen, meldete sich das junge Mädchen bei den

Heinkel-Werken in Rostock. Das sei nichts für sie, soll er gesagt haben, dazu müsse ein Mensch geboren sein. Was genau er damit meinte, sagte er nicht, und die Tochter fragte nicht nach. Vielleicht drückte dieser Satz eine damals verbreitete Gewissheit aus, die nicht näher erklärt werden musste, die vermutlich auch nicht deutlicher benannt werden durfte.

Der Vater von Frau Gieske hatte keinen Beruf erlernt, er habe, sagt sie, „mal dies und mal das" gemacht. Damals nannte man solche Leute Gelegenheitsarbeiter. Eine Zeit lang sei er Heizer in der Sicherheitspolizeischule Drögen gewesen, wo er mit Häftlingen aus dem Ravensbrücker Männerlager zu tun hatte. Martha Gieske ist aber überzeugt, dass seine ablehnende Haltung gegenüber dem Lager nicht von dort herrührte, sondern von seiner früheren Tätigkeit als Gärtner auf dem Friedhof von Fürstenberg. Als „das nachher sozusagen überhandnahm", wie sie sich ausdrückt, habe er oft im Krematorium mithelfen müssen und davon zu Hause gesprochen. Demnach muss Fritz Gieske 1942 oder 1943 auf dem Friedhof gearbeitet haben, genau erinnert sich seine Tochter nicht mehr. Im April 1943 war das lagereigene Krematorium fertig gebaut, und ein städtischer Friedhofsgärtner konnte nicht mehr besorgt registrieren, wie die Zahl der gestorbenen Häftlinge „überhandnahm". Die Tochter jedenfalls beherzigte die Worte ihres Vaters und wurde nicht Aufseherin, worüber sie im Nachhinein ziemlich erleichtert ist. Aber damals wäre es für sie eine Tätigkeit wie jede andere gewesen, sogar attraktiver, auf jeden Fall besser bezahlt als die Arbeit im Flugzeugwerk, die sie stattdessen annahm.

Martha Gieske kannte drei der Aufseherinnen, die in Fürstenberg bzw. in der Umgebung wohnten: Dorothea Binz, Margarete Mewes und Waltraud G. Die Mewes habe sie sogar gut gekannt, weil ihre Eltern Kontakt zu deren Tante und Onkel unterhielten. Dorothea Binz und Waltraud G. waren zwei Försterstöchter aus der Umgebung. Beide waren einige Jahre älter als Martha Gieske und arbeiteten schon seit 1939 im KZ. Sie sah beide in ihren schicken Uniformen vorbeiradeln, wenn sie an ihren freien Tagen nach Hause fuhren, denn die Forsthäuser Neuhof und Altglobsow waren nicht weit von Drögen entfernt. Dorothea Binz habe immer ihren Hund dabei gehabt.

Aber an mehr erinnert sich Martha Gieske dann doch nicht. Mit dem KZ habe sie nichts zu tun gehabt, sagt sie abwehrend. Sie lebte in Drögen, nahe der Sicherheitspolizeischule, im engen täglichen Kontakt mit den Gestapo- und SS-Leuten, die dort beschäftigt waren. Im Gegensatz zum Konzentrationslager (dieses Wort umschreibt sie häufig mit „da unten“ oder „dort“) erscheint ihr dieses Thema unverfänglicher. Über Drögen, sagt sie, seien doch später „keine Schandtaten“ bekannt geworden. Dort sei es „ruhig und gesittet“ zugegangen. In Drögen lernte sie ihren Verlobten kennen, der Angehöriger der Waffen-SS war. Was genau er in der Schule zu tun hatte, ob er dort Wachmann war oder einen Lehrgang besuchte, sagt sie nicht. Er sei nach einer schweren Verwundung dorthin kommandiert worden, zur Erholung gewissermaßen. Am Ende des Krieges habe er dann noch einmal an die Ostfront gemusst, „aber so ins Hinterteil“. Als er Weihnachten 1949 schließlich aus russischer Gefangenschaft zurückkehrte, hätten sie geheiratet.

Wenn die Rede von KZ-Aufseherinnen ist, nennen viele Fürstenbergerinnen und Fürstenberger spontan Dorothea Binz und Margarete Mewes. Den Namen von Waltraud G. dagegen erwähnen nur wenige. Waltraud G. war zwar Mitglied des SS-Gefolges und im Frauenkonzentrationslager angestellt, zählte aber als Telefonistin irgendwie nicht richtig dazu. Telefonistin war ja ein ganz „normaler“ Beruf, nur dass die Telefonzentrale sich eben im KZ befand.

Waltraud G., die noch heute in Fürstenberg lebt, wurde 1995 und 2003 von Mitarbeiterinnen der Gedenkstätte befragt. Im Verlauf des Gesprächs stellte sich heraus, dass sie ziemlich engen Kontakt zu den Geschehnissen im Lager hatte. Zusammen mit ihrer Freundin und Kollegin Gerda Morgenländer und einer Marga Löwenberg habe sie zum Beispiel jeden Tag über Fernschreiber die Meldungen über die „Zugänge“ und die „Abgänge“ nach Oranienburg weitergeben müssen. Sie verneinte zwar kategorisch, irgendwelche Misshandlungen an Häftlingen gesehen zu haben. An einer Stelle ließ sie jedoch durchblicken, dass sie unter anderem den Fluchtversuch einer Frau und die anschließende Bestrafung der anderen Häftlinge miterlebt hatte. Mit den Kolleginnen, mit denen sie das Zimmer im Aufseherinnenhaus teilte, habe sie nie über solche Dinge gesprochen. Auch später nach Kriegsende habe sie weder den Nachbarn in Fürstenberg noch Freunden noch ihrer Tochter jemals von ihrer Zeit im Konzentrationslager erzählt. Einzig die Staatssicherheit, so sagt sie, habe sich im Jahr ihrer Berentung 1980 plötzlich für ihre Vergangenheit interessiert und sie mehrmals befragt.[9]

Aus den beiden Interviews ebenso wie aus dem Bericht der Staatssicherheit geht hervor, dass Waltraud G. im Dezember 1941 wegen Schwangerschaft aus dem Dienst ausschied. Den Vater ihres Kindes, einen SS-Mann, habe sie nicht heiraten wollen. Sie verließ Fürstenberg, weil ihr Vater nichts von dem unehelichen Kind wissen durfte, und brachte ihre Tochter in einem Heim für ledige Mütter des *Lebensborn* in Bad Polzin zur Welt. Den Rat der Mutter, das Kind zur Adoption freizugeben, habe sie nicht befolgen wollen. Bis 1944 lebte sie dann mit ihrer Tochter in München und arbeitete im Büro der *Lebensborn*-Zentrale. Als die Luftangriffe auf München jedoch immer heftiger wurden, sei sie nach Fürstenberg in das Haus ihrer Eltern zurückgekehrt. Ihr Vater fand sich schließlich mit der Existenz einer unehelichen Enkelin ab. Waltraud G. sagte, sie habe nicht zurück ins Konzentrationslager gewollt. Als Gründe dafür nannte sie im Gespräch mit den Mitarbeitern der Staatssicherheit: „wegen der sich im Lager entwickelnden Tendenzen".[10] Von Juli 1944 bis zum Kriegsende im Mai 1945 arbeitete sie als Telefonistin bei der Fürstenberger Post.

1995 befragte Christa Schulz Waltraud G. Auszüge aus diesem Gespräch und zwei Fotos wurden in einem von der Gedenkstätte Ravensbrück

9 Den Mitarbeitern der Staatssicherheit erzählte Frau G. u. a., dass sie im ersten Monat ihres Dienstverhältnisses in Ravensbrück als Aufseherin gearbeitet habe, erst danach sei sie in die Telefonzentrale gekommen. Vgl. Die Bundesbeauftragte für die Unterlagen des Staatssicherheitsdienstes der ehemaligen DDR (BStU), HA XX, 4241. Insa Eschebach schreibt in ihrer Analyse des Ermittlungskomplexes Ravensbrück, dass die Staatssicherheit solche Kontakte häufig dazu nutzte, die betreffenden Frauen zur Mitarbeit als IM zu erpressen. So geschah es auch mit Waltraud G., mit der allerdings die Zusammenarbeit wegen ihres passiven Widerstands bald wieder aufgegeben wurde. Vgl. Insa Eschebach, Ermittlungskomplex Ravensbrück. Das Frauenkonzentrationslager in den Akten des Ministeriums für Staatssicherheit, in: Internationale wissenschaftliche Korrespondenz zur Geschichte der deutschen Arbeiterbewegung (IWK) 33 (1997), S. 121–131.

10 BStU, HA XX, 4241, Bl. 283.

herausgegebenen Sammelband veröffentlicht.[11] Auf dem einen Foto sitzt die junge Frau lächelnd in Uniform auf der Treppe eines Aufseherinnenhauses, das zweite zeigt sie am Fenster der Telefonzentrale, neben sich einen Papagei, den sie sich aus der großen Voliere am Lagereingang geholt und gezähmt hatte.

Waltraud G. wurde 1920 – im gleichen Jahr wie Dorothea Binz – geboren. Sie lebten nicht weit voneinander entfernt in den benachbarten Forsthäusern Neuhof und Altglobsow. Beide Mädchen bewarben sich im Jahr 1939 um eine Anstellung im einige Monate zuvor eröffneten Frauen-Konzentrationslager. Aber trotz dieser Gemeinsamkeiten hatte Waltraud G. mit Dorothea Binz nicht wirklich etwas zu tun. Sie war zusammen mit ihrer Freundin und Kollegin Gerda nach Ravensbrück gekommen. Gerda, die mit ihr in der Fürstenberger Post gearbeitet hatte, war die Tochter des Fürstenberger Elektromeisters Morgenländer. Dessen Firma war beim Aufbau des Lagers beschäftigt. Er hatte den beiden Mädchen geraten, sich im Lager zu bewerben, weil dort Telefonistinnen gesucht würden und weil sie dort mehr Geld verdienen könnten als bei der Post.

Dorothea Binz sagte in ihrer Vernehmung vor dem Hamburger Gericht 1946, sie habe sich als Küchenhilfe im Frauen-Konzentrationslager beworben.[12] Sie sei dann aber als Aufseherin eingestellt worden. Nach einem Jahr Außendienst kam sie auf eigenen Wunsch in den Zellenbau, wo auch Margarete Mewes beschäftigt war. Bereits 1943, im Alter von 23 Jahren, wurde sie stellvertretende Oberaufseherin, eine der gefürchtetsten und grausamsten Oberaufseherinnen. Es gibt viele Berichte von Häftlingen über Dorothea Binz, das hübsche Mädchen mit dem zarten Gesicht und den blonden Locken, dessen Wutausbrüche und Gewaltexzesse gefürchtet waren.

11 Christa Schulz, Zusammenbruch – Befreiung – Besatzung: Fürstenbergerinnen und Fürstenberger erinnern sich, in: Sigrid Jacobeit/Simone Erpel (Hrsg.), Ich grüße Euch als freier Mensch. Quellenedition zur Befreiung des Frauen-Konzentrationslagers Ravensbrück im April 1945, Berlin 1995, S. 228 ff.

12 Vgl. Johannes Schwartz, Handlungsräume einer KZ-Aufseherin. Dorothea Binz – Leiterin des Zellenbaus und Oberaufseherin, in: Simone Erpel (Hrsg.), Im Gefolge der SS: Aufseherinnen des Frauen-KZ Ravensbrück. Begleitband zur Ausstellung, Berlin 2007, S. 59–71.

Wäre ihr Lebensweg anders verlaufen und hätte nicht mit dem Prozess in Hamburg und dem Tod durch den Strang geendet, wenn sie damals tatsächlich als Küchenhilfe eingestellt worden wäre, oder wenn sie, wie Waltraud G., schwanger geworden wäre und ihren Dienst im Konzentrationslager quittiert hätte, um sich um ihr Baby zu kümmern? Dann hätte die Försterstochter aus Alt-Globsow vielleicht ein sogenanntes normales Leben geführt und sie hätte wohl nie erfahren, zu welchen Taten sie fähig sein würde, wenn sie die unumschränkte Gewalt über andere Menschen besaß. In der Vernehmung im Hamburger Prozess sagte sie aus, sie habe die Häftlinge geschlagen, wenn sie „frech" geworden seien oder ihre Zellen nicht sauber gehalten hätten. Das war vermutlich das Minimum an Verfehlungen, das zuzugeben sie nicht umhin kam. Vielleicht hielt sie diese Begründung sogar für plausibel. Aber was erklärt das schon? Dass zwischen zivilisiertem und unmenschlichem Verhalten nur ein schmaler Grat ist?

Dorothea Binz wurde so etwas wie eine Symbolfigur für das „Böse", das im Konzentrationslager geherrscht hat und von dem sich die Fürstenbergerinnen und Fürstenberger, wenn sie danach gefragt werden, möglichst deutlich distanzieren möchten. Das fällt anscheinend leicht, weil kaum jemand sie persönlich gekannt hat. Was die Leute über sie sagen, wissen sie nur vom Hörensagen, nicht aus eigener Anschauung. Einzig Herr Starcke, der Feinkosthändler, sagt, er habe sie von früher gekannt. Aber mehr sagt er nicht. Nur, dass ihr Vater Förster war und dass sie „um die Ecke" gewohnt hätten. Die Frau des Schiffers Hanke meint, die Tochter von dem Förster sei „ganz schlimm" gewesen. „Die ist doch auch hingerichtet worden." Frau Himmel weiß nicht einmal ihren Namen. Sie hat nur gehört, dass sie aus der Gegend von Neuglobsow stammte und „ganz schlecht zu den KZlern war". Deshalb sei sie ja auch „aufgehangen" worden. Sie fügt hinzu, dass es solche Menschen leider überall gebe. Bei den Soldaten seien ja auch manche, die „schlecht sind". Die Aufseherinnen jedoch, die damals auf den Hof ihres Vaters gekommen seien, um die Häftlinge beim Kartoffelnbuddeln zu bewachen, seien „ganz friedlich" gewesen und hätten niemanden gejagt. Viele der befragten Fürstenbergerinnen sind sich einig, dass Dorothea Binz „die Schlimmste" war. So verweist Frau Berger auf ihre besondere Grausamkeit.

„Sie soll wohl sehr gemein gewesen sein, hat man sich erzählt." Es ist von ihrem Hund die Rede, den sie auf die Häftlinge gehetzt habe. „Die ist ja hingerichtet worden, also der konnten sie viel nachweisen."

Andere Aufseherinnen, die aus dem Ort stammten, werden dagegen eher vorsichtig oder sogar verständnisvoll beurteilt: die Tochter des Elektromeisters Morgenländer, die Försterstochter Waltraud G., die Tochter des Dachdeckermeisters Pusch, der ebenfalls Aufträge für das KZ ausführte. Das hat offenbar nicht nur damit zu tun, dass diese Frauen nach dem Krieg von keinem Gericht verurteilt wurden, deshalb also als „unbelastet" gelten konnten. Sicher spielt es ebenso eine Rolle, dass die befragten Fürstenberger/innen sie aus der Schule, aus dem Konfirmationsunterricht oder aus der Nachbarschaft kannten und die „ordentlichen und netten" Mädchen nicht mit dem nach Kriegsende rasch verbreiteten Bild der „bösen Aufseherin" in Verbindung bringen konnten.

Ruth Marten erinnert sich, dass sie etwa 1945 oder 1946 zum NKWD in das Haus „Unter den Linden" bestellt wurde, wo ein junger Mann namens Konstantin („schön wie ein junger Gott"), der perfekt deutsch sprach, ihr ein Gruppenfoto mit mehreren Aufseherinnen zeigte. Unter denen erkannte sie ihre ehemaligen Klassenkameradinnen aus der Volksschule Waltraud G. und Gerda Morgenländer, die beide als Telefonistinnen im KZ gearbeitet hätten. Die seien eben damals da so „reingerutscht", weil sie keine andere Arbeit gefunden hätten. Vor allem hätten sie dort gut verdient. Die Gerda sei nach dem Krieg in den Westen gegangen. Die Waltraud sei eine hübsche Frau gewesen, später zu DDR-Zeiten habe sie in der Sparkasse gearbeitet, sogar in einer leitenden Funktion. Niemand hätte ihr etwas nachgetragen. Auch die etwa fünf Jahre jüngere Gertrud Schröder meint über Waltraud G.: „Die war da Telefonistin. Die ist da auch so reingerutscht."

Herr Kowalski erinnert sich vor allem an Charlotte Pusch, die eine Cousine seiner Mutter war. Er erzählt, Pusch habe nach dem Krieg im Westen gelebt, sei aber mehrmals nach Fürstenberg gekommen, um ihre Verwandten zu besuchen. Auch in die Mahn- und Gedenkstätte sei sie gegangen. „Sie war also rehabilitiert, also da war nichts." Während ihrer Besuche in Fürstenberg habe Charlotte Pusch eigentlich nie über ihre Vergangenheit gesprochen.

Nur, dass sie ins KZ dienstverpflichtet worden sei, an diese Äußerung erinnert er sich. „Wenn sie gesagt hätte, sie geht da nicht hin, da wäre sie ja auch dran gewesen."

Charlotte Pusch ließ bei ihrer Flucht 1945 in Fürstenberg einen Sohn zurück, an den sich Frau Wiese erinnert. Der Vater des Jungen soll SS-Mann gewesen sein, wie ja bei fast allen dieser Aufseherinnen-Mädchen. Pusch sei nach dem Westen gegangen, „hat da auch gesessen". Ihr Sohn sei bei Charlottes Schwester Adelheid geblieben. Die Mutter habe versprochen, ihn nachzuholen, „und das hat sie nicht gemacht und da hat er sich mit 14 Jahren, so ungefähr in der Pubertätszeit war's, jedenfalls hat er sich das Leben genommen".

Margarete Mewes gehörte zu den wenigen Aufseherinnen, die nicht auf dem Ravensbrücker KZ-Gelände wohnten. Zusammen mit ihrer Mutter und ihren drei Söhnen lebte sie mitten im Ort in der Brandstraße, einer kleinen Gasse, die zum Marktplatz führt. Viele kannten sie, eine Gesprächspartnerin war mit ihr sogar entfernt verwandt. Frau Falk erinnert sich, dass sie sie manchmal gesehen habe, wenn sie in ihrer grauen Uniform und mit dem Hund an der Leine „von dort" nach Hause ging. Frau Reppin sagt, die Mutter von Mewes habe in der Kirche die Glocken geläutet. Fred Weber ging mit Mewes' ältestem Sohn Karl-Heinz in eine Klasse. Bis heute ist er mit ihm befreundet. Aber über dessen Mutter, so sagt er, hätten sie in all den Jahren nie gesprochen. Deshalb war Fred Weber auch bis zu unserem Gespräch überzeugt, Margarete Mewes sei 1946 in Hamburg zum Tode verurteilt und hingerichtet worden. Er war erstaunt zu hören, dass sie damals zu zehn Jahren Haft verurteilt wurde, nach ihrer vorzeitigen Entlassung in der Bundesrepublik gelebt und bis zu ihrem Tod vor einigen Jahren mit ihrem Sohn in brieflichem Kontakt gestanden hatte.

Herr Weber meint, die Mewes sei „verrufen" gewesen, schon damals. Vielleicht, so sagt er auf meine Rückfrage, sei bekannt gewesen, „dass die mit den Häftlingen gerade nicht sanft umging". Auch andere Fürstenberger äußern sich so: Binz sei zwar die Schlimmste gewesen, aber auch Mewes soll es „doll getrieben" haben. Die Formulierung „doll getrieben" deutet aber auch in eine andere Richtung. Vielleicht hatte Margarete Mewes' schlechter Ruf mit ihrer Tätigkeit als Aufseherin zunächst nichts zu tun. Sie war eine ledige Mutter, die ihren ersten Sohn bereits im Alter von 18 Jahren bekommen hatte. In der konservativen Welt der Kleinstadt galt das damals noch als Sündenfall. Das klingt in einer abfälligen Bemerkung von Frau Schröder auf, die vielleicht nur wiederholt, was sie von ihren Eltern gehört hat oder was man sich eben so erzählte: „Die hatte drei Söhne, war zwar nicht verheiratet ... auch so ‚gesammelte Werke' ..." Auf meinen fragenden Blick erklärt sie, das bedeute, jedes Kind habe einen anderen Vater gehabt. Frau Falk sagt, alle drei Jungen hätten Doppelnamen getragen, von ihren jeweiligen Vätern. „Damals war das ja ... ich meine, heute ein außereheliches Kind zu haben ist ja beinahe schon Norm, aber damals nicht so."

Bevor Margarete Mewes 1939 im KZ zu arbeiten begann, ernährte sie sich und ihre Kinder als Hauswirtschafterin. Zuletzt soll sie bei Paul Hinkefuß gearbeitet haben, der als Maler in Fürstenberg bekannt war. Als der sie entließ, bewarb sie sich im Lager. Linda Tebs, die das erzählt, offenbart plötzlich, Margarete Mewes sei eine entfernte Verwandte von ihr gewesen, die Tochter einer Cousine ihres Vaters. Man habe sich aber selten gesehen und noch seltener miteinander gesprochen, schon gar nicht über das Lager. „Wir war'n Verwandte und damit war auch alles. Sie sprach nicht über ihre Sachen und ich habe sie mit Fleiß nicht gefragt." Nach einer Pause setzt sie hinzu, selbst wenn sie gefragt hätte, hätte sie wohl kaum eine Antwort bekommen. „Die durften ja nicht darüber sprechen."

Margarete Mewes, 1947 im Hamburger Ravensbrück-Prozess zu zehn Jahren Haft verurteilt, wurde 1952 auf Bewährung entlassen. Sie kehrte nicht an ihren Heimatort zurück, sondern lebte in der Nähe von Hameln, heiratete und arbeitete als Kellnerin. Nach dem Fall der Mauer kam sie Anfang der neunziger Jahre zum ersten Mal wieder nach Fürstenberg, um ihren Sohn zu besuchen, den sie seit ihrer Verhaftung 1945 nicht mehr gesehen hatte. Dieser Sohn hatte sich zwar widerstrebend zu einem Treffen mit mir und meinem Kollegen bereit erklärt, wollte aber auf keinen Fall über seine Mutter sprechen. Er sagte, er wisse nichts über ihre Tätigkeit als Aufseherin. Auch bei ihrer späteren Begegnung hätten sie darüber nie geredet.

Ein anderer Sohn einer Ravensbrücker Aufseherin, Günther Lodemann, war dagegen bereit, über seine Mutter zu sprechen. Aber vielleicht fiel ihm das Sprechen leichter, weil er mehr Distanz hatte. Er ist in einer anderen Familie aufgewachsen. Als er 1935 geboren wurde, gab ihn Martha Schreiber, seine Mutter, noch am gleichen Tag zu Pflegeeltern. Günther Lodemann war ihr drittes Kind. Sie war damals bereits verwitwet und verdiente ihren Lebensunterhalt als Versicherungsangestellte. Über seinen Vater weiß er nichts. Herr Lodemann kam zur Familie Bruhn, die ebenfalls in Fürstenberg lebte. Sein Pflegevater war Maurer und sympathisierte mit den Kommunisten. Seine leibliche Mutter kannte der Junge nur als „Tante Martha". Sie habe seine Pflegeeltern von Zeit zu Zeit besucht, um über die Unterhaltszahlungen zu verhandeln, denn die Bruhns hatten ihn aus Kostengründen nicht adoptiert.

Herr Lodemann sagt, er erinnere sich noch gut an die Frau in Uniform mit den langen schwarzen Stiefeln, die im Wohnzimmer seiner Pflegeeltern gesessen habe. Er erzählt, dass er sie einige Male sogar im Lager gesehen habe. Seine Pflegeeltern waren nämlich mit Willi und Grete Schulz befreundet, zwei stadtbekannten KPD-Mitgliedern, die beide in Ravensbrück inhaftiert waren. Seine Pflegemutter habe ihn auch manchmal auf die Straße geschickt, wenn Häftlingskolonnen vorbeikamen. Er sollte schauen, ob „Willi und Grete" dabei waren. Auch zum Lagertor sei er gegangen, um Essen hinzubringen. Ostern 1943 habe er einen Kuchen für Willi Schulz an der Pforte bei der SS abgegeben. Bei solchen Gelegenheiten habe er einige Male „Tante Martha" bei der Arbeit gesehen. Günter Lodemann erinnert sich auch daran, Schreie der Häftlinge und Schüsse gehört zu haben. Als er seine Pflegeeltern seinerzeit danach fragte, hätten sie ihm keine Antwort gegeben.

Dass „Tante Martha" seine leibliche Mutter war, erfuhr Lodemann erst 1946, nachdem seine Pflegemutter gestorben war. Im gleichen Jahr starb auch Martha Schreiber. Herr Lodemann sagt, im Vergleich zu ihm hätten seine drei Halbgeschwister, die bei ihrer Mutter aufgewachsen seien, viel schwerer an ihrem Schicksal getragen. Seine ältere Schwester habe sich das Leben genommen, der Bruder und die nach ihm geborene Schwester seien in den Westen gegangen, um, wie er sagt, der Vergangenheit zu entfliehen.

In den Gesprächen mit den Fürstenbergerinnen und Fürstenbergern ist von zwei Frauen die Rede, die ihren Dienst im Konzentrationslager wieder aufgaben, weil ihnen diese Arbeit nicht gefiel. Herr Nauhaus, der bei Kriegsende 12 Jahre alt war, berichtet von einer Frau aus Steinhavelmühle, deren Namen er vergessen hat, dass die es dort nicht ausgehalten habe. „Die konnte dann nachher wohl wieder gehen. Als Aufseher sollte man da so ganz resolut sein, also die mussten da durchgreifen. Und das war für diese Frau nichts." Frau Wiese und auch Frau Herbst erinnern sich an Elli Hartmann. Sie war Hausmädchen im Haushalt der Eltern von Frau Wiese und wechselte dann als Aufseherin ins KZ, weil sie dort mehr Geld bekam. Sie habe aber nicht gewusst, sagt Frau Wiese, was sie dort erwartete, und sei bald sehr unglücklich gewesen. Elli Hartmann holte sich bei der Mutter von Frau Wiese Rat. „Dann weiß ich noch, wie meine Mutter und Elli in unserem Garten saßen am Wasser, auf der Wiese, und die machten beide 'n ganz ernstes Gesicht. Und da hatte Elli, das habe ich dann hinterher gehört, aber auch nicht zur Nazizeit, meine Mutter durfte ja nicht drüber sprechen, dann hatte die Elli eben ... war herzkrank geworden und hörte da auf." Ihr Verlobter, ein SS-Wachmann – vielleicht hatte auch er es nicht ausgehalten – sei an die Ostfront geschickt worden.

In den überlieferten Arbeitseinteilungslisten der Aufseherinnen des Frauenkonzentrationslagers ist der Name von Elli Hartmann bis zum 14. März 1943 in der Rubrik: „Effekten" verzeichnet.[13] Sie hatte also eine relativ ruhige Tätigkeit in der Baracke, in der die Kleidungsstücke und persönlichen Gegenstände der Gefangenen aufbewahrt wurden. In der Woche nach dem 14. März hat sie wohl ihren Dienst in Ravensbrück quittiert, denn auf dem nächsten Dienstplan vom 25. März fehlt ihr Name und taucht nicht wieder auf. Das Kommando „Effektenkammer" übernahm später die Aufseherin Charlotte Pusch. Frau Wiese und Frau Herbst wissen noch zu berichten, dass Elli Hartmann ihren SS-Wachmann, der die Ostfront überlebte, nach dem Krieg geheiratet hat. Beide hätten in der Bundesrepublik gelebt und seien noch manchmal nach Fürstenberg zu Besuch gekommen. An ihren ehelichen Namen erinnern sich die Frauen nicht mehr. Inzwischen sei Elli Hartmann, da sind sie sich sicher, schon nicht mehr am Leben.

13 Vgl. BStU AV 8/74, Bd. 10, Bl. 2.

Das Fürstenberger Denkmal für die Gefallenen des Ersten Weltkriegs am Kreuzdamm. 1945 hatten sowjetische Soldaten dem trauernden Krieger den Kopf abgeschlagen. Ein Anwohner sicherte den Kopf, der in den sechziger Jahren wieder aufgesetzt wurde.

„Wir haben alle gelitten“

Erich Kemper (Tischlermeister)

Als ich Erich Kemper Anfang des Jahres 1999 kennenlernte, hatte seine Karriere als Zeitzeuge gerade erst begonnen. In den folgenden Jahren wurde der hochbetagte Mann ein gefragter Gesprächspartner für Schulklassen und Studentengruppen, er trat bei Seminaren in der Gedenkstätte auf und gab Interviews für Rundfunk und Fernsehen. Im Gegensatz zu den meisten seiner Fürstenberger Mitbürger, die sich nur ungern zum Konzentrationslager äußern, hat Erich Kemper sich zum Reden entschlossen. Er erzählt von seinem Vater, dem Tischlermeister Kemper, dessen Firma von 1939 bis 1945 Aufträge der SS im KZ Ravensbrück ausführte. Er erzählt auch von den Häftlingen, die in der Werkstatt seines Vaters arbeiteten und die später Dankesbriefe an ihn schickten.

Ich traf Erich Kemper zum ersten Mal auf einer Versammlung des Fördervereins der Gedenkstätte. Ein kleiner Mann, für sein Alter sehr kräftig und beweglich. Er wirkte liebenswürdig und offen, sagte ein paar Worte über die Tischlerei und wie schrecklich das alles mit dem KZ gewesen sei. Dann sprach er von den vier Häftlingen, die in der Werkstatt gearbeitet hatten. Dank der Hilfe seiner Eltern seien sie „gut über den Krieg“ gekommen, während seine vier mit ihm zusammen zum Militär eingezogenen Kameraden den Krieg nicht überlebt hätten. Was hatte er damit sagen wollen? Dass es die Häftlinge besser getroffen hatten als die Soldaten? Oder wollte er auf diese Weise nur die gute Tat seiner Eltern hervorheben? „Wir alle haben gelitten“, sagte er und lächelte. Als ich ihn später besuchte und nach seinem Leben befragte, äußerte er sich häufig ähnlich ambivalent. Erich Kemper beschäftigt sich immer wieder mit der Vergangenheit. Es scheint, als suche er nach einer Formel, die alles zusammenhält, was sonst auseinanderfallen würde.

Ich besuchte ihn in seinem Haus an der Ravensbrücker Dorfstraße, wo er mit seiner Frau lebt. In diesem Haus hatten schon sein Vater und Großvater gelebt und in der Werksatt als Tischler gearbeitet. Der Laden im Erdgeschoss des Hauses steht zu seinem großen Kummer seit Mitte der neunziger

Jahre leer. Der letzte Mieter ist in das nahe gelegene Gewerbegebiet gezogen. „Zu vermieten" steht groß an der Schaufensterscheibe, aber Herr Kemper hat keine Hoffnung, dass sich noch jemand findet, der dort ein Geschäft eröffnet. Auch in der Werkstatt, einem graugelben Backsteinbau, der quer zum Wohnhaus steht, wird schon lange nicht mehr gearbeitet. Weder sein Sohn noch seine inzwischen erwachsenen Enkel wollten die Tischlerei übernehmen. Dabei kann er es ihnen nicht einmal verdenken. Denn in der Abfolge der Tischlergenerationen hatte es 1960 einen Bruch gegeben. In diesem Jahr hatte Erich Kemper dem Druck der Staatsmacht nachgegeben und war in die Produktionsgenossenschaft des Handwerks (PGH) eingetreten. Als die Genossenschaft sich 1990 wieder auflöste, war es zu spät für einen Neubeginn als privater Handwerker. Erich Kemper war schon seit 1973 im Ruhestand, seine Nachkommen waren in andere Städte gezogen und hatten andere Berufe ergriffen.

In der Wohnung über dem Laden lebt er mit seiner Frau. Stolz zeigte er mir seine Möbel im Schlafzimmer, in der Küche, im Wohnzimmer, alles selbst gebaut, auch die kunstvolle Verkleidung der Heizkörper. Das habe er bei seinem Vater gelernt, der früher alles angefertigt habe – „von der Wiege bis zum Sarg".

Erich Kemper wurde 1911 in diesem Haus geboren. Von 1925 bis 1929 lernte er bei seinem Vater das Tischlerhandwerk. Er habe eine schöne Kindheit und Jugend gehabt, sagt er, obwohl es wirtschaftlich schwere Zeiten waren. Das Grundstück der Eltern grenzt an den Hegensteinbach, der in den Schwedtsee mündet. Als junger Mann sei er abends oft in den Bach gestiegen, dann über zwei Seen geschwommen, um eine Freundin zu besuchen, und auf dem gleichen Weg wieder zurück. Erich Kemper war ein begeisterter Sportler. Er war Langstreckenläufer und Schwimmer und ein hervorragender Schütze. Das hätten die bei der Wehrmacht aber glücklicherweise nicht gewusst, sonst hätten sie ihn womöglich noch zum Scharfschützen gemacht. Zusammen mit seinem etwa gleichaltrigen Onkel trat Erich Kemper in die „Deutsche Turnerschaft" ein. „Das hat so mein Leben geprägt, der Sport. Das war unsre schönste Zeit. Wie nachher die ... die Nazis kamen, da hatten wir viele Wettkämpfe mit dem Arbeitsdienst. Der war hier vertreten. SS und ...

und ... SA. Und wir als Turner und wir waren immer ... standen so da. Stolz darauf, dass wir so tüchtig waren."

Das Geschäft der Eltern ging in den zwanziger Jahren schlecht. Es gab wenige Aufträge für die Tischlerei. In dieser Zeit verdienten sie manchmal mehr mit ihren Logiergästen und den Feriengästen, die im Sommer kamen. Seine Mutter habe jeden Tag für mindestens zehn Leute gekocht, sie habe das Vieh versorgen und den Garten bewirtschaften müssen. Eigentlich hätten seine Eltern immer nur gearbeitet. Nur einen Urlaub hätten sie sich geleistet, sagt er, das war 1932 anlässlich ihrer Silbernen Hochzeit, da seien beide nach Berchtesgaden gefahren. Herr Kemper zeigt mir ein Foto, auf dem seine Eltern in bayrischer Tracht in die Kamera lächeln. Ich soll raten, was diese zehn Tage gekostet haben. Natürlich nenne ich eine viel zu hohe Summe. Herr Kemper lächelt zufrieden und zeigt mir die Rechnung, die seine Eltern zusammen mit dem Foto aufgehoben haben. „Keine 35 Mark", sagt er, „neun Übernachtungen, neunmal Frühstück, Kaffee, Brötchen, Butter."

Seit 1933 ging es mit der Tischlerei wieder aufwärts. Aber mit der sorgfältigen Anfertigung von einzelnen Möbelstücken war es vorbei. Der Vater bekam Aufträge vom Staat. Er baute Fenster und Türen für ein Arbeitsdienstlager in Drögen, das dann später Sicherheitspolizeischule wurde, für die Munitionsfabrik in Fürstensee und für den Flugplatz in Rechlin. Aber „der Halunke", sagt Kemper und meint Hitler damit, „der hat doch von Anfang den Krieg gewollt." Im Nachhinein wisse man das, aber „damals waren die Leute alle froh, dass sie in Arbeit kamen." In der Firma seien immer sieben bis acht Mann beschäftigt gewesen, es sei ein „schönes Arbeiten" gewesen, wie eine große Familie.

„Ich war weder Kommunist noch Faschist. Man hat mitmachen müssen", sagt Kemper. Er und sein Bruder seien von einem gewissen Stellse, einem NSDAP-Funktionär, aufgefordert worden, in die SA einzutreten. Schließlich würden sie Aufträge vom Staat bekommen, habe der gesagt, deshalb müssten sie auch etwas für den Staat tun. Also seien sie beide in die SA eingetreten. Weil ihm die militärischen Übungen aber nicht behagten, sei er bald wieder ausgetreten „und wurde dann aber zwangsläufig wohl in die Partei übernommen. Kann mich aber nicht erinnern, dass ich eine Versammlung mitgemacht habe". War das eines der Rechtfertigungsmuster der Nachkriegszeit? Dass man Mitglied der Partei wurde, nicht nur, ohne es wollen, sondern auch ohne es richtig zu wissen? Forscher haben inzwischen herausgefunden, dass jeder Erwachsene, der NSDAP-Mitglied werden wollte, einen Antrag unterschreiben musste. Aber daran erinnert sich Herr Kemper nicht.

Viel lieber spricht er von einem anderen Ereignis. 1938 unternahm er eine ganz besondere Reise mit der NS-Freizeitorganisation „Kraft durch Freude" (KdF). Er durfte an der Jungfernfahrt des KdF-Kreuzfahrtschiffs *Gustloff* nach Madeira teilnehmen, eben die *Gustloff,* deren tragischen Untergang am Ende des Krieges Günter Grass in einem Roman beschrieben hat.[14] Vierzehn Tage für 155 Reichsmark. Dazu seien auch gar keine besonderen Beziehungen nötig gewesen, sagt Kemper, das sei „ganz wunderbar" gewesen. Ihnen sei viel geboten worden. Und dann bricht plötzlich seine ganze Enttäuschung heraus: „Warum hatte der [er spricht wieder von Hitler] nicht vernünftig sein können? Keine Judenverfolgung, kein Rassismus und, und ... ne?"

„Und da fingen wir an, zu bauen, Baracken aufzustellen, und so weiter." Die Rede ist vom Jahr 1939 und vom Aufbau des Konzentrationslagers Ravensbrück. Die Baracken bestanden aus Fertigteilen und wurden von der Berliner Firma Kühn & Seeberg geliefert, komplett mit Fenstern und Türen. Die Tischlerei Kemper übernahm den Innenausbau, die mehrstöckigen Betten für die Häftlinge, die Regale für die Effektenkammer. Der Polier, der den Barackenaufbau kontrolliert habe, sei ein gewisser Kurt Wiegert aus Fürstenberg gewesen. Mit ihm habe er sich ein bisschen angefreundet und eines Tages habe der ihm gesagt, dass dieses Lager ein KZ werden würde. Wiegert sei Kommunist gewesen. „Er verkehrte aber auch mit SS-Leuten. Ich ... ebenfalls. Da war der Kurt Wiegert, der Kommunist und denn ein paar SS-Leute und ich, wir machten dann auch mal 'n Ausflug nach Strelitz und so weiter, ne? Und ick hab' denen natürlich nicht verraten, dass er Kommunist ist, um Gottes Willen."

In diesen Worten erscheinen der Aufbau des Konzentrationslagers und die Freundschaft mit SS-Leuten für einen kurzen Moment als Teil des damaligen Alltags, dessen „Normalität" später so gründlich verleugnet wurde. Befreundet

14 Günter Grass, Im Krebsgang, Göttingen 2002.

war Herr Kemper mit dem ersten Bauleiter des KZ, Matthias Buckowetz, der aus Innsbruck stammte. Buckowetz, meint Erich Kemper, habe sich „nachher“ das Leben genommen, „wirklich, ’n ganz guter Kerl, kann mir nicht vorstellen, dass der jemandem ein Haar krümmen hat können“. Buckowetz sei Architekt gewesen und habe die Doppelhäuser für die Unterführer entworfen. Als die Tochter des Fürstenberger Gärtners ein Kind von ihm erwartete, habe Himmler persönlich die Heirat angeordnet. Mit den SS-Leuten Buckowetz, Schüttli und Schön sei er häufig zum Trinken oder zum Tanzen unterwegs gewesen. Der Schön habe sich später, das wurde aber erst nach Kriegsende bekannt, an die Front gemeldet, weil er „das hier nicht ertragen konnte“.

Obwohl Erich Kemper bis zu seiner Einberufung zum Militär 1940 vermutlich einige Male durch die Absperrung auf das KZ-Gelände gelangt war, hatte er eigentlich nichts gesehen. Die einzige wirklich plastische Beschreibung gab er von einer holzgeschnitzten Lampe in der SS-Kantine. Er sei einmal mit seinem Vater mitgegangen, weil der im Lager etwas abzumessen hatte. Buckowetz habe ihn anschließend in die Kantine geführt, „und in dieser Kantine, da war eine wunderschöne Lampe, wie’n Riesenwagenrad, und auf diesem Wagenrad waren geschnitzte, von den Häftlingen geschnitzte Figuren. Da müssen Künstler im ... im Dings gewesen sein. So ’ne Tanzgruppe, in Trachten, in Farben, also wunderschöne Lampe da oben, nicht? Die hab’ ich also bewundert. Es waren Leute drin, die wirklich sehr begabt waren und ... und künstlerisch was geleistet haben.“

Die Häftlinge, die im Lager eingesperrt waren, kommen in seiner Beschreibung nur indirekt vor, als „Künstler“, die „wirklich sehr begabt waren“. Ansonsten kann Erich Kemper nicht viel sagen. Eine ehemalige Aufseherin habe ihm später erzählt, dass die Frauen in der ersten Zeit „einigermaßen menschlich behandelt wurden“. Sonntags habe es „Schweinebraten und Rotkohl“ gegeben, und die Häftlinge hätten auch eine Kantine gehabt, neben der SS-Kantine. Seit 1940 sei er dann im Krieg gewesen und nur noch während seiner seltenen Urlaube zu Hause.

Währenddessen war die Tischlerei seines Vaters kontinuierlich beim Auf- und Ausbau des Lagers beschäftigt. Die Firma Kemper baute das Kommandanturgebäude aus, sie lieferte die Särge, in denen die Häftlinge in den ersten Jahren zum Fürstenberger Krematorium gebracht wurden. Zum Schluss täfelte sie die Innenräume der letzten Aufseherinnen- und Führerhäuser in der SS-Siedlung „mit Schnapsschrank und gemütlicher Sitzecke". Als die Leute vom SS-Kommandostab im April 1945 ihre Lastwagen beluden und Richtung Westen flohen, blieben sie dem Tischlermeister Kemper noch 25 000 Reichsmark schuldig. Sie verschwanden einfach und ließen ihn sitzen mit seinen Forderungen, die bald nichts mehr wert waren, die er bei niemandem mehr eintreiben konnte, die er am besten vergaß, denn schon ihre Erwähnung hätte ihm nach dem Einmarsch der Roten Armee große Probleme bereiten können.

In der Werkstatt blieben noch die Kanthölzer zurück mit dem aufgeprägten Zeichen „FKL" (Frauenkonzentrationslager), die zum Bau der Stockbetten verwendet worden waren. Außerdem blieben einige Fenster zurück, die für die Aufseherinnenhäuser bestimmt waren und die Herr Kemper junior Jahrzehnte später beim Umbau des Hauses in sein Wohnzimmer einbaute. Zurück blieb das Furnier für einen kleinen runden Spieltisch, eine kunstvolle Intarsienarbeit aus hellem und dunklem Holz. Erich Kemper sagt, er habe das Furnier erst vor einigen Jahren gefunden, als er in der Werkstatt herumkramte. Er ist überzeugt, dies sei die Arbeit eines Häftlings. Die Folie brachte er auf eine runde Tischplatte auf, als Tischbeine nahm er die Bettpfosten mit dem FKL-Aufdruck. Auf die Unterseite des Tisches, nur sichtbar, wenn man sich hinhockt und den Hals verrenkt, klebte er Kopien der Dankesbriefe zweier Häftlinge, die bei seinem Vater gearbeitet hatten. So schuf sich Herr Kemper sein privates kleines Erinnerungsmonument, auf das er jeden Tag schaut, wenn er auf dem Sofa sitzt, mit seiner Frau Kaffee trinkt oder fernsieht.

Die Originale der Briefe lagen während unseres Gesprächs auf dem Tisch. Herrn Kemper wollte unbedingt, dass ich sie las, noch bevor wir mit dem Gespräch begannen. Die vier Häftlinge aus dem Männerlager seien seit 1942 jeden Tag in die Werkstatt gekommen, sagt er, ein Österreicher, ein Neusser, ein Hamburger und ein Pole in Begleitung eines SS-Mannes namens Plaschke. Ohne sie hätte die Firma die Aufträge der SS nicht ausführen können, denn die jüngeren Gesellen waren alle im Krieg. Von 1940 bis 1942 seien zunächst französische Kriegsgefangene da gewesen.

Die sind sogar auf einem Gruppenfoto zu sehen, wie sie mit den anderen Angestellten der Tischlerei vor der Kemperschen Werkstatt stehen. Von den KZ-Häftlingen gibt es keine Fotos. Die waren noch ein bis zwei Stufen tiefer in der nationalsozialistischen Hierarchie und durften nicht fotografiert werden. Die Briefe, die Herr Kemper aufgehoben hat, stammen von dem Polen Stanislaus Ostarz und dem Österreicher Hans Wernsburger. Beide schreiben, sie würden sich dankbar an die Zeit in der Tischlerei erinnern. Sie schreiben von den Schnitten, die die Meisterin extra für sie hingelegt habe, und von Geburtstagsfeiern, bei denen sie mit am Tisch gesessen hätten. Die anderen beiden, ein Mann aus Neuss und einer aus Hamburg, haben nichts geschrieben. Der Hamburger soll ein „Krimineller" und Kapo gewesen sein und habe einen anderen Häftling geschlagen. So hat es Herr Kemper jedenfalls von dem damaligen Lehrling gehört, denn er selbst sei ja nicht da gewesen. Der Neusser sei Bibelforscher gewesen. Der SS-Mann Plaschke aus Eichwalde bei Berlin, sei, so Herr Kemper, „sehr human" gewesen. „Die Leute wurden völlig in Ruhe gelassen, die wurden nicht gehetzt, nicht ausgebeutet, die konnten tun und lassen, was sie wollen. Verstehen Sie? Die wurden nicht getrieben. Ich habe von dem ehemaligen Lehrling, erfahren, wenn ... wenn Kontrollen kamen, da kamen ja öfter Kontrollen, ne, dann haben unsre Leute, die unten im Maschinenraum gearbeitet haben, die haben dann durch Klopfzeichen zu verstehen gegeben, dass sie sich bewegen sollen, dass sie arbeiten sollen. Verstehen Sie? Also das ist wirklich so. Die haben's, Gott sei Dank, einigermaßen gut gehabt." Und dann sagt er wieder diesen Satz, dass die Häftlinge „gut über den Krieg gekommen" seien, während seine Freunde gefallen seien.

Erich Kemper wurde im Februar 1940 eingezogen. Er hatte Glück und wurde als Kraftfahrer eingesetzt. Zunächst war er in Rumänien im Erdölgebiet. 1944 holte ihn ein ehemaliger Chef nach Frankreich, nach Paris zu einem Chemie-Untersuchungstrupp, was immer das war. Aus dieser Zeit hat er ein Foto. Er steht mit einem Gewehr in der Hand auf dem Rummelplatz an einem Schießstand. An diesem Tag habe er eine „Zwölf" geschossen, sagt er, und das Mädchen neben ihm sei die „Schwester von dem Harry", von dem Kriegsgefangenen, der in der Werkstatt des Vaters gearbeitet hatte. Weihnachten 1944 wurde Erich Kemper während der Eifel-Offensive schwer verwundet. Aus dem

Lazarett in Würzburg sei er auf allen möglichen Umwegen schließlich in das Lazarett in Hohenlychen, nahe Fürstenberg, gelangt, von dort aus „am letzten Tag" zum SS-Lazarett in Ravensbrück überwiesen worden, was einmal mehr die guten Beziehungen seines Vaters zur SS beweist. Als die Rote Armee näher rückte, sei er weiter nach Schwerin geleitet worden, aber dann in Rom „hängen geblieben". Rom, so erklärt er auf meinen fragenden Blick, sei ein kleiner Ort bei Parchim, in dem Erich Kempers Schwester mit ihrem Mann einen Bauernhof bewirtschaftete. In diesem Dorf sei er ein Jahr lang geblieben und habe dort seine spätere Ehefrau kennengelernt. Als ich ihn frage, ob er denn nicht in Gefangenschaft gekommen sei, verwirrt sich die Erzählung. Er sagt, das sei nur „kurzfristig" gewesen. „Hab' mich da wieder rausgemacht und hab' denn da ein ganzes Jahr als Bauer gelebt." Hielt er sich in dieser Zeit versteckt? Nahm er eine andere Identität an? Darüber sagt er nichts. 1946 jedenfalls kam er zurück nach Fürstenberg, nachdem er offenbar sicher sein konnte, dass er nichts mehr zu befürchten hatte – nicht als ehemaliger Wehrmachtsoldat, nicht als Mitglied der NSDAP und auch nicht wegen der Arbeit für das KZ. Sein Vater war inzwischen für die sowjetische Besatzungsmacht ähnlich unentbehrlich geworden, wie er es vorher für die SS gewesen war. Erich Kemper brachte seine junge Braut mit, die heutige Ehefrau. Im Juni 1946 heirateten sie. In den folgenden zwei Jahren wurden eine Tochter und ein Sohn geboren.

In den fünfziger Jahren übernahm Erich Kemper die Tischlerei von seinem Vater. Er war ein rühriger Geschäftsmann. Die Firma war erfolgreich. Sie arbeiteten für die Sowjetische Armee, bauten Möbel aller Art, und nachdem er drei Autos von der Besatzungsmacht gekauft hatte, erweiterte er sein Geschäft noch um ein Bestattungsunternehmen. Doch dann kam 1960 der Bruch. „Dann wurde es PGH", die Tischlerei wurde mit zwei anderen Betrieben zusammengeschlossen. Kemper war nur noch Bereichsleiter in seiner eigenen Werkstatt.

„Ich hab' sehr drunter gelitten. Ich hab' da nie ein Hehl draus gemacht. Ich hab' mich auch mit der Obrigkeit in der PGH dauernd in ... wir haben uns dauernd in den Haaren gelegen. Ich konnte dat einfach nicht verkraften, dass ich nicht mehr selbstständig war. Schon ein Jahr nachdem es eine PGH war, kriegte ich Gallenkoliken und musste operiert werden und ich hatte keine

Steine. Ich hatte 'n Abszess in der ... aufgrund der Aufregungen wahrscheinlich ... ein Abszess in der Gallenblase. Wenn man die Vorfahren ... und auch ich war lange selbstständig, und nun dieses Untertanendasein ..." Zwei Jahre später geschah ein Unglück. In seiner Werkstatt brach ein Feuer aus. Vermutlich hatte sich beim Schweißen etwas entzündet. Kemper wurde anschließend vor Gericht gestellt, er selbst spricht von einem „Schauprozess". Man habe versucht, ihm Sicherheitsmängel nachzuweisen. Das Urteil lautete 18 Monaten Haft auf Bewährung, danach wurde er wieder als Bereichsleiter eingesetzt. Im Alter von 62 Jahren ging er vorzeitig in Rente, aus gesundheitlichen Gründen.

„Man hat nie nach dem KZ gefragt", sagt seine Frau, die die meiste Zeit neben ihm auf dem Sofa gesessen hat, „in unserm ganzen Bekanntenkreis, man hat sich nie darüber unterhalten. Und jetzt will man so viel wissen und keiner weiß was". Warum ist den Kempers die Vergangenheit in letzter Zeit wieder nahe gerückt? Vielleicht, weil sie jetzt alt sind und über ihr Leben nachdenken. Vielleicht, weil nach dem Skandal mit dem Supermarkt das Schweigen im Ort plötzlich aufgebrochen ist. Vor einigen Jahren hat Erich Kemper die Briefe aus den Papieren seiner Eltern herausgesucht, er hat den kleinen Tisch gebaut und in sein Wohnzimmer gestellt. Dieser Tisch, mit allem, was dazugehört, ist für ihn, so sagt er immer wieder, ein Beweisstück für die Anständigkeit seines Vaters. Doch gleichzeitig weiß er, dass die Dinge so einfach nicht sind.

Als ich ihn fast am Ende unseres Gesprächs fragte, ob er während des Krieges nicht versucht habe, der Wehrmacht zu entkommen und sich von seinem Vater für die Werkstatt reklamieren zu lassen, meinte er, er habe seinen Vater einmal darum gebeten. Dafür, dass der den Antrag letztlich nicht gestellt habe, sei er heute sehr dankbar. „Na, da wär ich ja auch verquickt vielleicht mit dem ... nicht? Verstehen Sie, dann wär' ich ja auch irgendwie mit ... Wie soll ich mich da ausdrücken? Na, hätt's geheißen, ja ich ... ich ... Nich? Ich hab' da ..."

Womit er dann „verquickt" worden wäre, das ist für ihn bis heute unaussprechlich geblieben. Alle diese ambivalenten Botschaften drückt der sonderbare kleine Schachtisch aus, dessen Oberfläche ein Häftling vielleicht einstmals anfertigte, um den Vater von Herrn Kemper günstig zu stimmen oder um sich ein zusätzliches Stück Brot zu verdienen.

Werkstattgebäude des Tischlermeisters Kemper in Ravensbrück.

„Mein Mann war ja förmlich gezwungen dazu ..."

Clara Gumbert (Fleischersfrau)

Die neunzigjährige Clara Gumbert sitzt im Wintergarten ihres Hauses im Rollstuhl. Seit sie vor einigen Jahren einen Schlaganfall erlitt, kann sie nicht mehr gehen, die rechte Hand liegt bewegungslos auf ihrem Schoß. Ihre Tochter kommt aus der Küche und stellt Gläser und eine Flasche Mineralwasser auf den Tisch. Vorsichtig streckt Frau Gumbert die linke Hand nach dem Glas aus und führt es zum Mund. Obwohl sie kaum noch sehen kann, nimmt sie während des Gesprächs immer wieder die Papiere, die vor ihr auf dem Schoß liegen, in die Hand. Sie streicht sie glatt, blättert sie auf und schiebt sie wieder zusammen. Eigentlich hat sie sich nur wegen dieser Papiere zu einem Gespräch bereit erklärt. Die Papiere sind die Zeugnisse ihres Kampfes um das Grundstück in der Bahnhofstraße/Ecke Pfarrstraße. Das war ihre ehemalige Fleischerei. Der Betrieb wurde 1945 enteignet. 1990 stellte sie einen Antrag auf Rückübertragung, der jedoch abgelehnt wurde. Die Enteignungen aus der Zeit der sowjetischen Besatzung durften nicht rückgängig gemacht werden, so stand es im deutschen Einigungsvertrag.

Das änderte jedoch nichts an der Tatsache, dass Clara Gumbert sich weiterhin für „ihr Haus" zuständig fühlt. Sie focht die Entscheidung an, ohne Erfolg. Da die beiden Eigentümer, die das Grundstück nach der Wende von der Treuhand gekauft hatten, ihre Schulden nicht mehr bezahlen konnten, wurde vor einigen Jahren eine Zwangsversteigerung angeordnet. Frau Gumbert erhob auch dagegen Einspruch. Unter den Papieren, die sie auf dem Schoß glättet und faltet, befindet sich die Begründung ihres Einspruchs. Sie hatte geschrieben: „Der Betrieb war einmal mit modernster Technik ausgerüstet und hat die Stadt und das KZ versorgt. Letzteres allerdings zwangsweise, da der Krieg immer näher kam und die Versorgung gesichert sein sollte. Wenn heute Gedenktage im KZ stattfinden und noch Überlebende daran teilnehmen, haben wir vielleicht durch unsere Lieferungen einen kleinen Anteil daran."

Das Landgericht Neuruppin war anderer Ansicht, oder vielmehr äußerte es sich nicht zu der Frage, ob die Firma Gumbert mit der Lieferung von

Fleisch und Wurst an das Konzentrationslager sich aus heutiger Sicht etwa Verdienste erworben habe. Der Richter ordnete die Zwangsversteigerung an, damit die Gläubiger befriedigt werden konnten. Die Formulierungen in dem Beschluss ließen Clara Gumbert noch einen Rest Hoffnung, dass ihrem Antrag auf Rückübertragung irgendwann doch stattgegeben würde. An diesem Stückchen Hoffnung hält die alte Frau eigensinnig fest. Darum kreisen ihre Gedanken, wenn sie im Rollstuhl sitzt und aus dem Fenster schaut. Wenn der Betrieb wieder so eingerichtet würde, räsoniert sie, „mit Maschinen und mit allem, was da drin war", das würde sie heute anderthalb Millionen kosten. Andererseits habe der Fleischerberuf gar keine Zukunft mehr, die Leute würden doch nur noch in die Supermärkte rennen.

Clara Gumbert verteidigt eine Handwerks-Tradition, die bis in das Jahr 1860 zurückreicht. Sie heiratete 1932 in die alteingesessene Fürstenberger Fleischerfamilie Gumbert ein. Sie selbst stammt aus Berlin. 1909 wurde sie als einzige Tochter eines Bäckermeisters geboren, der später am Bahnhof Lichtenberg einen Markt besaß. Sie habe eine „herrliche Jugend" gehabt, sagt sie. Clara Gröschel, wie sie damals hieß, besuchte das Lichtenberger Lyzeum, verließ die Schule aber noch vor dem Abitur, um auf die kaufmännische Handelsakademie am Tauentzien zu wechseln. Eine „jüdische Handelsschule", wie sie betont. 1931 besuchte sie zum ersten Mal das Städtchen Fürstenberg. Der Besitzer des „Mecklenburger Hofs", der Vater von Gottfried Karl, hatte sie und ihre Eltern eingeladen. Er und der Onkel von Clara waren alte Kriegskameraden. Bei dieser Gelegenheit lernte sie ihren späteren Mann kennen, Franz Gumbert, den Sohn des Fleischermeisters. Die beiden fan den Gefallen aneinander, einer Verbindung stand nichts im Weg. Die Tochter des wohlhabenden Berliner Marktbesitzers war für die Gumberts eine erwünschte Schwiegertochter. Die Verlobung wurde 1932 im „Mecklenburger Hof" gefeiert, die Hochzeit fand in Berlin statt, bei den Eltern der Braut, so wie es sich gehörte.

Bald nach der Hochzeit, im Jahr 1933, übernahm das junge Paar die Fleischerei. Sie modernisierten den Betrieb von Grund auf, kauften neue Maschinen. Damals war alles im Aufbruch, im Aufschwung. Die Krise schien vorüber. Ob sie sich dabei verschuldeten oder ob die junge Braut das

Investitionskapital mitbrachte, sagt Clara Gumbert nicht. Sie spricht davon, wie gut sie und ihr Mann zusammengearbeitet haben. Sie stand im Laden und führte die Bücher. Er war der Metzger. Sogar einen eigenen Schlachthof hatten sie in der Grenzstraße, die heute Forststraße heißt. Die Pensionen in der Röblinseesiedlung, große Hotels wie das *Wegert* wurden von ihnen mit Fleisch und Wurst beliefert. Sie hätten sehr, sehr viel arbeiten müssen. Im Sommer habe die Fleischerei sogar am Sonntag – nach der Kirchzeit – geöffnet. „Manchmal war's so an Wochenenden oder zu Feiertagen, dass ich die Tür zuschließen musste, weil der Laden voll war, und die Leute standen draußen und warteten, bis wieder welche rausgingen, damit wieder Platz war. So, so schlimm war das. Und früher waren wir acht Fleischer hier im Ort. Und sechs Bäcker. Und heute ist gar kein Fleischer mehr da." Die Gumberts mussten viel arbeiten, aber sie fühlten sich als erfolgreiche Geschäftsleute geachtet. Sie nahmen am gesellschaftlichen Leben der Stadt teil. Clara Gumbert erzählt, einmal sei sie beim Schützenfest sogar Schützenkönigin geworden und habe Bier für die anderen Schützen ausgeben müssen. Damals habe man sieben Bier für eine Mark bekommen. So billig sei das gewesen.

1933 wurde ihre Tochter Renate geboren, um die sich ein Kindermädchen kümmerte, während die junge Frau weiter Tag für Tag im Laden stand. Der Laden befand sich in der Bahnhofstraße, eben in jenem Haus, das bis heute umstritten ist. Und direkt über dem Laden war ihre Wohnung, mit sieben Zimmern. Im hinteren Teil wohnten die Gesellen. Um Politik hätten sie sich beide nicht gekümmert, sagt Frau Gumbert. Aber irgendwann kümmerte die Politik sich um sie. Weil die Menschen damals „alle begeistert waren", sagt sie, sei ihr Mann in der Fleischer-Innung „förmlich gezwungen" worden, in die NSDAP einzutreten. Auch in die SA sei er eben „reingeschlittert".

Auf diesen Punkt kommt Clara Gumberts in ihrer Erzählung immer wieder zurück. Sie seien doch keine überzeugten Nazis gewesen und deshalb zu Unrecht damals enteignet und aus der Wohnung gewiesen worden. Ihre fast siebzigjährige Tochter hat sich inzwischen mit an den Tisch gesetzt und pflichtet der Mutter nachdrücklich bei. Sie kennt alle Geschichten inzwischen besser als Frau Gumbert selbst und hilft ihr manchmal mit einigen Stichwörtern über eine Gedächtnislücke hinweg.

Für die Familie Gumbert begann der Krieg erst am 1. April 1942, als es mit den Blitzsiegen schon eine Weile vorbei war. An diesem Tag wurde Franz Gumbert Soldat. Seine uk-Stellung war aufgehoben worden. Die Fleischerei wurde geschlossen. Sie habe von diesem Tag an auch keine Parteibeiträge mehr für ihn bezahlt, sagt die Frau. Ihr Mann kam zuerst nach Neustrelitz und dann nach Schlawen in Pommern. Dort wurde er einer Bauabteilung zugeteilt, als Chauffeur des Bauleiters. Von Schlawen aus sei es mit dem Bauzug nach Russland gegangen. Aber vorher habe sie ihn noch einmal sehen können, als er mit seinem Transport durch Fürstenberg gekommen sei. Er habe sie vorher angerufen, und sie sei zur angegebenen Zeit zum Bahnhof geeilt. An dem Bahnsteig, wo sonst immer der Zug nach Berlin hielt, habe dieser Bauzug angehalten. Ihr Mann sei ausgestiegen und sie hätten sich umarmt und Abschied voneinander genommen. Diesen Aufenthalt habe ihr Mann extra so organisiert. Der Zug brachte Franz Gumbert bis nach Krasnodar im Kaukasus. Zwei Jahre später jedoch, Ende 1943, war er wieder zu Hause. Seine Magengeschwüre waren in Russland aufgebrochen. Nach einem Aufenthalt im Lazarett Paderborn sorgte Clara Gumbert dafür, dass er nach Fürstenberg kommen konnte in das Lazarett, das inzwischen im Schloss eingerichtet worden war.

Nachdem Gumbert aus der Wehrmacht entlassen worden war, wollte das Ehepaar die Fleischerei wieder öffnen. Dann kam ein Brief von „Berlin", wie Frau Gumbert sagt – Mutter und Tochter können sich nicht einigen, ob der Absender die Partei oder die Handwerkskammer war –, darin stand, dass die Fleischerei geeignet sei, das Konzentrationslager zu beliefern. Wenn Franz Gumbert nicht gewillt sei, diesen Auftrag zu übernehmen, würde ein anderer dafür in seinem Betrieb eingesetzt werden.[15] „Und denn habt ihr nächtelang überlegt", sagt die Tochter. „Und denn haben wir nächtelang überlegt", echot die Mutter. „Und denn sind wir nach vielen Tagen zu dem gekommen: Wir machen es. Er war ja förmlich gezwungen dazu. Entweder raus oder drin bleiben."

15 Aus Erklärungen von Franz Gumbert 1947 gegenüber der Landes-Entnazifizierungskommission geht hervor, dass es der Viehwirtschaftsverband war, der ihnen diese Auflage erteilte. Das war im April 1944, und kurze Zeit darauf begann die Fleischerei mit den Lieferungen an das KZ.

Warum war die Belieferung des KZ ein schwerer Entschluss für das Fleischer-Ehepaar, wenn Clara Gumbert andererseits beteuert, sie habe damals gar nicht gewusst, „was da draußen los“ war? War das in diesem Fall nicht ein Auftrag wie jeder andere gewesen? Während des Krieges war Zwangsbewirtschaftung schließlich nichts Außergewöhnliches. Aber Frau Gumbert versteht die Frage nicht, oder ihre unterschiedlichen Rechtfertigungslinien haben sich schon ein wenig ineinander verwirrt. Deshalb sagt sie, sie habe sich nur gewundert, dass die Nazis dieses Schriftstück geschickt haben. „Weil man nachher ... später hat man doch so viel Grausamkeiten gehört, später erst. Dass die den Leuten überhaupt was zu Essen gegeben haben.“

Frau Gumbert sagt, sie hätten täglich drei Zentner Wurst für das Lager geliefert. Das sei so eine „Art Jagdwurst“ gewesen. Weil die meisten Handwerksgesellen im Krieg waren, teilte ihnen das Arbeitsamt drei französische und zwei italienische Kriegsgefangene zu, außerdem einen polnischen Kutscher. Sie hätten direkt von der SS-Verwaltung des Konzentrationslagers Bezugsscheine für Fleisch und Wurst bekommen und hätten auch ihre Rechnungen direkt dorthin gerichtet. Das Fleisch sei ihnen in Kühlwaggons vom Seegrenzschlachthof Wismar geliefert worden. Franz Gumbert hatte einen Passierschein, mit dem er das Lager und die Häftlingsküche betreten konnte. Der polnische Fahrer fuhr den Wagen bis an das Tor, weiter durfte er nicht. Dann seien die Häftlingsfrauen (Frau Gumbert nennt sie „Küchenfeen“) gekommen und hätten abgeladen.

Außer den Kriegsgefangenen in der Fleischerei habe sie auch zwei Häftlingsmädchen aus dem KZ zur Unterstützung bekommen. Schließlich habe sie jeden Tag für insgesamt 18 Personen kochen müssen, sagt Clara Gumbert: für die Gesellen, einen deutschen Meister, die Kriegsgefangenen und ihre Eltern, die vor den Bomben nach Fürstenberg geflüchtet waren. Das sei einfach zu viel gewesen. Sie habe deshalb zwei Hausmädchen über das Arbeitsamt angefordert. Eine junge Serbin oder Kroatin, die Stefanie hieß, und ein Mädchen aus Westdeutschland, an dessen Namen sie sich nicht mehr erinnert, seien aus dem Lager zu ihnen gekommen. Die Mädchen hätten es gut bei ihr gehabt und seien bestimmt froh über diese Arbeit gewesen. Eigentlich seien sie alle „wie eine große Familie“ gewesen. Die Tochter wirft ein, zum Schluss allerdings habe eines der Mädchen Frau Gumberts Pelzmantel mitgenommen. „Nee, das war Omis", berichtigt ihre Mutter trocken.

Die Lieferungen gingen bis April 1945. Die letzte Rechnung bezahlte die SS nicht mehr. Ende April, als die sowjetische Armee näher rückte, gingen die Gumberts mit der gesamten Belegschaft – Gesellen, Kriegsgefangene und Häftlingsmädchen – in den Wald bis zur Försterei Schönhorn. Die Familie schlief in der Försterwohnung, die Häftlingsmädchen in einer Kammer und die Franzosen und Italiener in der Scheune. Die Tochter, damals acht Jahre alt, erinnert sich noch, dass Frau Gumberts Mutter im großen Waschküchen-Kessel für alle das Essen kochte.

Als die ersten sowjetischen Soldaten kamen, wollten sie von allen Anwesenden in der Försterei nur die Uhren haben. Ihr Vater habe, so sagt Clara Gumbert, seine goldene Uhr rasch in den Papierkorb neben sich fallen lassen, und als die Soldaten weggegangen sind, habe er sie wieder herausgeholt. Sie kehrten zurück nach Fürstenberg in eine geplünderte Wohnung, Schranktüren waren aufgebrochen, Stühle zerschlagen. Um sich vor den Vergewaltigern zu schützen, versteckten sich die Frauen und Mädchen nachts auf dem Pappdach der Werkstatt. Zum Abschied brachten ihnen die Kriegsgefangenen noch ein Stück einer geschlachteten Kuh. „Aus Dankbarkeit", sagt Frau Gumbert, und ihre Tochter ergänzt, die Leute hätten es wirklich gut bei ihnen gehabt. Beide Frauen sprechen von der Weihnachtsfeier 1944/45, als sie alle zusammensaßen an der langen gedeckten Tafel. Jeder aus der Belegschaft habe einen bunten Teller und auch ein bisschen Geld bekommen. Clara Gumbert habe eine Schallplatte mit Weihnachtsliedern aufgelegt. Den Männern seien die Tränen heruntergelaufen, sagt die Tochter, und ihre Mutter ergänzt, alle hätten eben an zu Hause denken müssen.

Anfang Mai 1945 wurde Franz Gumbert von sowjetischen Soldaten einfach von der Straße weg verhaftet und zusammen mit vielen anderen Fürstenberger Männern in den Stall neben der Grundschule, später in den Keller der alten Post gesperrt. Dann mussten die Männer in einem langen Zug in Richtung Osten laufen, erst bis Wittenberge und von dort weiter nach Graudenz. Am 9. Dezember des Jahres war Franz Gumbert wieder in Fürstenberg. Das weiß seine Witwe so genau, weil der 9. Dezember ihr Geburtstag war. Ihr

Mann habe später erzählt, wer unterwegs nicht mehr weiterlaufen konnte, sei erschossen oder einfach liegen gelassen worden. Er schaffte es bis in das Lager Graudenz in Ostpreußen, wo er für die Gefangenen kochen musste. Warum der Fleischermeister wenige Monate nach seiner Verhaftung wieder nach Hause durfte, während viele seiner Leidensgefährten noch jahrelang in den sowjetischen Arbeitslagern festgehalten wurden, bleibt offen. Aber Mutter und Tochter halten sich damit nicht auf. Sie sind beim Hauptthema ihrer Erzählung angekommen – der Enteignung.

„Da haben hier die Kommunisten getobt", sagt Frau Gumbert, „wie die Wilden. Aber alles meist ... nicht alle, aber viele, die früher arbeitsscheu waren." Das ist ihre Sicht auf die Entnazifizierung in Fürstenberg. Und damit ist eigentlich alles gesagt. Nach seiner Entlassung aus sowjetischer Haft, meint Frau Gumbert, sei ihr Mann gefragt worden, ob er für die Besatzungsmacht Wurst und Fleisch liefern würde. Er habe aber abgelehnt, weil er die „Nase gestrichen voll" hatte, wie sie sagt. Sie ist überzeugt davon, dass sie nicht enteignet worden wären, wenn er damals zugestimmt hätte.

Zwischen 1945 und 1949 erlebten die Gumberts eine Aufeinanderfolge von widersprüchlichen Entscheidungen, die tief in ihr Leben eingriffen und die genau zu rekonstruieren Mutter und Tochter heute schwer fällt. Aus den Sequestrierungsakten, die heute im Mecklenburgischen Landesarchiv in Schwerin liegen, geht hervor, dass im Dezember 1945, also kurz nach der Rückkehr von Franz Gumbert aus Graudenz, sein Vermögen beschlagnahmt wurde. Er wurde zu Wiederaufbauarbeiten herangezogen, musste nachts Kohlewaggons auf dem Bahnhof entladen, Klärgruben säubern, arbeitete als Gärtner und Kutscher. Einige Mitbürger, die ihm später Leumundszeugnisse ausstellten, heben darin seine Einsatzbereitschaft hervor. Clara Gumbert erinnert sich, dass ihr Mann sogar eine Zeit lang nachts „am Russendenkmal" Wache stehen musste. Das sei aber „reine Schikane" gewesen, ergänzt die Tochter, und das sei auch „von den Deutschen initiiert worden", nicht von den Russen. Ihr Vater, sagt Clara Gumbert, habe diesen Wachdienst einige Male für seinen Schwiegersohn übernommen, damit der sich mal ausschlafen konnte.

Im März 1947 wurde die Sequestrierung des Gumbertschen Vermögens nach einer Prüfung seitens der Vermögensverwaltungsstelle Fürstenberg/

Mecklenburg wieder aufgehoben. Wenige Monate später, im November 1947 wurde Gumbert vor die Entnazifizierungskommission des Kreises geladen, die zu dieser Zeit ein bis zweimal in der Woche im Café Schröder zusammentrat. Während dieser Sitzung wurden ihm seine SA-Funktion als Obertruppführer, seine Mitgliedschaft in der NSDAP und die Lieferungen an das KZ zur Last gelegt. Im Ergebnis stufte ihn die Kommission als „Aktivist und Nutznießer" ein und damit im Sinne der Direktive Nr. 38 als „Belasteter". Für die Dauer von zehn Jahren sollte Gumbert nur als einfacher Angestellter tätig sein dürfen. Die Kommission erlegte ihm ferner eine zehnjährige Wohn- und Aufenthaltsbeschränkung auf. Der Fall wurde an die Anklagebehörde weitergegeben und eine „sofortige Inhaftnahme" Franz Gumberts empfohlen.[16] Einen Monat später, am 1. Dezember 1947, wurde eine erneute Sequestrierung des Gumbertschen Vermögens verfügt. Im Auftrag des Betroffenen bemühte sich der Rechtsanwalt Dr. Helmut Brandt, die Aufhebung der Beschlagnahme zu erwirken. Er sandte am 3. Dezember 1947 ein entsprechendes Schreiben an die Behörde.

Am 6. Dezember 1947 erhob Franz Gumbert seinerseits schriftlichen Einspruch gegen den Entnazifizierungsbeschluss. Er versicherte, dass er politisch in keiner Weise hervorgetreten sei und deshalb nur als Mitläufer bezeichnet werden könne. Außerdem beteuerte er, die Lieferungen an das KZ Ravensbrück nur übernommen zu haben, um der Beschlagnahme seines Geschäfts zu entgehen. Er verwies darauf, dass die bei ihm beschäftigten Kriegsgefangenen und KZ-Häftlinge stets gut behandelt worden seien. Unter anderem fügte er zwei Erklärungen ehemaliger Häftlinge von Ravensbrück bei, die ihn entlasten sollten.

Die eine Erklärung stammte von Paul David, dem stellvertretenden Bürgermeister von Groß-Menow, einem Ort in der Nähe von Ravensbrück. David schrieb am 19. November 1945, der Schlachtermeister Franz Gumbert habe „des öfteren an Häftlinge des K.Z.Lager Ravensbrück aller Nationen Wurst heimlich verteilt". Dies habe er nicht nur gesehen, sondern auch selbst davon etwas bekommen.

16 Protokoll der Entnazifizierungskommission vom 14. 11.1947, BStU, Ast 229/48, Neubrandenburg, Bl. 3 f.

Die andere Erklärung ist von Margarete Buchholtz aus Bredereiche unterzeichnet. Sie schrieb am 18. November 1945, sie sei als Schwester des Generaloberst Hoepner zusammen mit der Ehefrau ihres Bruders und deren Tochter im Zusammenhang mit dem Attentat des 20. Juli von der Gestapo verhaftet und nach Ravensbrück gebracht worden.[17] Ihr Mann, Waldemar Buchholtz, der den Aufenthaltsort seiner Ehefrau nicht kannte, habe sich an Frau Clara Gumbert gewandt und sie gebeten, im KZ Ravensbrück Nachforschungen über seine Ehefrau anzustellen. Frau Gumbert habe sofort „bereitwilligst" zugesagt. Bei einem geheimen nächtlichen Treffen auf dem Bahnhof Fürstenberg habe sie Herrn Buchholtz dann die Nachricht übermittelt, Ehefrau, Schwägerin und Nichte seien im Strafblock und müssten „harte Arbeiten verrichten". Clara Gumbert erinnert sich, sie habe damals einen Elektriker angesprochen, der im Ort wohnte und der „draußen bei Siemens" gearbeitet habe. Der Mann habe sich auf ihre Bitte Einsicht in die Häftlingslisten verschafft und dort die Namen „der beiden Frauen" (sie spricht nur von zwei Frauen) gefunden. Margarete Buchholtz betonte in ihrem Schreiben ausdrücklich ihre Dankbarkeit für Clara Gumbert, die sich selbstlos bemüht habe, während viele andere Bekannte in Fürstenberg, an die ihr Mann herangetreten sei, aus Angst vor Nachteilen jede Hilfe verweigert hätten.

Doch trotz dieser Ehrenerklärungen und Proteste musste die Familie Gumbert Anfang 1948 ihre Wohnung in der Bahnhofstraße verlassen. Sie zogen in ein Zimmer mit Küchenbenutzung in der Breitscheidstraße. Im Januar 1949 schließlich wurde Franz Gumbert verhaftet. Nach vier Monaten Untersuchungshaft verurteilte ihn das Landgericht Schwerin aufgrund des SMAD-Befehls 201[18] zu einem Jahr und drei Monaten Zuchthaus. Clara Gumbert sagt, ihr Mann sei denunziert worden und alles, was man gegen ihn vorgebracht habe, sei Verleumdung gewesen. Einer der Schöffen

17 Generaloberst Erich Hoepner war einer der führenden Köpfe des Widerstandskreises um den 20. Juli 1944. Er wurde im August 1944 hingerichtet.

18 Der Befehl 201 der SMAD wurde am 16. August 1947 erlassen und hatte die Entnazifizierung und vollständige Säuberung aller öffentlichen Ämter und der Wirtschaft „von aktiven Faschisten, Militaristen und Kriegsverbrechern" zum Ziel.

übrigens sei ein ehemaliger Nazi gewesen, der vor der Faserstoff-Fabrik immer „mit der Klingelbüchse“ gestanden habe, um Spenden „für unseren Führer“ zu sammeln. Rechtsanwalt Brandt habe gegen das Urteil Revision eingelegt; in der Revisionsverhandlung habe der Staatsanwalt verkündet, ihr Mann bekomme seine Freiheit wieder. „Mit lächelnder Miene“, sagt sie bitter, habe er aber hinzugefügt, sein Eigentum könne er ihm nicht zurückgeben. Der Rechtsanwalt Helmut Brandt übrigens, einer der Begründer der Berliner CDU, wurde 1948 Staatssekretär im späteren DDR-Justizministerium, ehe er 1950 verhaftet und im Zusammenhang mit den Waldheimer Prozessen zu zehn Jahren Zuchthaus wegen „staatsfeindlicher Arbeit“ verurteilt wurde.

Frau Gumbert konnte ihren Mann am 1. Juni 1949 aus dem Zuchthaus Dreibergen-Bützow abholen. Zuvor war sie zu den Staatsanwaltschaften nach Rostock und Schwerin gefahren, hatte sich couragiert dafür eingesetzt, dass seine Freilassung, die sonst ein langwieriger bürokratischer Akt geworden wäre, nun schnell verfügt wurde. Als sie mit dem Entlassungsschein schließlich im Zuchthaus ankam, sei es schon Abend gewesen, die Kleiderkammer war geschlossen. Der Beamte habe sie auf den nächsten Tag verwiesen. Aber das habe sie sich nicht gefallen lassen. „Machen Sie, was Sie wollen“, habe sie gesagt, „aber ich geh' nich eher weg, bis ich ihn mitnehmen kann.“ Das habe gewirkt. Die Kleiderkammer sei nochmal geöffnet worden, ihr Mann wurde gerufen. Der habe gar nicht gewusst, was los war, weil es ja außerhalb der normalen Entlassungszeit war. Frau Gumbert weint, als sie diese Szene schildert. Ihre Tochter streichelt ihre Schulter.

Clara Gumbert brachte ihren Mann in ihr neues Zuhause, das Zimmer mit Küchenbenutzung. Seit dieser Zeit war sie in der Familie für alles verantwortlich. Drei Jahre lang war ihr Mann krank, alles nur „seelischer Natur“, wie sie sagt. Sie arbeitete in der Forstwirtschaft, Langholz vermessen auf dem Bahnhof. Später wechselte sie in die Forstverwaltung und rechnete die Löhne der Mitarbeiter aus. Buchführung hatte sie ja gelernt. Die Tochter Renate bekam nach dem Schulabschluss zunächst keine Lehrstelle. Sie fühlte sich als „Kind eines Kriegsverbrechers“ stigmatisiert. Zeitweise habe sie in einem Schuhladen ausgeholfen, in einer Arztpraxis und in der Landwirtschaft gearbeitet. Nach einiger Zeit klappte es dann doch. Renate Gumbert konnte eine Ausbildung als Zahnarzthelferin beginnen.

Als Franz Gumbert wieder arbeitsfähig war, verdingte er sich in der Fleischerei Reimann, die nach dem Krieg nicht enteignet worden war, obwohl sie, wie Frau Gumbert sagt, auch Geschäfte mit dem KZ gemacht habe. Die Firma Reimann habe Fleisch und Wurst für die SS-Küche geliefert. Später arbeitete Gumbert in der Fleischerei Dworek, die als einzige bis heute in der Brandenburger Straße ein Geschäft betreibt.

Auf die Frage, was bleibe, wenn sie heute auf ihr Leben zurückblicke, sagt Clara Gumbert, „leere Mauern" und meint damit das Haus in der Bahnhofstraße, das schon längst keine Fleischerei mehr ist. Die viele Arbeit, die sie damals gehabt hätten, sagt sie, „und heute frag' ich, wofür, wofür?"

Die Treppe, die ins Nichts führt: das Fundament des „Mecklenburger Hofs" gegenüber Marktplatz und Kirche.

„Todesmarsch“ und „Hungermarsch“

Das Jahr 1945

Zwischen dem Konzentrationslager Ravensbrück und der Mahn- und Gedenkstätte Ravensbrück liegt das Jahr 1945 – das Kriegsende, die Befreiung, der Zusammenbruch, je nachdem, wie es erlebt wurde. Das Jahr 1945 veränderte alles. Das KZ hörte auf KZ zu sein, aber war noch längst keine Gedenkstätte. Seine stets verschlossenen Tore öffneten sich. Die Bürgerinnen und Bürger von Fürstenberg, die vorher sein Inneres nicht hatten sehen dürfen, mussten nun hineingehen, nicht nur um zu sehen, sondern auch um zu helfen. Kurz davor war der Krieg, der sich bis dahin in weiter Ferne abgespielt hatte, auch nach Fürstenberg gekommen. Zwar hatte es schon die zu Lazaretten umgebauten Kurheime gegeben, die Nachrichten von den gefallenen Vätern, Söhnen und Brüdern, die nächtliche Verdunklung und die rationierten Lebensmittel-Bomben hatten sich jedoch kaum nach Fürstenberg verirrt. Die Siemenswerkstätten auf dem KZ-Gelände und die *Faserstoff* bildeten für die alliierten Bomberverbände offenbar kein lohnendes Ziel.

Aber spätestens seit April 1945 mehrten sich die Zeichen für das Näherrücken der Front. Häftlingsfrauen hoben in der Stadt Panzergräben aus. Später errichteten die Männer vom Volkssturm eine Barrikade aus Baumstämmen. In der Havelstraße wurde ein Splitterbunker gebaut. Herr Kowalski, der damals 12 Jahre alt war, spricht von einer „Alarmstimmung“. Getarnte Fahrzeuge seien durch die Stadt gerast, an der Berliner Straße und am Ortseingang Ravensbrück hätten Soldaten mit Panzerfäusten gelegen. Kanonendonner sei zu hören gewesen. Es hieß, die Russen würden schon bei Lychen stehen. Die Brücken wurden gesprengt.

Offenbar waren die meisten der befragten Fürstenbergerinnen und Fürstenberger derart mit ihrer eigenen Situation beschäftigt, dass sie die Evakuierungsmärsche der Häftlinge kaum wahrnahmen. Als eine der wenigen sah Elfriede Himmel nachts von ihrem Fenster aus die Häftlinge auf der Straße vorbeiziehen. Anneliese Ahlgrimm erinnert sich, dass es heller Tag war und sie mit ihrer Mutter an der Dorfstraße in Ravensbrück stand: „Meine Mutter und ich, wir standen mit der Schürze draußen. Und viele Häftlinge kannten uns. Wir wurden bombardiert mit Seife, mit Schokolade und Keksen.[19] Und jeder schrie: ‚Wo ist Hermann, Hermann, Hermann?'[20] Die haben trotz SS immerzu geworfen." Die SS habe sie und ihre Mutter vertreiben wollen, aber sie seien stehen geblieben und hätten den Häftlingen noch zugewinkt.

Herr Nauhaus, damals zehn Jahre alt, der mit seinen Eltern in Steinhavelmühle wohnte, sah zuerst Frauenkolonnen, die von den Aufseherinnen „gescheucht" wurden und dabei noch einen hoch beladenen Karren ziehen mussten. Als seine Mutter versucht habe, den Frauen Wasser zu geben, sei sie von den Aufseherinnen bedroht worden. Danach seien männliche Häftlinge vorbeigezogen, die Pakete mit Essen bei sich hatten. Die hätten am Ortsausgang „ihr Picknick" gemacht. Um sich vor der Front in Sicherheit zu bringen, seien seine Eltern einige Zeit später zusammen mit den anderen Mühlenarbeitern und ihren Familien auf einen Lastkahn gestiegen. Für ihn sei das ein tolles Abenteuer gewesen. Vermutlich seien sie aber in ihren Häusern weniger gefährdet gewesen, weil vor und hinter ihnen die Brücken explodierten.

Herr Kowalski erinnert sich an die Sprengung der Munitionsfabrik Fürstensee, der MUNA. „Das war eine gewaltige Detonation, unsere Fenster fielen raus, und wir dachten schon, die Panzer ständen in Fürstenberg. Dann standen hier auch zwei große deutsche Tigerpanzer am Markt, und auf dem Marktplatz selbst war eine Marineeinheit deutscher Soldaten, für die wir als Jungvölkler, als Hitlerjungs, Bier holen mussten aus der ‚Goldenen Kugel', die heute noch existiert in der Bahnhofstraße." In der folgenden Nacht hätten dann Militärautos am Markt gehalten. Seine Mutter und seine Großmutter seien mit ihm eingestiegen. Ihre abenteuerliche Flucht führte über Rheinsberg und Wittstock bis zum Dorf Berlinchen, wo sie den Einmarsch der Roten Armee erlebten.

Zunächst hieß es, Fürstenberg solle verteidigt werden. Die SS-Leute flohen auf voll gepackten Lastwagen mit Hausrat und Möbeln. Einige Fürstenberger konnten mit ihnen mitfahren. Andere zogen mit Handwagen

19 Offensichtlich hatten die Häftlinge vor dem Abmarsch Verpflegungspakete vom Roten Kreuz bekommen und gaben nun freigebig davon ab.
20 Hermann Ahlgrimm, der Vater von Anneliese Ahlgrimm.

und Fahrrädern in den nahen Wald, um vor den bevorstehenden Kämpfen Zuflucht zu suchen.

Gottfried Karl verließ mit seinen Eltern die Stadt in Richtung Dahmshöhe. Als seine Mutter noch einmal zurück ins Hotel lief, um etwas zu holen, erlebte sie die Sprengung der Munitionsfabrik. „Und da kamen dann aus den Schränken die ganzen Teller und das ganze Geschirr rausgeschossen. Die Fensterscheiben waren ja ... war ja alles weg. Sah doll aus hier, wie wir dann nachher zurückkamen." Frau Wiese erreichte ebenso wie Frau Marten mit ihrer Familie die Försterei Pelzkuhl. Wolfgang Stegemann berichtet: „Weil Fürstenberg verteidigt werden sollte, haben wir also unser Hab und Gut auf die Fahrräder gepackt und sind zu Fuß hier in so ein Nachbardorf, Priepert, neun Kilometer entfernt, gegangen. Und haben also dort das Kriegsende erwartet und haben's natürlich schlecht getroffen, denn Fürstenberg ist nicht verteidigt worden, ist übergeben worden mit der weißen Fahne, und in Priepert haben sie rumgeballert, die Russen und die Deutschen. Na ja und wir sind dann nach einigen Tagen, als der Krieg dann zu Ende war, wieder mit unsren Fahrrädern durch'n Wald, voller großer Angst, nach Fürstenberg gepilgert."

Bei ihrer Rückkehr erfuhren sie, die SS-Leute, die den Ort verteidigen sollten, hätten sich als Erste abgesetzt, und die Männer vom Volkssturm hätten die Kommandos nicht mehr befolgt. Schließlich hätten sich besonnene Bürger zur Kapitulation verständigt und noch die Sprengung einer Brücke verhindert. Frau Schröder trennte sich in Strasen-Priepert von ihrer Familie. Sie stieg in ein Militärauto, das sie bis nach Göttingen brachte. Erst 1948 kehrte sie zurück, als sie erfuhr, dass ihr Vater von den Russen verhaftet worden war und die Mutter ihre Hilfe benötigte.

Frau Gieske gehörte zu den wenigen Befragten, die es noch bis Schwerin zu den Briten schafften. Zusammen mit ihrer Mutter schloss sie sich einer Gruppe von SS-Leuten der Sicherheitspolizeischule Drögen an. Zuerst spricht sie von einem Lastwagen, der sie mitnahm, dann aber von einer Flucht mit Fahrrad und zu Fuß. Kurz vor Schwerin trafen sie auf eine Kolonne von Häftlingen, vermutlich aus Sachsenhausen, die schon keine Bewacher mehr hatten. „Unsre Soldaten [das war SS, A. L.], die seitlich von uns gingen, die warfen ihre Waffen alle weg. Und noch seitlicher war nun dieser Strom Häftlinge, und die bückten sich und nahmen das alles auf. Was die wegschmissen, haben die aufgenommen. Und da hab' ich so bei mir gedacht, was das wohl noch wird."

Als es etwa fünf Kilometer vor Schwerin nicht mehr weiter ging, seien sie von vorn „mächtig beschossen" worden. Sie ist überzeugt, das seien die bewaffneten Häftlinge gewesen, die sie inzwischen überholt hatten. Nach diesem Erlebnis beschlossen Frau Gieske und ihre Mutter, den Treck zu verlassen. Es schien ihnen wohl zu gefährlich, sich weiter in der Begleitung von SS-Leuten zu bewegen. In Schwerin bekam sie Quartier in einer Kaserne. Nach einigen Wochen löste die Rote Armee die britischen und amerikanischen Besatzer ab. Mutter und Tochter Gieske kehrten erst im September 1945 nach Fürstenberg zurück.

Frau Golz blieb mit ihrer Familie im Ort. Sie konnte nicht fort, weil ihre alte Mutter und ihre kranke Schwester, die aus Schlesien geflohen waren, bei ihr lebten. Außerdem sah sie offenbar in einer Flucht keinen Sinn. Erst am 30. April verließ sie mit ihrer Familie und den Mitbewohnern das Haus, weil sie Angst hatten, beschossen zu werden. Ihr Wohnblock lag direkt an der Fernverkehrsstraße 96. Mit Handwagen fuhren sie bis zu einem Splittergraben der Firma Grahl. Sie nahm Decken und Kissen für alle mit, es war ja noch kalt. Eine Nacht schliefen sie in dem Graben.

„Zwei haben Wache gehalten draußen. Die wollten wissen, wie sich das so abspielt. Und dann hat man hier gesehen, aufblitzen und da aufblitzen. Also da war irgendwo noch die deutsche Flak. Und am Morgen sagt mein Nachbar von oben: ‚Es ist alles so still. Man hört kein Schießen mehr. Die Flak ist weg, die deutsche Flak, die haben sich dünne gemacht. Da ist der Russe in der Nähe.' Und tatsächlich. Hat nicht lange gedauert und da waren die ersten russischen Soldaten vor uns. Und das Erste war gewesen: Uri, Uri, runter. Ich hab' meine schöne goldne Uhr da eingebüßt. Richtig goldene Uhr. Na ja ... aber sie haben nur die Uhren eingesammelt und sind weiter. Die haben die Frauen noch in Ruh' gelassen."

Frau Gumbert lief mit Mann, Tochter und der gesamten Belegschaft der Fleischerei, einschließlich der französischen und polnischen Zwangsarbeiter und zwei jungen Mädchen aus dem KZ Ravensbrück, zur Försterei Schönhorn, wo sie zwei Tage blieben. Dann seien die Russen dorthin gekommen. Frau Gumbert machte – wie viele andere auch – die Erfahrung, dass die Angehörigen der kämpfenden Truppe nicht gewalttätig wurden, sondern nur ihre Uhren haben wollten, ehe sie weiterzogen. Ihr Vater habe rasch seine goldene Uhr in den Papierkorb fallen lassen und sie wieder herausgefischt, als die Soldaten fort waren. Der Schock kam erst, als sie wieder in ihr Haus in Fürstenberg zurückkehrten. Da fanden sie die Schränke zerschlagen und geplündert vor. Eines der Mädchen aus dem KZ, eine Serbin, habe sich noch von ihnen verabschiedet, aber dann fehlte der Pelzmantel ihrer Mutter, und „der Pole" habe die neue Lederjacke ihres Vaters mitgenommen. Dabei seien die Leute, sagt sie, bei ihnen „wirklich gut" behandelt worden.

Als Horst Kowalski und seine Mutter in ihre Wohnung zurückkamen, fanden sie in einem Bett eine Häftlingshose. Die Schränke waren leer, die Kleidungsstücke lagen im Zimmer verstreut.

Linda Tebs suchte mit ihrer Mutter und ihren Kindern Zuflucht im Keller des „Strandhotels" in der Gartenstraße. Alle hatten große Angst. Frau Kunze, die bis zum Schluss noch als Helferin des Roten Kreuzes am Bahnhof Fürstenberg verwundete Soldaten in den haltenden Lazarettzügen betreut hatte, versteckte sich mit ihren Eltern in einem Keller der *Faserstoff*-Fabrik, weil sie glaubten, dort sicher zu sein.

Selbstmorde und Vergewaltigungen

Der sowjetischen Armee waren bereits viele Schreckensnachrichten vorausgegangen. Die Flüchtlinge aus dem Osten, die seit Januar/Februar in Massenquartieren der Stadt lebten, hatten von den Grausamkeiten berichtet, die die Soldaten der Roten Armee vor allem an der Zivilbevölkerung in Ostpreußen verübt hatten. Um die Endkampf-Moral zu stärken, hatte die Nazi-Propaganda diese Berichte überall verbreitet. In Fürstenberg, ebenso wie in vielen anderen Städten und Gemeinden, nahmen sich verzweifelte Menschen vor dem Herannahen der Sowjetarmee das Leben. „Manche haben sich ja familienweise umgebracht", sagt Wolfgang Stegemann, er selbst habe später geholfen, die Leichen aus dem Wasser des Baalensees zu holen. Frau Wiese erwähnt ihre Englischlehrerin Fräulein Petzson, die Selbstmord begangen habe. Frau Schröder weiß von einem Ehepaar Steglitz, die in Fürstenberg ein Hotel betrieben, „dass die sich hier irgendwie im See umgebracht haben". Herr Kowalski sagt, er habe nach der Rückkehr aus Berlinchen gehört, viele Menschen hätten sich die Pulsadern aufgeschnitten.

Die grausigste und tragischste Geschichte von allen ist die von Gerda Kaper, einer Fürstenberger BDM-Führerin, die den Ruf hatte, ziemlich fanatisch zu sein. Gerda Kaper, so erzählt Frau Schröder, die es auch nur vom Hörensagen weiß, habe ihre Mutter und ihre Kinder umgebracht, „und sie selber, sie hat es wohl nicht geschafft. Die ist dann von den Russen gesund gepflegt worden. Die hat allen die Kehle durchgeschnitten, hier am Peetschsee oder am Stolpsee". Andere meinen, die Frau sei mit ihrer Familie zusammen in den See gesprungen und als Einzige gerettet worden. Später sei Gerda Kaper dann, so Frau Schröder, in den Westen gegangen. Erst vor ein paar Jahren habe sie sie anlässlich der Goldenen Konfirmation in der Fürstenberger Kirche wieder gesehen und sie beinahe nicht erkannt. Wolfgang Stegemann meint, unter den vielen Toten, die er aus dem Baalensee hat bergen helfen, seien damals auch Frauen gewesen, die sich in den erste Tagen nach Kriegsende das Leben genommen hätten, nachdem sie vergewaltigt worden seien.

Von den Vergewaltigungen berichten die Frauen mit einem gewissen Fatalismus, wie von einem Schicksal, das sie miteinander verband und dem man nur durch List oder glücklichen Zufall entgehen konnte. Oder haben sich in den fast sechzig Jahren, die seitdem vergangen sind, Schmerz und Wut abgeschwächt? Von den zehn befragten Frauen, die damals erwachsen und in Fürstenberg geblieben waren, sprechen vier davon, vergewaltigt worden zu sein. Das heißt aber nicht, dass die anderen, die von ihren Müttern oder von anderen Frauen erzählen, nicht auch selbst betroffen waren. Kaum eine von ihnen spricht das Wort „Vergewaltigung" aus. Sie sagen, sie „mussten ran", „kamen dran", „es" blieb ihnen nicht erspart. Frau Gumbert sagt, ihr sei nichts „Böses" geschehen, weil sie sich tagelang auf dem Dachboden versteckt hielt. Frau Falk erwähnt in einem Nebensatz, eher beiläufig, aber in einem Ton, der jede Nachfrage verbietet: „Ich bin eigentlich ... na schön

... ich bin auch von den Russen vergewaltigt worden, also so will ich nun nicht sagen. Aber sonst, zum Einsatz [gemeint ist der Arbeitseinsatz im KZ Ravensbrück, A. L.], was ja nachher auch über die Stadtverwaltung ging, bin ich nicht herangezogen worden."

Frau Golz ist bis heute wütend auf ihren Nachbarn, der die Russen zu ihr hinübergeschickt habe, um sie von seiner eigenen Frau abzulenken: „Dann kamen die her und dann bin ich auch drangekommen. Was woll'n Sie machen, wenn Sie gepackt werden und geschleppt werden?" Im gleichen Haus sei noch eine jüngere Frau mit ihrem Mann gewesen. „Da haben sie sich nicht getraut, ja, wenn der Mann dabei war. Aber wir waren ja nur Frauen. Meine Mutter, meine Schwester und ich hier in der Wohnung. Keinen männlichen Schutz."

Linda Tebs erzählt, dass sie sich auf dem Dachboden des Stalls versteckt gehalten habe. Dann aber habe ihre Mutter nach ihr geschrien. Ein Russe habe das Gewehr auf sie gerichtet und gedroht, sie zu erschießen, wenn sie nicht ihre Tochter herbeihole. „Wat blieb mir weiter übrig. Ich musste runter aus meinem Versteck kommen, und dann war er zufrieden. ‚So, Frau, nu komm.'" Auf der anderen Straßenseite habe er sie in ein verlassenes Haus gezerrt, in das Schlafzimmer. „Aber ich kann nicht sagen", meint Linda Tebs, „dass der Kerl irgendwie grob war oder irgendwie böse oder wat. Nee. Der war auch verheiratet, sagte er." Trotzdem sei es „alles andere als schön" gewesen, mit einem fremden Kerl ins Bett zu gehen. „Aber wat willst du machen. Ich wollte ja auch nicht, dat sie Muttern erschießen. Vielleicht hätt' er's nicht gemacht, aber weiß man's? Auf solchen Wege möchte ich meine Mutter ja auch nicht verlieren."

Frau Kunze wurde im Keller der *Faserstoff* vergewaltigt, nachdem ihr Vater und die anderen Männer hinausgetrieben worden waren. Auch sie hat, wie Frau Tebs, das Gefühl, sich dafür rechtfertigen zu müssen, dass sie sich nicht gewehrt hat. „Was hätte ich denn machen sollen?", fragt sie, und sie habe sich danach so schmutzig gefühlt. Es sei aber nicht mal Wasser da gewesen, um sich zu waschen.

Die betroffenen Frauen sagen, sie hätten danach mit niemandem darüber gesprochen. Frau Golz meint, das sei auch nicht nötig gewesen. „In diesem Falle hier haben ja alle gewusst, ne? Ich meine, es war ja Stadtgespräch. Und es wusste jeder, die Russen sind hier und die nehmen, was sie haben und kriegen können. Das war ja auch nur die ersten Tage und dann war Ruhe." Frau Golz sagt, sie habe gehört, dass die deutschen Soldaten in Russland auch solche Dinge getan hätten. Aber sie habe auch andere Erfahrungen mit den Besatzern gemacht. In dieser schlimmen ersten Zeit sei sie mit ihrer kleinen Tochter einmal auf der Straße gegangen, da habe ein Offizier die Hand des Mädchens gefasst, ein paar Schritte seien sie so gegangen, ein bisschen wie Vater, Mutter und Kind. Er habe ein paar freundliche Worte gesagt, bevor er in eine andere Richtung abgebogen sei. Über dieses Erlebnis habe sie sich richtig gefreut.

Nach kurzer Zeit änderte sich die Situation. Jetzt waren es plötzlich die Männer, die stärker bedroht waren als die Frauen. Fred Weber erzählt, er habe in diesen Tagen immer am Fenster sitzen und aufpassen müssen, ob sich Russen dem Haus näherten, um seine Mutter warnen zu können. Als er die Ankunft von zwei bewaffneten Soldaten ankündigte, brachte seine Mutter sich in Sicherheit. „Aber sie fragten gar nicht nach Mutter, die fragten: ‚Wo Vater?' Ich rief meinen Vater, und wie er so ging und stand, mit Latschen, so ist er dann losgezogen. Das war dieser Todesmarsch, der ging von Fürstenberg über Graudenz und Königsberg. Zu DDR-Zeiten durfte ja über diesen Todesmarsch nicht gesprochen werden, das war ein Tabu-Thema."

Dieser „Todesmarsch" spielt in den Erinnerungen der Fürstenbergerinnen und Fürstenberger an das Jahr 1945 eine zentrale Rolle. Viele Väter oder Schwiegerväter der Befragten waren davon betroffen. Die Russen verhafteten in den ersten Wochen nach Kriegsende nicht nur die örtlichen Funktionsträger des NS-Regimes oder solche, die sie dafür hielten, sie verhafteten auch einfach Männer aus ihren Häusern heraus oder von der Straße weg und trieben sie zu Fuß in Kolonnen in Richtung Osten zur Zwangsarbeit.

Seit wann nannte man das den „Todesmarsch" oder auch „Hungermarsch"? Wahrscheinlich ist es nicht mehr zu ermitteln. Auf jeden Fall aber haben diese Bezeichnungen die Eigenschaft, die eigenen Leiden in die Nähe der Opfer des Nationalsozialismus zu rücken.

Der Vater von Frau Möbius wurde verhaftet, als er seine Töchter vor den ins Haus eindringenden Soldaten warnen wollte. Über ein Jahr lang blieb er fort, ohne dass die Familie ein Lebenszeichen von ihm bekam. Sie habe immer an seine Rückkehr geglaubt, sagt Ilse Möbius. Als er dann schließlich wieder kam, sei er lange sehr krank gewesen und habe sich letztlich nicht mehr richtig erholt.

Frau Elmers Vater und Onkel wurden beide am 1. Mai 1945 verhaftet und zunächst in den Keller der Post gebracht. Nach einem halben Jahr sei der Onkel zurückgekommen, sagt sie. Er sei vom Lager in Graudenz aus zurückgeschickt worden, weil er zu geschwächt war, um noch weiterzugehen. So konnte er berichten, dass der Vater von Frau Elmer zusammen mit den arbeitsfähigen Männern von Graudenz aus in ein Lager jenseits des Ural geschickt worden sei. Später hätten sie dann von zurückgekehrten Mitgefangenen die Nachricht bekommen, dass er schon im Februar 1946 gestorben sei. Eine schriftliche Bestätigung habe es aber nie gegeben, sagt Frau Elmer, und ihre Mutter habe natürlich keinerlei Unterstützung bekommen.

Der Vater von Herrn Weber hatte Glück. Er traf im Lager Graudenz auf einen sowjetischen Arzt, der ihn wegen einer Verwundung aus dem Ersten Weltkrieg für arbeitsuntauglich erklärte. Nach einem Jahr war er wieder zu Hause, er habe aber schreckliche Geschichten von dem Fußmarsch erzählt. Wer von den Gefangenen nicht weiterlaufen konnte, sei auf der Stelle erschossen worden.

Der Vater von Frau Schröder war 1945 Polizist in Fürstenberg. Er wurde gleich nach dem Einmarsch der Roten Armee verhaftet und kam in das Internierungslager Fünfeichen, später nach Buchenwald. Als er 1950 wieder nach Hause zurückkehrte, sei er ein kranker Mann gewesen, sagt sie. Vom Lager habe er nichts erzählt. Frau Schröder schimpft auf die Verhaftungen, die „sinnlos und willkürlich" gewesen seien. Aus ihrer Erzählung geht aber auch hervor, dass ihr Vater zuvor als Mitglied eines Reservebataillons der Polizei auf der Krim stationiert war. Was er dort zu tun hatte, weiß sie nicht.

Ella Kunze ist bis heute der Meinung, sie habe ihrem Vater damals das Leben gerettet. Als er aufgefordert wurde, sich am folgenden Tag auf dem Marktplatz einzufinden – offensichtlich sollte es zur Zwangsarbeit in Richtung Osten gehen –, habe sie ihn gezwungen, sich im Krankenhaus in der Typhusstation zu verstecken, bis die Gefahr vorbei war.

Es scheint, als habe das Jahr 1945 die bisherigen Verhältnisse in den Familien umgekehrt. Die Kinder und Jugendlichen fanden sich oft in der Situation besser zurecht als die Erwachsenen, die Frauen erwiesen sich als lebenspraktischer als die Männer. Es waren ja auch vor allem die Frauen, die im Ort geblieben waren und sich mit den Besatzern arrangieren mussten. Die Männer und Väter waren gefallen, in Gefangenschaft oder nach Sibirien deportiert. Die Frauen mussten für die Kinder und manchmal noch für ihre alten Eltern sorgen. Also meldeten sie sich auf der Kommandantur, um sich eine Arbeit zuweisen zu lassen und damit Anrecht auf eine Lebensmittelkarte zu erwerben. Frauen putzten und kochten für die Offiziere und Soldaten, die anfangs in vielen Häusern der Stadt Quartier genommen hatten. Frauen entluden auf dem Bahnhof Waggons, arbeiteten auf den Feldern oder im Lazarett. Frauen gingen auch in großer Zahl auf das Gelände des Konzentrationslagers, um dort die Häftlinge zu pflegen, die so geschwächt und krank waren, dass sie noch nicht nach Hause fahren konnten. Die Rote Armee hatte auf dem KZ-Gelände ein Lazarett eingerichtet. Die Fürstenbergerinnen mussten dort sauber machen, sich um die Kranken kümmern, sie bestatteten die Toten und räumten das Gelände auf.

Frau Möbius erinnert sich, dass sich Anfang Mai alle registrieren lassen sollten. Vor der Kommandantur hätten dann Soldaten mit aufgepflanztem Bajonett sie, ihre Freundin und noch etwa zehn andere Frauen umzingelt und zum Lager getrieben. Frau Marten meint, der Kommandant habe angeordnet, dass kein Fürstenberger eine Lebensmittelkarte bekommen dürfe, der nicht wenigstens einmal im KZ gearbeitet habe. Sie ist der Überzeugung, dass die Anwohner – ebenso wie damals die Bürger von Weimar – gezwungen werden sollten, die Verbrechen zur Kenntnis zu nehmen. Vermutlich war dies aber, zumindest von sowjetischer Seite, eher eine pragmatische als eine pädagogische Maßnahme, um für die überlebenden Häftlinge so schnell wie möglich menschenwürdige Bedingungen zu schaffen und um die Seuchengefahr einzudämmen.

Die Frauen, die dort arbeiten mussten, waren konfrontiert mit Leichenbergen und Gestank, mit Schmutz, Elend und ausgemergelten Gestalten in den Krankenbetten, von denen viele noch Tage und Wochen nach der Befreiung starben. Ihre Erinnerungen sind bis heute geprägt von tiefer Erschütterung über die Zustände, aber auch von dem Gefühl der Erniedrigung, als Deutsche der Willkür der Sieger und der Verachtung der befreiten Häftlinge ausgesetzt gewesen zu sein. Viele ihrer Äußerungen sind noch immer voller Abwehr gegen die sowjetischen Besatzer, die sie zu dieser Tätigkeit zwangen. Sie sprechen von ihrem Ekel und von ihrer Angst vor Infektionen. Tatsächlich erkrankten einige der Frauen bald darauf an Typhus.

Ilse Möbius war eine der wenigen, die das Elend und Leid der kranken Frauen an sich heranließ und auch von ihrer Scham spricht: „Das war so, als wenn man in den Hühnerstall reinkam. Ihre Notdurft haben sie auch im Raum verrichten müssen. Dann kann man sich ja vorstellen, wie das aussah." Als eine Delegation alliierter Militärs das Lazarett besuchte, habe sie in einer Ecke gestanden und sei am liebsten im Erdboden versunken, so sehr habe sie sich als Deutsche geschämt. Ilse Möbius arbeitete mit einer französischen und einer polnischen Häftlingsärztin zusammen. Mit der Französin habe sie sich gut verstanden, die Polin aber habe niemals ein Wort mit ihr gesprochen, was die junge Frau anfangs sehr kränkte. Erst als sie erfahren habe, dass die Familie der Polin von den Deutschen umgebracht worden sei, habe sie verstanden.

Ilse Möbius erinnert sich auch, dass die ehemaligen Häftlinge für die Fürstenberger Frauen und Mädchen einmal einen Kübel von der Suppe kochten, die sie täglich im Lager hatten essen müssen. Sie habe keinen Bissen herunterbekommen, sagt sie. An dieses Essen erinnert sich auch Linda Tebs: „Aber dat war ja auch wirklich ein Fraß. Das waren Pellkartoffeln mit Schale und nicht gequetscht, und dann hatten sie da wohl ein paar Knochen oder irgendwas, ein bisschen wat Fettiges ist da dran gewesen." Frau Starcke war nur für einen Tag im Lager und fand es grässlich dort, „dreckig und furchtbar". Die Frauen hätten ihr sehr leid getan.

Frau Berger musste im KZ Leichen bestatten helfen. Mit Häftlingen aus dem Lazarett ist sie nicht in Berührung gekommen. Sie habe sich aus einer der Baracken Kriegsseife und Spulen mit Wollgarn mitgenommen. Frau Reppin erzählt, dass ihre Mutter Tote in einem Massengrab bestattet habe. Sie selbst putzte ein paar Tage lang in einer Baracke, in der Häftlingsfrauen auf ihre Abreise warteten. Die seien aber nicht so krank und verhungert gewesen wie die im Lazarett. Sie habe damals alles mit ziemlicher Distanz betrachtet, sagt sie: „Man hat das nicht so aufgenommen, wie man das heute aufnehmen würde, weil die Familie selber ihre Sorgen hatte. Ja, und ... und erst viel später hat man dann die Grausamkeit richtig erkannt." Auch die Mutter von Frau Elmer musste Leichen bestatten. „Meine Mutter ist zusammengebrochen und hat eine Leichenvergiftung und einen Nervenzusammenbruch gehabt. Aber da war mein Vater schon weg. Die Frauen, die da arbeiteten, mussten die Leichen aus den Baracken rausholen, so halb Verweste schon und Leichen. Dann waren da so Hitzegrade, war doch im Mai. Und dann diese großen Mücken ... alles an ihre Beine gewesen, die also an den Leichen waren. Ein Vierteljahr hat meine Mutter nur die Wand angestarrt, hat mit keinem gesprochen, war bloß Haut und Knochen, als wenn die Nerven sie aufgefressen hätten."

Frau Hoff, die damals noch ein junges Mädchen war, bestattete erst die Toten. Am nächsten Tag wurde sie eingeteilt, um in einer riesigen Halle Schuhe zu sortieren. „So und dann haben wir da sortiert, auch Kinderschuhe. Ich denke: Mensch, was ist denn das hier bloß? Mal so viel Nähzeug und, und so was alles. Und dann standen da ... an der Seite in der Baracke standen so hohe Zementtüten, Säcke. Und da haben wir mal daran gefasst, na ob was Essbares bei ist. Das war so ganz weich, war aber oben so zugenietet. Neugierig war man dann ja auch. Hat die eine da ein Loch gebohrt, und da waren lauter Menschenhaare drin. Also da wurden wir irgendwie stutzig. Irgendwas muss hier passiert sein."

Niemand erklärte den Mädchen, was es mit den riesigen Mengen von Haaren, Schuhen und Kleidern auf sich hatte. Aber vielleicht wussten zu diesem Zeitpunkt weder die Besatzer noch die überlebenden Häftlinge, dass die Hinterlassenschaften der ermordeten Juden aus den Vernichtungslagern waggonweise ins Reich geschickt worden waren, um in Ravensbrück und anderswo geflickt, gereinigt oder weiter „verarbeitet" zu werden. Am dritten Tag wurde Sieglinde Hoff von einer russischen Soldatin zu einem der Kleiderberge geführt. Erst hatte sie Angst und verstand nicht, was die Frau von ihr wollte, aber dann war sie erleichtert: Sie sollte ihr ein paar Kleider heraussuchen, die damals als schick und modern galten. Frau Marten musste einige Tage lang Wäsche aus den riesigen Wäschedepots waschen, Schuhe sortieren, auch Kinderschuhe. Sie habe seitdem gewusst, was in Ravensbrück geschehen sei, sagt sie. Auch Anneliese Ahlgrimm hat sich das Bild der „Berge von Kinderschuhen" tief eingeprägt. Ein junger französischer Häftlingsarzt habe sie herumgeführt und gesagt, sie solle sich anschauen, „was die mit uns gemacht haben".

Die Arbeit auf dem Lagergelände eröffnete den Fürstenbergerinnen den Blick auf ein ganz anderes KZ als das, was sie bisher wahrgenommen oder sich vorgestellt hatten. Herr Weber, der sich an die erschütternden damaligen Berichte seiner Mutter erinnert, sagt: „Und wir dachten als Kinder immer, na denen geht's ja eigentlich recht gut. Die wahren Verhältnisse kannte man ja gar nicht. Erst nach 45, nach der Befreiung also, hatte man das Ausmaß dieser Schandtaten erst kennengelernt." Frau Möbius, die in der Näherei Grahl zusammen mit Häftlingsfrauen gearbeitet hatte, meint, dass diejenigen, die rausgekommen seien, noch gut ausgesehen hätten. „Und immer mit einem Lied auf den Lippen. Da konnte sich ja gar keiner vorstellen, was dort hinter den Mauern passierte. Da können Sie sich ja den Schock vorstellen, wie wir da reinkamen."

Es scheint, als existierten in der Erinnerung der Fürstenbergerinnen und Fürstenberger zwei Konzentrationslager. Das eine, in dessen Nachbarschaft sie sechs Jahre lang gelebt hatten und in dem es den Häftlingen nicht so schlecht gegangen sein könne, und das andere, das schreckliche, das schmutzige Lager mit den Leichenbergen und den sterbenden Gestalten, das sie Anfang Mai 1945 zu sehen bekamen. Wann hatte sich das eine Lager in das andere verwandelt? Existierten beide in ihrem Bewusstsein nebeneinander? Die Bilder und Deutungen von vorher und nachher blieben aber meist losgelöst voneinander, ohne dass die Erzählerinnen auch nur den Versuch unternahmen, sie miteinander in Beziehung zu setzen. „Davon haben wir nichts gewusst", dieser später so häufig gebrauchte Satz bezieht sich eben gerade auf dieses „andere" Lager und markiert den Beginn einer lang andauernden Rechtfertigungshaltung.

Das sowjetische Ehrenmal in der Bahnhofstraße.

„Ich möcht' es jetzt nicht mehr hören"

Ella Kunze (Witwe eines ehemaligen Wachmanns)

„Natürlich waren wir alle im JM[21] drin", sagt Ella Kunze ein wenig schroffer, als sie es vielleicht beabsichtigt hat, „JM zuerst und dann nachher BDM, natürlich, aber ich muss Ihnen ganz ehrlich sagen, wir haben Lieder gelernt, die wir heute noch können. Fragen Sie mal heute eines von unseren Kindern, da kann keiner unsere deutschen Volkslieder. Wir haben schöne Stunden da erlebt, ob man uns heute das nachwirft, das interessiert mich nicht. Wir sind zusammen gewesen, wir haben abends unsere Lieder ... wir haben unsere Wanderungen gemacht durch Fürstenberg und die Umgebung. Unsere Eltern wussten immer, wo wir waren."

Nachdem Frau Kunze derart trotzig ihre Kindheit und Jugend vor meinen vermuteten Angriffen in Schutz genommen hat, kann sie erst einmal durchatmen und sich zurücklehnen. Sie ist 77 Jahre alt, sieht aber viel jünger aus mit ihrer sportlichen Figur und den kurzen blond gefärbten Haaren. Als junges Mädchen habe sie weißblonde, richtig lange Zöpfe gehabt, sagt sie. Ihre Stimme ist tief und kräftig. Manchmal klingt sie aber auch heiser und brüchig, vor allem, wenn es um Ereignisse geht, von denen sie nicht gern spricht.

Ella Kunze stammt aus Fürstenberg, aber seit dem Ende des Jahres 1945 lebt sie in Berlin, in Westberlin. Hochschwanger sei sie damals in der zerbombten Stadt angekommen bei ihrem Verlobten, der vor den Russen geflohen war. Ehe sie heiraten konnten, mussten erst alle verloren gegangenen Dokumente neu ausgestellt werden. Inzwischen war ihre Tochter schon geboren. Ganz primitiv angefangen hätten sie damals, in einer halb zerbombten Wohnung mit einem Kanonenöfchen als Heizung. Obwohl Frau Kunze inzwischen den weitaus größten Teil ihres Lebens in Berlin verbracht hat, fühlt sie sich noch immer als Fürstenbergerin. Wenn sie zu ihren Eltern gefahren sei, habe sie immer gesagt, sie fahre nach Hause. Ihr Mann sei darüber traurig

21 JM = Jungmädelbund, Unterorganisation der Hitlerjugend für Mädchen zwischen zehn und vierzehn Jahren.

und wütend gewesen. „Du begreifst es nach vierzig Jahren noch nicht", soll er geschimpft haben, „dass Berlin hier dein Zuhause ist".

Meine Gesprächspartnerin wohnt in einer kleinen Wohnung in einem Häuserblock der Wohnungsbaugenossenschaft, nicht weit von der Stadtautobahn. Die Mieten sind nicht hoch. Gerade bezahlbar für sie mit ihrer bescheidenen Rente. In dieser Wohnung hat sie mit ihrem Mann gelebt und ihre beiden Kinder großgezogen. Eigentlich könne sie zufrieden sein. Mehr brauche sie doch nicht für sich. Nur dass in den letzten Jahren immer mehr türkische Familien in ihr Haus und in die Nebenhäuser eingezogen sind, findet sie nicht in Ordnung. Die würden den Hausflur nicht sauber halten, die Fahrräder nicht ordentlich wegstellen. Aber sie wolle sich mit denen nicht anlegen. Als alleinstehende Frau sei sie doch auf eine gute Nachbarschaft angewiesen. Deswegen, meint Frau Kunze, habe sie sich auch nicht darüber beschwert, dass die Türken alle diese großen Satellitenschüsseln auf ihren Balkonen haben dürften, während den Deutschen so etwas nicht erlaubt sei. Als ich erstaunt den Kopf schüttle, meint sie: „Angeblich weil sie ihren Sender ... und ich steh auf dem Standpunkt, wenn einer 20 Jahre hier in Deutschland ist, dann braucht er den türkischen Sender nicht mehr zu kriegen, der hat gar keine Verbindung mehr zu seinem ... ja. Gucken Sie sich das mal an, was hier für Schüsseln alle hängen. Alles nur die Türken."

Frau Kunze bricht ab und versucht wieder ruhiger zu atmen. Sie habe sich bemüht, meint sie, ihre Kinder ganz ohne Vorurteile zu erziehen. Sie und ihr Mann hätten damals gesagt, es sei ganz egal, ob sie in der Schule neben einem Grünen, Roten oder Schwarzen sitzen würden, „weil man uns ja damals, verstehen Sie, immer eingeimpft hat, reinrassig und weiß ick wat". Aber heute sei sie manchmal doch ein bisschen wütend, „weil man ja als Deutsche bald gar keine Rechte mehr hat", und dann würden ihre Kinder ihr vorhalten: „Mutti, wir sind doch von dir so erzogen worden, das ist ganz egal, wie der Mensch aussieht, was da drinnen ist, das zählt."

Erinnerungsbilder vom Krieg

Die Kinder sind natürlich seit Langem aus dem Haus, auch der älteste Enkel, den sie und ihr Mann großgezogen haben, hat schon eine eigene Familie. Als vor fünfzehn Jahren der Mann starb, holte Ella Kunze bald danach ihre hochbetagte Mutter aus Fürstenberg nach Berlin in ein Pflegeheim und kümmerte sich um sie. Seit dem Tod der Mutter ist es ein bisschen still geworden in ihrer Wohnung, in ihrem Leben. Vielleicht hat sie zum ersten Mal Zeit und Raum für Gedanken an die Vergangenheit, an die Kindheit und die Jugendzeit in Fürstenberg, an den Krieg und das Ende des Krieges. Vielleicht werden diese Erinnerungen auch ausgelöst von den beunruhigenden Bildern, die neuerdings jeden Abend in den Nachrichten zu sehen sind.[22] Bilder von vorrückenden Panzern, von zerstörten Häusern, von schreienden Kindern und flüchtenden Menschen. Da kommt ihr vieles wieder ins Bewusstsein, was lange verdrängt war. Ella Kunze hat große Angst, dass am Ende noch Bodentruppen eingesetzt werden und dass womöglich Bundeswehrsoldaten zum Einsatz kommen. Man wisse doch heute, wie es kommt, sagt sie: „Wenn sie hingehen, sind sie Helden, und wenn sie zurückkommen, sind es Kriegsverbrecher. Haben sie ja mit uns gemacht, nachher." Dass dieser Satz für sie eine besondere Bedeutung hat, weiß ich zu diesem Zeitpunkt noch nicht.

Frau Kunze erzählt von den jungen, schwer verwundeten Soldaten, die damals im April 1945 in einem Güterwaggon auf dem Fürstenberger Bahnhof ankamen und denen sie als Rot-Kreuz-Schwester nicht helfen konnte. Als der Bahnhofsvorsteher die Wagentür einfach wieder zuschob und den Zug mit den schreienden und stöhnenden Männern weiter nach Neustrelitz leitete, hätten sie und ihre Freundin Karin dagestanden und geweint wie die Kinder, die Knie hätten ihnen gezittert, dann seien sie Hand in Hand die Bahnhofstraße hinuntergelaufen. Auf der Höhe des Ratscafés hätten sie dann eine schreckliche Explosion gehört. Das waren aber noch nicht die Russen, sondern die MUNA in Fürstensee,[23] die in die Luft geflogen war.

1945 war Ella Kunze, die damals noch Ella Fuchs hieß, 21 Jahre alt. Der Bahnhofsdienst als Rote-Kreuz-Schwester, das sei ihre erste wirkliche Berührung mit dem Krieg gewesen, von dem man in Fürstenberg bis dahin nicht viel gemerkt habe. Obwohl, sie zögert, „obwohl wir zwar da das mit

22 Zur Zeit unseres Interviews intervenierte die NATO im Kosovo.
23 MUNA = Munitionsfabrik in Fürstensee.

dem KZ ... das ist ja noch 39, glaube ich, gebaut worden ..." Zum ersten Mal bewusst habe sie „KZ-Frauen" an der Lychener Chaussee gesehen, als sie das zweite Bahngleis bauten. Man habe nicht stehen bleiben dürfen, deswegen hätte man auch nicht genau hinschauen können. „Aber kennengelernt und das Elend im dem Sinne haben wir ja dann nachher 45, als wir dann da arbeiten mussten. Ja, aber zunächst sahen die Frauen ja alle ziemlich ... also für meine Begriffe ... sie mussten manchmal singen, sie haben gearbeitet da ... und ich muss Ihnen ganz ehrlich sagen, so richtig ... man konnte ja auch mit niemandem richtig darüber sprechen und dann hat man das vielleicht auch als junger Mensch weggeschoben, weil ... man wusste nicht, warum ..." Nachher sei durchgesickert, dass das zum Teil Politische, aber auch Bibelforscher seien. „Bibelwürmer", fügt Frau Kunze hinzu und lacht ein wenig unmotiviert.

Ella war ein folgsames Mädchen, das sich für Politik nicht interessierte und das nicht zu viele Fragen stellte. Sie stammt aus einer Schifferfamilie, deren Männer seit Generationen mit Schleppkähnen die Havel hinauf- und hinuntergefahren sind. Nach dem Tod des Großvaters gab es zwischen Ellas Vater und seinen Brüdern einen Konflikt um das Erbe. Was genau vorgefallen ist, weiß sie nicht. Die Eltern haben nie darüber gesprochen. Im Ergebnis jedenfalls war die Familie zerstritten, der Vater verließ das Schiff und fing als Pförtner bei der *Faserstoff* AG an. Da hatte er sein bescheidenes Einkommen. Irgendwie habe er sich wohl damit abgefunden. Nachher sei das dann „mehr Werkschutz" gewesen, sagt Ella Kunze und stockt. Sie wisse nicht, ob sie mir das sagen solle: „Sie hatten dann auch Pistolen." Davon habe sie aber wirklich erst 1945 erfahren.

In Ella Kunzes Erzählung vom Kriegsende wird diese Pistole noch eine wichtige Rolle spielen. Es geht aber dabei nicht, wie ich erst annehme, um die Bewachung von Häftlingen, obwohl Erwin Fuchs zweifellos etwas damit zu tun hatte, denn Erna Schröder hatte mir gesagt, Ellas Vater sei für seine humane Haltung gegenüber den Häftlingen bekannt gewesen. Meine Gesprächspartnerin erzählt erst einmal vom Jahr 1939, als sie nach dem Abschluss der 8. Klasse die Schule verließ. Sie wurde Hausmädchen bei dem praktischen Arzt Dr. Göde. Das sei ein 24-Stunden-Job gewesen, sagt sie:

Putzen, Waschen, Kochen, Einkaufen, Einwecken – außerdem noch in der Praxis Bestrahlungen machen. Nach Kriegsbeginn, als die Irmgard, die zweite Haushalthilfe, nicht mehr beschäftigt werden durfte, habe sie im Arzthaus an der Karlstraße auch übernachten müssen. Manchmal, sagt Frau Kunze, habe sie abends vor Müdigkeit nur noch geweint. Ihre Eltern hätten gemeint, sie müsse durchhalten, sie werde das schaffen. Und geschadet habe es ihr bestimmt nicht. Sie habe gelernt, einen Haushalt zu führen.

Nach vier Jahren aber wollte sie weg. Für diese ganze Schufterei habe sie nämlich monatlich nur 25 Mark bekommen, von denen ihre Mutter 20 Mark auf ein Sparbuch einzahlte. Eine Schulfreundin vermittelte ihr eine Stelle im Kindergarten. Dort verdiente sie 125 Mark, eine beinahe unvorstellbare Summe. Außerdem bekam sie die Chance einer Ausbildung, das sei damals alles über die NSV gegangen.[24] Im Herbst 1945 habe sie einen Erntekindergarten in Godendorf übernehmen sollen. Dazu kam es dann aber nicht mehr. Den Bahnhofsdienst als Rote-Kreuz-Schwester machte Ella nur an Sonntagen oder an anderen freien Tagen. Bei dieser Gelegenheit lernte sie auch ihren späteren Ehemann kennen.

Im Bunker der „Faserstoff"

Am Tag, nachdem die MUNA in die Luft geflogen war, kam der Vater von Ella Kunze morgens von seinem Dienst zurück und sagte seiner Frau, sie solle die Koffer zusammenpacken. Fürstenberg würde verteidigt werden. Vor den Kampfhandlungen wollte er sich mit Frau und Tochter in einen Bunker auf dem Betriebsgelände flüchten. Die Mutter packte die besten Kleidungsstücke, Wertsachen und wichtige Papiere in die Koffer, und dann zogen sie mit dem Handwagen zur *Faserstoff*. Zu dieser Zeit seien die Panzersperren schon gar nicht mehr besetzt gewesen. Wenn sie doch nur alles in der Wohnung gelassen hätten, sagt Frau Kunze heute, denn die fanden sie nach ihrer Rückkehr beinahe unversehrt vor, während die Koffer „von den Kosaken" mitgenommen worden seien. Doch wie hätte man das vorher wissen können?

24 NSV = Nationalsozialistische Volkswohlfahrt.

Im Bunker der *Faserstoff*-Fabrik war Ella zusammen mit zwei Mädchen, die sie aus der Schule kannte. Die wohnten auf dem Betriebsgelände, ihre Väter arbeiteten ebenfalls beim Werkschutz. Die Männer hielten sich zunächst im Pförtnerhaus auf, als per Telefon die Nachricht kam, die Russen seien schon durch Drögen durch. Vom Wasser aus hätten sie sehen können, dass in Bredereiche ein paar Häuser brannten. Ella ging dann zu ihrem Vater und sah zu ihrem Entsetzen, dass er eine Pistole am Gürtel trug.

„Dann hab' ich meinen Vater zur Seite genommen und hab' gesagt: ‚Was soll denn das?' Und da sagt er zu mir: ‚Mädel, das haben wir schon ziemlich lange. Und ich habe nie darüber gesprochen und ich möchte auch nicht, dass du jetzt damit konfrontiert wirst.' Dann kam der Chef, und da hab' ich zu ihm nur gesagt: Sagen Sie mal, wollen Sie, dass der Russe uns mit euren eigenen Pistolen erschießt?"

Ella Kunze ist noch heute stolz, dass sie, „das Mädel", das mit den Problemen nicht konfrontiert werden sollte, die Situation realistischer einschätzte als die erwachsenen Männer. Es gelang ihr, den Vater und seine Kollegen zu überreden, ihre Pistolen in die Havel zu werfen. Am 1. Mai seien dann die ersten Russen in ihren Bunker gekommen, „Kosaken auf Pferden, sternhagelbesoffen". Mit erhobenen Händen hätten sie alle heraustreten müssen. Die Männer wurden weggeführt – „auf einen Marsch nach Sibirien" –, und die Frauen mussten wieder runter in den Keller.

„Und dann ging's los: Frau komm, fünf Minuten. Die Vergewaltigungen. Dann haste da gehört, dass die Frauen geschrien haben, na ja, dann musst ich auch mit. Vom Vater, von den Männern wussten wir alle nicht, wo die waren. Aus lauter Angst haste ja alles über dich ergehen lassen. Was blieb dir anderes übrig?" Ella Kunze sagt, das sei mehrere Nächte so gegangen „dieses Reinkommen, dieses Nachts-an-die-Tür-Schlagen". Die Frau des Direktors der *Faserstoff*, die mit ihnen im Bunker war, habe sich deshalb umgebracht. Als ihr Mann einige Monate später von diesem „Hungermarsch" zurückkam, musste er erfahren, dass seine Frau ins Wasser gegangen sei.

Auch der Vater von Frau Kunze kehrte zurück. Eines Tages habe er völlig abgemagert vor der Tür gestanden. Er sei nur bis Graudenz gekommen, habe er erzählt. Weil er Geschwüre bekommen hatte, sei er zurückgeschickt worden. „Da waren die Russen ja irgendwie allergisch gegen."

Es hat den Anschein, als ob die 21-jährige Ella in diesen dramatischen Wochen die Entscheidungsgewalt in ihrer Familie übernahm. Als ihre Mutter an Typhus erkrankte, sorgte sie dafür, dass sie nicht ins Krankenhaus kam, und pflegte sie zu Hause. Sie widersetzte sich dem Befehl, die Radiogeräte und Nähmaschinen abzuliefern, und versteckte die Nähmaschine im Keller. Dann brachte der Briefträger diesen „Stellungsbefehl", wie sie es nennt, in dem stand, alle Männer eines bestimmten Alters hätten sich mit einer Decke und wenig Gepäck zu einer angegebenen Zeit auf dem Marktplatz einzufinden. Ihr Vater habe geweint, als er das las.

„Und da hab' ich zu ihm gesagt: Da gehst du nicht hin! Du bleibst hier. Die Schule war damals umfunktioniert als Krankenhaus. Da war meine Tante, die Schwägerin von meinem Vater, weil mein Onkel ja stellvertretender Bürgermeister war, musste die in dieser Typhusbaracke arbeiten. Und dann hab' ich meinen Vater in diese Typhusbaracke gebracht als Typhuskranken. Und dadurch habe ich meinen Vater das zweite Mal gerettet." Sie habe ihm dorthin das Essen gebracht, nach drei oder vier Tagen hätte sich die Situation beruhigt, er konnte wieder nach Hause. Von den Männern aber, die alle den Befehl befolgt hätten, seien viele nicht zurückgekehrt.

„Soll ich uns 'ne Tasse machen?", fragt Frau Kunze und verschwindet kurz in der kleinen Küche. Es sei das erste Mal überhaupt, sagt sie, als sie mit dem Kaffee wieder hereinkommt, dass sie mit jemandem Fremden über diese Ereignisse spreche. Wenn sie heute mit ihrer Freundin Erna zusammenkomme, dann würden sie zwar auch davon reden, aber nicht so ausführlich, sie würden es doch eher „wegdrängen". Die Monate, die dem Mai 1945 folgten, waren in ihrem Leben zweifellos die dramatischste und schwerste Zeit. Die Welt, die sie für heil gehalten und in der sie sich sicher gefühlt hatte, brach zusammen. Damals wurde sie erwachsen.

Vor plündernden und vergewaltigenden Soldaten hatte die Familie Fuchs bald Ruhe. Gegenüber beim Töpfer Kaselowski waren Angehörige der Roten Armee einquartiert, und später wohnte auch im Haus ihrer Eltern für einige Monate ein Offizier. Der beschützte sie allein durch seine Anwesenheit. Aber jeden Tag musste Ella ganz früh zur Kommandantur, um sich zur Arbeit einteilen zu lassen. Das sei Pflicht gewesen, sagt sie, sonst hätten sie kein Brot bekommen. Zuerst sei sie zum Bahnhof geschickt worden und habe zusammen mit anderen jungen Mädchen schwere Metallplatten schleppen müssen. Das sei über ihre Kräfte gegangen. Überdies seien sie von den Fürstenberger Kommunisten, die nun alle „ganz oben saßen", als „Nazi-Schweine" und „BDM-Schweine" beschimpft worden. An einem Montag wurde sie zusammen mit anderen jungen Frauen nach Barßdorf geführt, um dort bis Samstag für die Russen zu kochen und sauber zu machen. Gewohnt hätten sie in den ehemaligen Baracken von Ostarbeiterinnen, wo auf den Pritschen nicht einmal Stroh gewesen sei. Ihre ehemalige Schulfreundin Gretchen Klähn (die übrigens Aufseherin im Lager Uckermark war), machte ihr den Vorschlag, als sie sich während einer Versammlung auf dem Marktplatz trafen, in der Gärtnerei ihres Vaters zu arbeiten. Das war natürlich angenehmer und hätte auch zum Empfang von Lebensmitteln berechtigt.

An manchen Morgen allerdings seien sie gar nicht bis zur Gärtnerei gekommen, weil sie vorher von Soldaten „abgefangen" wurden, die sie zum KZ brachten. Ella bekam dort einen Reisigbesen in die Hand gedrückt und fegte die Lagerstraßen. Sie seien auch über Land gefahren worden, um Kartoffeln und Kohlrüben aus den Mieten zu holen und sie im Keller des KZ einzulagern. „Also ich muss Ihnen ganz ehrlich sagen, ich habe kaum Tote gesehen, und wenn, waren das ... ja, die sahen sehr, sehr verhungert aus. Jetzt sollen sie ja kurz vorher vom Schwedischen Roten Kreuz noch Pakete bekommen haben. Nu haben die dann vielleicht auch die Butter mit dem Löffel gegessen oder was. Die hatten zum Teil wohl Durchfall oder ... kann man sich wohl alles (vorstellen)."

Irgendwie erschreckt mich der Ton, mit dem meine Gesprächspartnerin von den Häftlingsfrauen spricht. Die gleiche Abwehr habe ich schon vorher einmal gespürt, als sie die Bibelforscherinnen mit seltsamem Lachen „Bibelwürmer" nannte. Als wir längst bei einem anderen Thema angekommen sind und ich sie nach ihrer Schwangerschaft frage, bricht Ella Kunze plötzlich in Tränen aus und sagt, da gebe es „noch ein Problem". Das Kind, frage ich, ist es ...? „Nein“, sagt sie, „nicht vom Russen“. Es gehe um ihren Mann. Der sei auch „dort“ gewesen.

„Mein Mann ist verwundet in Russland, dann war er ... hatte Lendenwirbelbruch, Schädelbasisbruch, und als er geheilt war, war er nicht mehr fronttauglich, wie man damals so schön sagte. Und da ist er vor die Wahl gestellt worden, weil er bei der SS war – Sachsenhausen oder Ravensbrück. Er hat gewusst, dass in Sachsenhausen Männer waren, da hat er sich nach Ravensbrück damals ... blieb ihm ja gar nicht – indirekt – nichts anderes übrig. Und ich muss Ihnen heute sagen, mein Mann ist bis zu seinem Tode damit nicht fertig geworden.“

Ella Kunzes Ehemann war Wachmann in Ravensbrück. Ich erfahre, dass er aus einer Familie von Russlanddeutschen stammt. Sein Großvater mütterlicherseits besaß in Sankt Petersburg eine Fabrik. Als die Bolschewisten kamen, sei er mit Frau und Kindern „mit dem letzten Zug“ nach Deutschland geflohen. Dort wurde Volkmar Kunze 1924 geboren. Mit 18 Jahren meldete er sich freiwillig zur Waffen-SS und wurde an der Ostfront, vor Leningrad/Petersburg, der Geburtsstadt seiner Mutter, schwer verwundet. Viele Monate habe er im Lazarett in Riga gelegen, sagt Frau Kunze, ehe er dann nach Ravensbrück gekommen sei. Warum er sich für das Frauen-KZ entschieden habe, weiß sie nicht. Vielleicht, sagt sie, hat er gemeint, dort würde es „humaner“ zugehen. Er wohnte in einer Kaserne auf dem KZ-Gelände. Wenn er dienstfrei hatte, ging er oft nach Fürstenberg. Dort trafen sie sich am Bahnhof zum ersten Mal. Er in SS-Uniform und sie in der Tracht der Rote-Kreuz-Schwestern. „Sie wissen ja, wie das ist“, sagt sie zu mir in einem Ton, der keinen Widerspruch duldet. Sie habe auch Fürstenberger Jungens gehabt, aber die seien ja inzwischen alle weg gewesen.

Dass er seinen Dienst nicht gerne tat und „lieber heute als morgen“ dort raus wollte, das habe er ihr schon damals gesagt. Sie weint wieder. „Er hat so oft gesagt: ‚Ich habe niemanden auf dem Gewissen, hab’ auch keinen totgeschossen. Ich habe oft, wenn die Frauen reingekommen sind, ich hab’ nie gefilzt, weil ich das gar nicht konnte.‘ Aber er hat nie mehr nach 45 ’ne richtige Arbeit gekriegt, immer wieder zuerst war der Fragebogen.“

Das Mädchen Ella wurde im Jahr 1945, nachdem es schon bei ihren völlig verunsicherten Eltern die Rolle der Familienchefin übernommen hatte, auch für ihren Verlobten Beschützerin, moralische Stütze und sogar Ernährerin. Weil er Angst vor einer Verhaftung hatte, wagte sich Volkmar Kunze nicht in das Haus seiner Eltern nach Spandau. Deshalb mussten sie mit dem Baby in der halb zerstörten Wohnung in der Rubensstraße hausen, mit einem Bullerofen, dessen Rohr aus dem Fenster ragte.

Später hatte er Angst vor den Entnazifizierungs-Fragebögen und bewarb sich deshalb um keine Stelle. Ella Kunze trug Zeitungen aus und arbeitete, was sich ihr anbot, um den Unterhalt der Familie zu sichern. Als er irgendwann vor eine Kommission geladen wurde,[25] begleitete sie ihn selbstverständlich. „Mein Mann, der hat schon Tage vorher nicht geschlafen, als er wusste, er muss da hin. Ich hab' gesagt, ich komm' mit. Und dann haben wir da gesessen. Er ist gefragt worden. Und dann hat mein Mann das ja auch beantwortet, und da hab' ich zu dem gesagt: ‚Eins verspreche ich Ihnen, so wahr, wie ich vor Ihnen sitze, sollte nochmal ein Krieg kommen, und irgend eins von meinen Kindern oder Enkelkindern ... da zieht mir keiner in den Krieg, da nehm' ich sie lieber und hack' ihnen die Hände ab.' Und da hat der mich angeguckt, mein Mann war selbst nachher entsetzt."

Ella Kunze hatte bei dieser Gelegenheit die Lehre für ihre Familie gezogen. Sie sagt, dementsprechend habe sie ihre Kinder erzogen: „Bei mir und freiwillig oder so was schon gar nicht." Zum Glück hätten sie in Westberlin gewohnt, wo der Sohn nicht zum Militär musste.

Die Sitzung der Kommission verlief scheinbar glimpflich für Volkmar Kunze. Weil er jünger war als Jahrgang 24, sei er, so seine Frau, unter irgendein Gesetz gefallen. Für die Jahre jedoch, die er bei der SS verbrachte, habe er später keine Rente bekommen. Frau Kunze findet das ungerecht, vor allem, wenn man bedenkt, sagt sie, wer alles nachher in der Regierung gesessen habe.

Ich frage sie, ob ihr Mann niemals verhaftet oder interniert worden sei. Nur kurz vor Berlin, meint sie, haben „sie" ihn einmal „geschnappt",

25 Vermutlich war es eine Entnazifizierungskommission.

nachdem er bei diesem Evakuierungsmarsch die Häftlinge laufen lassen und alles „weggeschmissen“ habe, was er hatte. Doch dann sei er da irgendwie wieder rausgekommen. Eigentlich, denke ich, hat er doch ziemliches Glück gehabt, er hätte ja für Jahre ins Internierungslager oder sogar nach Workuta geraten können.

Aber meine Gesprächspartnerin sieht das anders. Nachdem das mit der Kommission vorbei war, sagt sie, wollte ihr Mann einen „Schlussstrich ziehen“ und ein anderes Leben anfangen. Das habe man ihm aber schwer genug gemacht, weil ihm seine SS-Vergangenheit immer wieder vorgehalten worden sei. Er habe keinen Beruf erlernen können und immer nur Gelegenheitsarbeiten gemacht. Ich könne ihr glauben, dass er bis zu seinem letzten Atemzug damit nicht fertig geworden sei.

Sie weint wieder, und ich empfinde Mitleid. Doch eigentlich, das fällt mir erst später ein, eigentlich sagt sie gar nicht, womit ihr Mann „nicht fertig“ geworden ist – mit dem Gedanken an die Verbrechen, die im KZ verübt wurden und in die er letztlich verstrickt war, oder mit der Tatsache, dass er dieses Stigma sein Leben lang nicht loswurde. Aber vielleicht lassen sich diese beiden Dinge gar nicht richtig auseinanderhalten.

Zum Schluss frage ich meine Gesprächspartnerin, ob sie bei einem ihrer Besuche in Fürstenberg auch mal die Gedenkstätte besucht habe. Sie nickt und seufzt. Gleich zu Anfang, als „das da oben“ eingerichtet wurde, sei sie mit ihrem Mann und ihrem Vater einmal drin gewesen. Sie selbst sei ziemlich schnell wieder rausgegangen, weil „das hat mich alles so ein bisschen erdrückt“. Ihr Mann und ihr Vater blieben länger, und nachher habe ihr Mann immer wieder gesagt, es sei alles „Scheiße“ gewesen, was dort gemacht wurde, aber er selbst sei doch nur „da hinein gesteckt“ worden. Er habe sich auch alle diese Filme über die Vergangenheit im Fernsehen angeschaut. Ab und zu habe sie sich dazu gesetzt – aber heute, sie seufzt wieder, schalte sie so etwas aus. „Ich meine, so was soll nie, nie wieder passieren hier. Und ich würd’ auch heute, wenn hier irgendwas wäre, und die sich hier meinetwegen für die Ausländer oder ... da würd’ ich immer für diese Leute mit einstehen, weil ich ja immer sage, das sind Menschen wie du und ich, aber ich möchte es jetzt auch nicht mehr, nicht mehr hören.“

Das alte Postamt von Fürstenberg. Sein Keller diente 1945 zeitweilig als NKWD-Gefängnis.

„Dieses Haus hat niemanden gerettet – das waren meine Eltern“

Anneliese Ahlgrimm (Tochter des Bauunternehmers)

In den Nachkriegsjahren erzählten sich die Fürstenberger, sie sei 1945 mit einer weißen Fahne in der Hand auf einem Pferd den Russen entgegengeritten. „So ein Unsinn“, sagt Anneliese Ahlgrimm. Die weiße Fahne war ein Bettlaken, das sie an einer Stange befestigt hatte, und das Pferd gehörte dem ersten sowjetischen Soldaten, dem sie begegnete. Der sei abgestiegen und habe ihr bedeutet, einen Eimer Wasser für das Tier zu holen, was sie natürlich tat, denn sie war tierlieb und kannte sich mit Pferden aus.

Frau Ahlgrimm kümmert sich nicht um solche Geschichten, die mit der Zeit mehr und mehr den Charakter von Legenden annehmen. Schon seit vielen Jahren wohnt sie nicht mehr in Fürstenberg. Als sie im Januar 1954 aus dem Lager Koschwa nach Hause zurückkam, riet der todkranke Vater ihr, in den Westen zu gehen. Zwei Tage später fuhr sie nach Berlin und setzte sich in die S-Bahn Richtung Zoologischer Garten. Frau Ahlgrimm lebt heute in einem Vorort von Frankfurt/Main in einem Haus mit Garten zusammen mit ihren geliebten Katzen. Seitdem sie in den sechziger Jahren wieder in die DDR einreisen durfte, besuchte sie regelmäßig ihre Verwandten in Fürstenberg. Bei jedem ihrer Besuche, sagt Anneliese Ahlgrimm, sei sie mit dem Fahrrad hinunter an den Schwedtsee „zum Mahnmal“ gefahren. „Hab' da oft allein gesessen, hab' 'ne Zigarette geraucht und hab' gedacht: Mein Gott, was ist da passiert?“ Ihre Schwester habe manchmal gemeint, sie müsse verrückt sein, und warum sie nicht endlich Ruhe geben könne. Aber die Schwester sei erst nach dem Krieg geboren, sie habe, so wie viele Fürstenberger, keine Beziehung zu diesem Ort.

Anneliese Ahlgrimm ist die älteste Tochter des Bauunternehmers Hermann Ahlgrimm, dessen Firma beim Aufbau des KZ beteiligt war und der zum Schluss einigen Häftlingen das Leben rettete. Diese doppelte Rolle des Vaters prägt ihr Verhältnis zur Vergangenheit bis heute. Geboren wurde sie 1928 nicht in Ravensbrück/Fürstenberg, sondern in Berlin als erstes Kind von Frieda und Hermann Ahlgrimm. Ihr Vater arbeitete dort als Zimmermann. Als er aber während der großen Krise seine Arbeit verlor, zog er mit seiner kleinen Familie 1932 in das damals noch selbstständige Dorf Ravensbrück, wo seine Eltern ein Fuhrunternehmen betrieben. Während der Krise baute Ahlgrimm in der Dorfstraße völlig ohne eigene Mittel auf Kredit ein Haus und gründete eine Baufirma. Tochter Anneliese ist bis heute voller Bewunderung für seine Tatkraft und Initiative. In ihrer Erinnerung an die Kindheit sieht sie den Vater als starke Persönlichkeit.

Es ist ihr wichtig zu betonen, dass ihre Eltern keine Nazis waren. Sie sei zwar, wie alle Mädchen ihrer Klasse, Mitglied im Jungmädelbund gewesen, habe jedoch nie die entsprechende Uniform besessen. So etwas käme ihm nicht ins Haus, habe der Vater verfügt, der es auch meist verhindert habe, dass sie zu den nachmittäglichen Treffen der Organisation ging. Sie habe zu Hause genug zu tun, sei sein häufiges Argument gewesen. Das stimmte sogar. Anneliese musste sich um ihre jüngeren Brüder kümmern, die 1936, 1939 und 1942 geboren wurden. Ihr Vater, so sagt sie, sei ziemlich autoritär, aber ein „ganz besonderer Mensch" gewesen.

Anneliese Ahlgrimms Verehrung für den Vater scheint auch in ihrem Bericht über die Familie Zwirner auf, die eine Zeit lang in ihrem Haus wohnten. Der Mann sei Jude gewesen, Philologe von Beruf, verheiratet mit einer Nichtjüdin. Sie hatten einen kleinen Sohn, der Lutz hieß. Woher die Zwirners kamen, weiß sie nicht. Der Vater jedenfalls habe die Familie 1936 oder 1937 in sein Haus aufgenommen. Sie bewohnten zwei Zimmer in der oberen Etage. Anneliese Ahlgrimm war damals erst acht oder neun Jahre alt und wurde von den Erwachsenen bestimmt nicht in alles eingeweiht. Vielleicht irrt sie sich ja im Datum, und die Zwirners kamen erst einige Jahre später in das Haus ihrer Eltern. 1936/37 waren Juden, zumal wenn sie in sogenannter Mischehe lebten, noch nicht unmittelbar gefährdet. Hinterher sei ihr gesagt worden, dass Herr Zwirner in Deutschland nicht mehr arbeiten durfte und dass er sehr verzweifelt gewesen sei.

Sie erinnert sich an ein bestimmtes Wochenende im Sommer, an dem die Familie Ahlgrimm mit dem Auto zu einem Ausflug zur Insel Rügen aufbrach. Gleich nach ihrer Ankunft dort, habe der Vater gesagt, sie müssten sofort zurückfahren, er habe das Gefühl, es sei etwas Schreckliches passiert. Als sie in der Nacht in ihr Haus zurückkamen, habe ein Zettel auf der Treppe gelegen, aus dem hervorging, dass die drei Zwirners „aus dem Leben geschieden“ seien. Das sei eine große Aufregung gewesen, ihre Großmutter habe sie rasch aus dem Haus gezerrt, um ihr den Anblick der Toten zu ersparen. Der Mann, sagt Anneliese Ahlgrimm, habe seinen Sohn, seine Frau und sich selbst erschossen.

Der Aufbau des Lagers

Als zu Beginn des Jahres 1939 am Ufer des Schwedtsees das Frauen-KZ erbaut wurde, war die Firma von Hermann Ahlgrimm von Anfang an dabei. Er habe sich an der Ausschreibung für die Aufseherinnenhäuser beteiligt und den Zuschlag bekommen, sagt die Tochter. Sie sagt auch, zunächst habe er nicht gewusst, worum es ging. Die Aufseherinnenhäuser – „diese großen Dinger da mit diesen Balkons“ – seien anfangs als „Schwesternhäuser“ bezeichnet worden. „Bis wir dann gemerkt haben, was dort wirklich gebaut worden ist. Aber es konnte ja bei der SS niemand sagen: So, wir wissen, was da los ist, jetzt bauen wir nicht mehr für euch. Es war unmöglich. Aussteigen konnten wir dann nicht mehr.“ Der Vater habe allerdings solche Absichten geäußert, sagt Frau Ahlgrimm, als er mitbekam, dass Häftlinge aus dem KZ Sachsenhausen die Baracken aufbauten. Aber die Mutter habe ihm zugeredet, weiterzumachen. Sie hatte Angst, dass er sonst die Familie in Gefahr bringen würde. Von den Bauarbeiten an den Aufseherinnenhäusern sind Fotos überliefert. Sie stammen aus einem Album, das die Mitarbeiter der Firma Ahlgrimm ihrem Chef 1939 zu seinem 40. Geburtstag schenkten und das sich bis heute im Besitz der jüngsten Schwester von Anneliese Ahlgrimm befindet. Zwei der Fotos sind heute am Eingang eines der Aufseherinnenhäuser zu sehen. Sie weisen auf die Entstehung des Hauses hin und auf eine Ausstellung in dem Gebäude, die sich mit den Aufseherinnen von Ravensbrück beschäftigt.

Anneliese Ahlgrimm meint, der Vater sei oft deprimiert von den Bauarbeiten im KZ nach Hause gekommen. Vielleicht freute er sich trotzdem über das Geburtstagsalbum, das immerhin bezeugt, inwieweit der Aufbau der Aufseherinnenhäuser als eine normale Arbeit angesehen wurde, auf deren Ergebnis die Mitarbeiter vielleicht sogar stolz waren. Vom Lagergefängnis, an dessen Aufbau die Firma Ahlgrimm 1939 vermutlich noch vor den Aufseherinnenhäusern bzw. etwa zur gleichen Zeit beschäftigt war, existieren in dem Album keine Fotos. Über den Zweck dieses Bauwerks dürften wohl von Anfang an keine Zweifel bestanden haben. In der Strafakte von Hermann Ahlgrimm, die im Archiv der ehemaligen Staatssicherheit der DDR aufbewahrt wird, befindet sich auch eine Baustellenordnung für das F.K.L. Ravensbrück, die offenbar bei einer Hausdurchsuchung von der Stasi gefunden wurde und in der auf vier Seiten und in 23 Punkten alles aufgelistet ist, was bei diesem Bauvorhaben zu beachten ist. Der erste Satz lautet: „Das Bauvorhaben F.K.L. Ravensbrück ist im Sinne des § 88 des R.St.G.B. ein Staatsgeheimnis." In Punkt sechs heißt es: „Diese Häftlinge sind Staatsfeinde. Jeder Verkehr mit Staatsfeinden ist verboten." Wer das Verbot missachte, so heißt es weiter, werde mit Schutzhaft bestraft.[26]

Die Frage, ob die Firma Ahlgrimm auf die Aufträge der SS wirtschaftlich angewiesen gewesen sei, wird von seiner Tochter Anneliese energisch verneint. Die Firma ihres Vaters habe auch auf großen Baustellen in Gransee und in Niederfinow gearbeitet. Zeitweise habe er in diesen Jahren 240 Arbeiter beschäftigt. Hermann Ahlgrimm fügte sich also in seine Rolle als Auftragnehmer der SS von Ravensbrück. Aber offenbar resignierte er nicht. Die unmittelbare Nähe zum Geschehen machte ihn und seine Frau aufmerksam und sensibel für die Situation der Häftlinge. Davon blieb auch die älteste Tochter Anneliese nicht unbeeinflusst. Sie sagt, wenn die Fürstenberger behaupteten, sie hätten von nichts gewusst, dann sei das eine Lüge. „Man hat gesehen: überall haben Häftlinge gearbeitet. Man hat mitbekommen, wie schlimm die Menschen ausgesehen haben. Man hat mitbekommen, dass sie unterschiedlicher Nationen waren. Und wir, wir wussten auch genau, jeder wusste, was die für Winkel an den, an den Sträflingskleidungen getragen haben." Sie sagt, in ihrer Familie habe sich im Laufe der Zeit „so'n richtiger Hass rauskristallisiert". Wenn ihr Vater manchmal vom Bau nach Hause

26 Baustellenordnung für das F.K.L. Ravensbrück, BStU, Außenstelle Potsdam, AU 527/53, STA: 4159, Bl. 39-42.

gekommen sei, habe er gemurmelt: „Oh diese Schweine!" Und manchmal sei er schneeweiß im Gesicht gewesen, die Lippen zusammengekniffen.

In der Bauschreinerei der Firma waren sechs oder sieben Häftlinge beschäftigt. Anneliese Ahlgrimm sagt, ihr Vater habe die Leute zwar angefordert, doch eigentlich hätten sie kaum gearbeitet. Ulrich Söhle, ein befreundeter Gutsbesitzer vom Gut Brückentin habe ihnen Kartoffeln und Gemüse geliefert. Auf einem alten Herd, der irgendwo „hinten" auf dem Hof gestanden habe, hätten sich die Häftlinge Gemüse und Kartoffeln kochen können. Der Vater habe mit den SS-Wachleuten „ziemlich gut umgehen" können, sodass die dann wegschauten.

In den letzten Kriegsjahren wohnte in Ahlgrimms Haus eine junge Frau, Gisela Gries, die in Berlin ausgebombt worden war. Gisela habe mit SS-Leuten so „Techtel-Mechtel" gehabt. Einmal sei einer der Wachleute mit ihr nach oben gegangen und habe sein Gewehr auf dem Hof stehen lassen. Diesen Wachmann habe ihr Vater dann quasi in der Hand gehabt. Er habe sie nicht verraten können, weil er Angst hatte, selbst angeschwärzt zu werden.

Anneliese Ahlgrimm sagt, ihr Vater sei sehr selbstsicher aufgetreten. Die SS habe „unheimlich Respekt" vor ihm gehabt, die Aufseherinnen und die Wachmannschaften hätten ihn in Ruhe gelassen. Mit der Zeit muss Hermann Ahlgrimm immer kühner geworden sein. Er transportierte Briefe für die Häftlinge nach draußen und schmuggelte auch Nachrichten für sie ins Lager.

Die Tochter Anneliese weiß vieles, was sie erzählt, aus erster Hand. Sie war in diesen Jahren fast immer zu Hause. Als sie 1943 aus der Schule kam, musste sie kein Pflichtjahr und keinen Arbeitsdienst absolvieren. Die drei kleinen Brüder und das „kriegswichtige" Baugeschäft des Vaters waren Grund genug, dass sie in ihrem Elternhaus bleiben konnte, um dort zu helfen.

Ihr Vater wurde in diesen Jahren mehrmals für kurze Zeit zur Wehrmacht eingezogen und dann immer wieder „uk" gestellt, wie man damals sagte. 1944 habe er Ärger mit der SS gehabt. Genaues weiß die Tochter nicht, nur dass er sich „mit irgend so einem hohen Tier" angelegt habe. Daraufhin wurde Ahlgrimm als Soldat nach Dänemark geschickt zum Bombenentschärfen. Weil er bei dieser Arbeit lange im kalten Wasser habe stehen müssen, sei er etwa Anfang 1945 mit schwerem Gelenkrheumatismus nach Fürstenberg zurückgekommen. Dazu sei er auch noch herzkrank geworden. Zu dieser Zeit wurde im KZ Ravensbrück nicht mehr gebaut, aber Ahlgrimm konnte wohl weiterhin im Lager ein- und ausgehen, weil an den Gebäuden immer mal was zu reparieren war.

Häftlinge im Haus

Als die Evakuierung des Lagers begann, sagt Anneliese Ahlgrimm, habe ihr Vater wohl schon „Absprachen mit Häftlingen getroffen". Er habe jedoch mit niemandem aus der Familie darüber gesprochen. Beim Näherrücken der Front floh Frieda Ahlgrimm mit ihren Kindern, zusammen mit den meisten anderen Fürstenbergerinnen und Fürstenbergern, in den Wald. Nur der Vater blieb zu Hause. Anneliese Ahlgrimm hat diese Flucht in schrecklicher Erinnerung: Ein riesiges Durcheinander: flüchtende Soldaten, flüchtende Zivilisten und Beschuss aus der Luft. Die Wälder seien regelrecht „verstopft" gewesen. Schließlich habe es auch noch zu regnen angefangen. „Und da hab' ich zu meiner Mutter gesagt: Ihr könnt alleine flüchten, ich fahr' zurück. Ich nehme mein Rad, ich fahr' nach Hause zu meinem Vater." Unterwegs habe sie deutsche Soldaten getroffen, die sie gewarnt hätten, die Russen würden sie vergewaltigen. „Ich hab' das ja erst mal alles nicht geglaubt. Ich wollte unbedingt nach Hause." An der Fürstenberger Schleuse habe die abziehende SS sie noch aufhalten wollen, mit dem Hinweis, die Schleuse sei vermint. Aber sie habe sich nicht beirren lassen.

Als sie zu Hause ankam, war die Haustür verschlossen, auf ihr Klopfen reagierte niemand, aber hinter dem Fenster bewegte sich etwas. Erst als sie mit den Fäusten an die Tür schlug und laut nach ihrem Vater rief, sei die Tür einen Spalt geöffnet worden und eine Frau habe sie hastig hineingezogen. Im Haus seien etwa sieben, acht Häftlingsfrauen gewesen, die sich dort versteckt hielten und auf die Ankunft der Roten Armee warteten. Ihr Vater sei erst spät abends gekommen und habe weitere Häftlinge gebracht, die auf dem Stallboden untergebracht wurden. Anneliese Ahlgrimm erinnert sich an Margarete Buber-Neumann und an Rosa Thälmann, an Eugenie Zilligen und auch an zwei russische Frauen, von denen eine Maria hieß. Ihr habe das gar nicht gepasst, sagt sie. Die Frauen hätten alle Betten des Hauses okkupiert. Sie sollte mit Rosa Thälmann in einem Bett schlafen, aber sie ekelte sich so vor deren Gestank. Das Wasser war abgestellt, niemand konnte sich waschen, ihre Kleider waren im Wald bei der Mutter und zu essen gab es auch nichts. Ihr Vater verschwand wieder. Dann hätten die Häftlingsfrauen ihr aufgetragen, den Russen mit einer weißen Fahne entgegenzugehen.

Anneliese Ahlgrimm sagt, sie habe sich in der Bauschreinerei eine Stange geholt und ein Bettlaken daran befestigt. Etwa jede Stunde sei sie vor die Tür gegangen. Angst habe sie nicht gehabt. Irgendwann seien keine deutschen Soldaten mehr gekommen. „Das war ... wie so ein Vakuum. So eine absolute unheimliche Ruhe war das. Und denn stand ich da, immer wie eine Blöde draußen mit meinem Bettlaken und hab' gedacht: Was kommt denn jetzt? Was passiert denn jetzt?" Sie habe die Russen von der Lychener Seite her erwartet, aber auf einmal seien welche mit Pferden aus der Richtung Neustrelitz gekommen. Sie habe für die Tiere Wasser geholt, und die Soldaten gaben ihr, bevor sie rasch weiterzogen, zu verstehen, dass sie mit ihrer Fahne ins Haus gehen solle. Dort hielten sich inzwischen zehn bis zwölf Häftlinge auf, die sich noch nicht nach draußen wagten. Später sei ihr Vater gekommen. Erst nach der Ankunft einer größeren Infanterieeinheit der Roten Armee hätten die Häftlingsfrauen sich schließlich zu erkennen gegeben.

Wie viele andere Mädchen und Frauen aus dem Ort half Anneliese Ahlgrimm in den ersten Tagen bei der Pflege der kranken Häftlinge, die sich noch im Lager befanden. Als sie in einer Männerbaracke sauber machte, lernte sie einen jungen französischen Arzt kennen, in den sie sich verliebte. Beide hätten sie eine ganze Nacht lang eng umschlungen in einer leeren Baracke gesessen, und er habe ihr aus seinem Leben erzählt. Es sei „nichts passiert", sagt sie. Trotzdem sei ihr Vater sehr zornig gewesen und habe ihr verboten, das Lager noch einmal zu betreten. Henri habe sie danach nicht wieder gesehen. „Ich wusste, gegen meinen Vater kam ich nicht an." Danach half Anneliese Ahlgrimm im Fürstenberger Krankenhaus in der Luisenstraße typhuskranke Häftlinge pflegen, bis die ersten Ärzte und Schwestern von ihrer Flucht zurückkehrten.

Hermann Ahlgrimm wurde der erste Nachkriegs-Bürgermeister von Ravensbrück. Bald darauf nahm seine Firma – nun im Auftrag der Russen – ihre Arbeit wieder auf. Die Fürstenberger erzählen, Ahlgrimm habe damals auch Gebäude auf dem Gelände des ehemaligen KZ abgerissen. Der Bauunternehmer durfte sein Auto behalten. Er genoss das Vertrauen des Kommandanten Makarow, der von Beruf Bauingenieur war. Das bewahrte ihn jedoch nicht vor häufigen Konflikten mit der Besatzungsmacht. Seine Tochter erinnert sich, dass ihr Vater in diesen Wochen einige Male auf der Kommandantur festgehalten worden sei, zum Beispiel weil er Kartoffeln für die Bevölkerung besorgt habe, die ihm dann beschlagnahmt worden seien, oder weil ihm Soldaten den Traktor weggenommen hätten und er sich daraufhin mit ihnen geprügelt habe. „Eine Hand wusste ja bei den Russen nicht, was die andere macht", sagt sie und fährt fort, „war immer was los bei uns zu Hause."

Die Euphorie von Kriegsende und Neubeginn war schnell vorbei. Im Oktober 1945 trat Hermann Ahlgrimm von seinem Posten als Bürgermeister von Ravensbrück zurück. Vielleicht wollte er das Amt loswerden, um sich wieder ganz seiner Baufirma widmen zu können. Seine Tochter ist der Meinung, die Russen hätten ihren Vater nicht mehr unterstützt, nachdem er Mitglied der CDU geworden sei. 1953, während der Vernehmungen bei der Staatssicherheit, gab er an, Mitglied der LDPD zu sein. Für die Sowjets dürfte er jedoch in dem einen wie in dem anderen Fall als Bürgermeister nicht mehr erwünscht gewesen sein. Seine Baufirma war zwar weiterhin bevorzugt für die Rote Armee tätig, in der Folgezeit jedoch geriet die Familie immer mehr unter politischen Druck. Das hatte offenbar nicht nur mit dem wachsenden Misstrauen der Besatzer zu tun.

Der Fürstenberger Lokalhistoriker Wolfgang Stegemann vertritt die Meinung, zwischen Ahlgrimm und einer Gruppe ehemaliger KZ-Häftlinge, die in Fürstenberg gleich nach der Befreiung wichtige Machtpositionen übernommen hatten, sei ein Konkurrenzkampf um die Gunst des Kommandanten entbrannt. Es habe sich dabei um Kurt Timm, Nachfolger von Ahlgrimm als Bürgermeister von Ravensbrück, um Fritz Schilling, damals Leiter des Fürstenberger Bauamtes, und Fritz Schlaak, den späteren Bürgermeister von Fürstenberg, gehandelt. Schlaak und Schilling hatten übrigens im April 1945 eine Rolle bei der Rettungsaktion für Rosa Thälmann gespielt, aber davon später. Auf Betreiben dieser Männer wurde Ahlgrimm, laut Stegemann, Ende Oktober 1945 für kurze Zeit verhaftet. Nach seiner Freilassung beschwerte er sich in einem Brief an den Chef der sowjetischen Baubehörde, Timm und Schilling hätten sein Haus und seinen Hof widerrechtlich durchsucht und verschiedene Gegenstände beschlagnahmt.[27]

Anneliese Ahlgrimm sagt, sie sei in dieser Zeit oft nach Berlin gefahren, um der unerträglichen Situation daheim zu entgehen. In Westberlin besuchte sie meist eine Freundin ihrer Eltern, Erna Süßmann, die in eine jüdische Familie eingeheiratet hatte. Bei Frau Süßmann lernte sie Fred Lewy kennen, einen aus den USA zurückgekehrten Verwandten, der ein Offizier der CIA war. Dieser Fred Lewy, sagt Frau Ahlgrimm, habe sie vieles gefragt, durch ihn habe sie auch andere Leute vom CIA kennengelernt und von diesen Kontakten arglos in Fürstenberg erzählt.

Der NKWD wurde auf das Mädchen aufmerksam. Im Laufe des Jahres 1946, erinnert sie sich, sei sie mehrmals nach Oranienburg gebracht und dort in einem Keller verhört worden. „Und denn hieß es, ich soll unterschreiben, dass ich als Spitzel arbeiten würde. Sonst würde ich nicht mehr rauskommen. Und das letzte Verhör war am 4. Dezember. Da hab' ich unterschrieben, um rauszukommen. Ich bin nach Hause gegangen und habe zu meiner Mutter gesagt: Ich muss weg. Die haben mich gezwungen zu unterschreiben. Das mach' ich nicht. Ich, ich verschwinde am nächsten Morgen."

Der nächste Tag war der 5. Dezember – ihr Geburtstag und zugleich der Geburtstag ihrer Mutter. Frieda Ahlgrimm brachte ihre Tochter nach Westberlin und fuhr dann zurück. Sie habe bei Freunden und Bekannten vergeblich angeklopft, sagt Anneliese Ahlgrimm. Schließlich habe sie sich keinen anderen Rat gewusst, als im Lancaster-Haus am Fehrbelliner Platz die britische Besatzungsmacht um Schutz und Hilfe zu bitten. Der Secret Service nahm sich ihrer an und brachte sie nach Hamburg, wo sie, abgeschottet vor jeglichen Nachforschungen, bei der britischen Offiziersfamilie Cors als

27 Vgl. Stegemann/Jacobeit (Hrsg.), Fürstenberg/Havel – Ravensbrück, S. 216 ff.

Hausmädchen lebte. Vermutlich verbrachte sie ein oder zwei Monate dort, genau kann sie sich nicht mehr erinnern. Als die Cors zurück nach England gingen, zog sie zu ihren Hamburger Verwandten, bei denen sie nicht gerade willkommen war.

Der Winter 1946/47 war schrecklich kalt, und es gab nur wenig zu essen. Annliese hatte Heimweh. Aus Fürstenberg schrieb die Mutter, die Russen hätten versichert, es würde ihr nichts geschehen, wenn sie zurückkäme. Darauf ging Anneliese Ahlgrimm durch das Büchener Moor illegal über die Zonengrenze. Erst als sie wieder zu Hause war, das muss im Frühjahr 1947 gewesen sein, erfuhr sie, dass ihre Eltern nach ihrer Flucht Repressalien ausgesetzt und mehrmals vom NKWD verhört worden waren. Es bleibt unklar, warum sie ihre Tochter trotzdem zur Rückkehr aufforderten. Vertrauten sie den Zusicherungen der Russen? Nahmen sie die Gefahr nicht ernst? Auf alle Fälle wurde Anneliese im elterlichen Haus dringend benötigt. Die Mutter hatte die Leitung der Firma übernehmen müssen, weil der Vater einen Schlaganfall erlitten hatte und fast völlig gelähmt war. Im Mai 1947 wurde Carmen, die jüngste Tochter der Ahlgrimms, geboren, um die Anneliese sich kümmern musste.

Verhaftung am Nachmittag

Am 30. Oktober 1947 wurde Anneliese Ahlgrimm vom NKWD verhaftet. Sie erinnert sich noch genau, dass sie am Tage ihre kleine Schwester im Kinderwagen spazieren gefahren hatte. Unterwegs habe sie Heinz Kitkewitz getroffen, der ein Stück mit ihr ging und mit dem sie sich „politisch so unterhalten" habe. Kitkewitz war in Fürstenberg eine bekannte Persönlichkeit. Bis zum Mai 1945 hatte er als Standortführer der Hitlerjugend in Fürstenberg fungiert. Die Leute erzählen, er sei mit dem KZ-Kommandanten Suhren befreundet gewesen. Nach Kriegsende heiratete Kitkewitz die Tochter von Schlaak, dem ehemaligen kommunistischen Häftling, der 1946 Bürgermeister von Fürstenberg geworden war. Kitkewitz wurde, wie Anneliese Ahlgrimm sagt, „der größte Antinazi". Dass er auch ein Spitzel der Russen war, erfuhr sie erst nach ihrer Verhaftung.

„Abends kommt ein Polizist, ein Herr Zülsdorf, der mit meinem Vater befreundet war. Mit dessen Hund, mit der Senta, bin ich immer spazieren gegangen. Der kommt abends rein, so um dreiviertel fünf. Im Oktober ist es ja um die Zeit darum schon dunkel, und sagt zu mir, ich möchte mal rauskommen, er möchte mich was fragen. Und ich hatte nur Schlappen an den Füßen und geh' rauf auf die Straße. Da steht ein dunkles Auto, drei Russen springen raus, und weg war ich. Einen Schlappen hab' ich noch verloren. Ich hab' nur noch ... Also die Leute haben gesagt, ich hätt' ‚Mutti, Mutti' geschrien auf der Straße. Denn haben sie nichts mehr gehört. Denn haben die mich nach Neustrelitz gebracht. Da war ich eine Nacht in einem Keller."

Sie war damals knapp 19 Jahre alt. Von Neustrelitz kam sie nach Schwerin, wo sie neun Monate in Untersuchungshaft blieb. Während der Verhöre habe sie Schläge bekommen, sei in den Kaltkarzer gesperrt worden. Sie habe dort alle erdenklichen Repressalien erlebt, sagt sie. Bei einer der letzten Vernehmungen sei ihr der Kitkewitz gegenübergestellt worden. Er habe ihr nicht in die Augen sehen können, sagt sie. Aber seine Aussage sei entscheidend gewesen. Das Sondergericht verurteilte sie wegen Sabotage und illegalen Grenzübertritts zu zehn Jahren Lagerhaft. Das habe noch nicht einmal zehn Minuten gedauert. Zum Schluss sei sie noch einmal verprügelt worden, weil sie das Urteil nicht unterzeichnen wollte.

Anneliese Ahlgrimm kam zunächst in das Speziallager im ehemaligen KZ Sachsenhausen. Nach wenigen Monaten ging es weiter in die Sowjetunion. In Brest habe sie Typhus bekommen, von dem eine Ärztin sie in der Moskauer Lubianka mit „Opiumtropfen und einem weißen Pulver" kuriert habe. Über Kirow gelangte das Mädchen nach Workuta. Dort musste sie im Bergwerk unter Tage arbeiten, dann in einer Fabrik, später im Kolchos-Lager. Sie verlegte Schienen, entband Floßholz auf dem Fluss Workuta, arbeitete als Maurerin, sägte Holz. Anfang 1953 wurde sie in das Lager Koschwa an der Petschora verlegt. Als sie Ende 1953, zusammen mit etwa 4000 arbeitsunfähigen Kriegsgefangenen und SMT-Verurteilten,[28] nach Hause entlassen wurde, war sie völlig abgemagert und litt an einer offenen Tuberkulose.

Ihre Mutter holte sie in Fürstenberg vom Bahnhof ab, an der Hand die kleine Schwester Carmen, die einige Monate vor ihrer Verhaftung geboren

28 SMT = Sowjetisches Militärtribunal.

worden war und die nun schon über sechs Jahre alt war. „Die hatte ich vollkommen vergessen. Ich hab' in Russland vergessen, dass ich eine kleine Schwester habe. Können Sie sich das vorstellen?"

Anneliese Ahlgrimm erfuhr, dass die Baufirma und das Wohnhaus ihrer Eltern beschlagnahmt worden waren. Ihre Eltern wohnten zwar noch in dem Haus an der Ravensbrücker Dorfstraße, aber sie durften nur ein Zimmer benutzen. In der unteren Etage wohnten andere Leute. Frieda und Hermann Ahlgrimm waren am 1. Februar 1953 von der Volkspolizei festgenommen worden. Im Oktober 1953 wurde Frieda Ahlgrimm vom II. Strafsenat des Bezirksgerichts Potsdam zu neun Monaten Haft verurteilt, die sie in der Untersuchungshaft bereits abgesessen hatte. Das Verfahren gegen ihren Ehemann war zuvor wegen seiner schweren Herzkrankheit abgetrennt und eingestellt worden. Als todkranker Mann kam Hermann Ahlgrimm wieder nach Hause. Er starb Anfang 1954, nachdem er seine Tochter Anneliese noch einmal hatte sprechen können und ihr geraten hatte, die DDR zu verlassen.

Vermutlich waren die Ahlgrimms von Mitbürgern denunziert worden. In den Vernehmungsakten und der Anklageschrift, die Anneliese Ahlgrimm im Zusammenhang mit der Rehabilitierung ihrer Eltern 1992 zugeschickt bekam, wird einige Male Bezug auf Aussagen von Zeugen genommen. Demnach habe Frieda Ahlgrimm im November 1952 nach einer Auseinandersetzung mit einer Verkäuferin im HO-Laden der Frau mit einer Vergeltung am „Tag X" gedroht, eine Formulierung, die viel zu gut in das ideologische Rechtfertigungsmodell der SED nach dem Aufstand des 17. Juni passte, um glaubwürdig zu sein. Hermann Ahlgrimm soll im angetrunkenen Zustand in der Gaststätte „Mecklenburger Hof" gegenüber zwei Funktionären der Gesellschaft für Deutsch-Sowjetische Freundschaft Stalin einen „Lumpen und Verbrecher" genannt haben. Außerdem waren bei einer Hausdurchsuchung Bücher „faschistischen Inhalts" gefunden worden. Hauptbelastungspunkt war jedoch zweifellos der Brief, den Frieda Ahlgrimm 1951 an die Westberliner Vereinigung Freiheitlicher Juristen geschrieben hatte. Darin hatte sie verzweifelt um Auskunft über das Schicksal ihrer in die Sowjetunion verschleppten Tochter gebeten. Das Gericht sah es als erwiesen an, dass beide Ahlgrimms „die feindlichen Bestrebungen der westlichen Imperialisten" unterstützt und sich damit im Sinne der Kontrollratsdirektive 38 strafbar gemacht hatten.[29]

Als Anneliese Ahlgrimm nach Fürstenberg zurückkam, traf sie Heinz Kitkewitz dort nicht mehr an. Der hatte inzwischen erneut die Seite gewechselt und war zusammen mit der Tochter des Bürgermeisters nach dem Westen geflohen. Frau Ahlgrimm sagt, er sei nach Bad Godesberg gegangen und habe Karriere in der CDU gemacht. Jedenfalls sei es ihm gleich wieder gut gegangen. Annelieses ältester Bruder aus der ersten Ehe des Vaters, der damals schon in der Bundesrepublik lebte, habe Anzeige gegen Kitkewitz erstattet – ohne Ergebnis. Nach ihrer Flucht in den Westen habe auch sie noch einmal versucht, ihn anzuzeigen. Aber „gegen den Staatsanwalt Fromm", so sagt sie, habe sie nichts ausrichten können. Später habe sie dann erfahren, dass dieser Fromm ein ehemaliger großer Nazi gewesen sei. Der habe den Kitkewitz wohl geschützt.

An die unrühmliche Rolle von Heinz Kitkewitz erinnern sich auch andere Fürstenbergerinnen und Fürstenberger. Frau Wiese sagt, der Kitkewitz sei „ganz scharf politisch und gefährlich" gewesen. Frau Hoff meint, er habe nach dem Krieg eine ganze Gruppe von ehemaligen Hitlerjungen denunziert, die plötzlich verschwunden waren. Zu ihnen gehörte Heinz Naujoks, der heute in Templin lebt. Im März 1946 sei er verhaftet worden, sagt er, zusammen mit 11 anderen Jugendlichen, wegen „Werwolfverdachts". Er sei im Lager Fünfeichen inhaftiert gewesen, andere aus der Gruppe seien dann aber noch weiter zur Zwangsarbeit nach Sibirien transportiert worden. Nicht alle hätten überlebt.

Frau Wiese erzählt, zu Beginn der neunziger Jahre, anlässlich der „Goldenen Konfirmation", sei die Witwe von Kitkewitz, die Tochter des damaligen Bürgermeisters Schlaak, zum ersten Mal wieder nach Fürstenberg gekommen. Das sei kurz nach dem Tod ihres Mannes gewesen. Der Pfarrer habe seinen Namen bei der Verlesung der Verstorbenen „aus Versehen" nicht genannt. Zum Glück, meint Frau Wiese, denn sonst hätte es wohl Unmutsäußerungen gegeben.

29 Anklageschrift, Potsdam, den 11. August 1953, BStU, AUV 527/53.

Das ehemalige Haus der Familie Ahlgrimm.Schwach zu erkennen zwischen den beiden Fenstern im Erdgeschoss: die Spuren der entfernten Gedenktafel.

Die Gedenktafel, die niemand will

Frieda Ahlgrimm lebte nach der Flucht der Tochter und dem Tod ihres Mannes mit ihren beiden jüngsten Kindern weiter in ihrem Haus in Fürstenberg. Über die Geschehnisse der Vergangenheit breitete sich Schweigen aus – über die Rolle des Bauunternehmers Ahlgrimm beim Aufbau des KZ ebenso wie über seine Rettungsaktion am Ende des Krieges, über die Verschleppung der Tochter in den GULag und über ihre und ihres Mannes Inhaftierung im Jahr 1953. Die Erinnerungen wurden zum ersten Mal wieder aufgerührt, als – vermutlich in den sechziger Jahren – eine Gedenktafel am Haus in der Dorfstraße 42 angebracht wurde. Die Tafel erinnerte an die Aufnahme der Häftlinge im Haus der Ahlgrimms. Niemand aus der Familie wurde gefragt. Der Name Ahlgrimm kam in dem Text nicht einmal vor.

„In diesem Haus", so hieß es, „fand Rosa Thälmann auf der Flucht aus ihrer Todesmarschkolonne am 28. April 1945 ein erstes Versteck auf dem Weg in die Freiheit". Im Erinnerungskanon der DDR spielte Rosa Thälmann als Ehefrau des KPD-Vorsitzenden eine herausgehobene Rolle. Die anderen Häftlinge, die im Haus des Bauunternehmers Zuflucht erhielten, wurden namentlich nicht erwähnt. Anneliese Ahlgrimm sagt, sie sei sehr empört gewesen, als ihre Mutter ihr bei einem Besuch davon erzählte. Am liebsten hätte sie das Schild wieder abgemacht. „Dieses Haus hat niemanden gerettet. Das waren meine Eltern."

Im Jahr 1969 schrieb der Lokalhistoriker Wolfgang Stegemann einen kleinen Beitrag über die Rettung von Rosa Thälmann in den letzten Kriegstagen. Sein Text sollte in der Broschüre „Fürstenberg – aus Gegenwart und Vergangenheit" veröffentlicht werden. Stegemann schrieb auf, was die Leute erzählten. Er erwähnte auch den Namen Ahlgrimm. Als er seinen Text der Redaktionskommission vorlegte, habe es, so sagt er, eine unangenehme Diskussion gegeben, in deren Ergebnis der Name Ahlgrimm herausgestrichen und durch die allgemeine Formulierung „mutige Antifaschisten" ersetzt wurde.

Wolfgang Stegemann, der 1953 als ganz junger Mann aus politischen Gründen inhaftiert worden war, hatte zunächst keine Ahnung, warum die

„Genossen" so allergisch auf diesen Namen reagierten. Er wusste nichts von der Verhaftung des Ehepaars, weil er zu dieser Zeit selbst im Gefängnis saß. Der Name Ahlgrimm, sagt er, sollte in der Geschichte nicht vorkommen, weil er nach Meinung der SED-Genossen nur unbequeme Fragen ausgelöst hätte. Im Laufe der Jahre sei an dieser Legende immer weiter gestrickt worden. Schließlich hieß es, „dass die ganze Flucht dieser 12 Häftlinge bis ins kleinste im KZ, durch die kommunistischen Zellen, vorbereitet worden war. Das war also 'ne Generalstabsarbeit. Also so ... so arbeiteten dort die Gruppen. Und das ist natürlich völlig daneben".

Als Stegemann 1990 zum ersten Mal mit Anneliese Ahlgrimm darüber sprach, habe sie ihm bestätigt, dass ihre Eltern damals ganz spontan gehandelt hätten. Im Interview von 1999 mit Jens Schley allerdings vermutete Anneliese Ahlgrimm, ihr Vater habe Absprachen mit einigen Häftlingen getroffen, von denen weder seine Frau noch seine Tochter etwas wussten. Zudem scheint es nicht abwegig, dass eine Gruppe kommunistischer Häftlingsfrauen Vorkehrungen für die Rettung der Frau des KPD-Vorsitzenden traf. Für solchen „Kaderschutz", wie es im Funktionärsdeutsch hieß, gibt es in der Geschichte des KPD-Widerstands einige Beispiele. Seit ihrer Ankunft im Lager Ravensbrück im Sommer 1944 kümmerte sich die erfahrene Parteifunktionärin Maria Wiedmaier im Auftrag der deutschen Kommunistinnen um die Ehefrau des Parteiführers. Wenn aber die Unterbringung der 55-jährigen herzkranken Rosa vielleicht abgesprochen oder vorbereitet war, so muss es die Aufnahme der anderen Häftlinge im Hause Ahlgrimm nicht ebenfalls gewesen sein.

Suche zwischen Legende und Wirklichkeit

Bis heute ist es schwierig, die Geschehnisse genau zu rekonstruieren, die sich in den letzten Apriltagen in der Dorfstraße Nr. 42 abspielten. Die meisten Beteiligten sind nicht mehr am Leben. Sofern sie sich dazu geäußert haben, weichen ihre Berichte deutlich voneinander ab. Das beginnt schon bei der Frage, wer außer Rosa Thälmann noch im Haus Ahlgrimm versteckt war. Die erste Darstellung stammt von Hermann Ahlgrimm selbst. Er schrieb im November 1945: „Zu diesen verborgenen Häftlingen gehört Frau Rosa

Thälmann, Frau Maria Rittmeier,[30] Leiterin der Opfer des Faschismus in Berlin und Frau Rentmeister, Berlin-Moabit, Ernst-Thälmannstraße, sowie sonstige Häftlinge, auch Russen und Polen, aus dem KZ Ravensbrück." Insgesamt seien es über zwanzig Personen gewesen.

Leider beschränkt sich Ahlgrimm auf diese kurze Aufzählung. Ihm geht es in seinem Schreiben nicht eigentlich um die Rettungsaktion. Hauptsächlich möchte er sich über Fritz Schilling und Fritz Schlaak beschweren, mit denen er im Herbst 1945 in Konflikt geraten war und die deshalb in ein möglichst schlechtes Licht gerückt werden sollten. Ahlgrimm schreibt, beide Männer seien aus dem KZ Sachsenhausen entlassene Häftlinge, die als „Angestellte des Konzentrationslagers Ravensbrück tätig gewesen" seien. Vermutlich kannte er sie vom SS-Baustab, wo Schlaak und Schilling zusammen mit anderen freigelassenen Häftlingen als Handwerker zwangsverpflichtet waren. Bei der Evakuierung des Lagers am 27. April, so Ahlgrimm, hätten beide „mit einer Maschinenpistole bewaffnet im Verein mit der SS" die Häftlinge bewacht. „Diese beiden Leute hatten Mittel und Wege genügend, um sich hier schon in Ravensbrück von der SS abzusetzen und bei mir Unterschlupf zu suchen."[31]

Heißt das, Schlaak und Schilling zogen am 28. oder 29. April die SS-Uniform aus, um ebenfalls in Ahlgrimms Haus den Einmarsch der Roten Armee abzuwarten? Seine Tochter Anneliese allerdings erinnert sich nicht an ihre Anwesenheit im Haus. Auf alle Fälle belastete Hermann Ahlgrimm die beiden mit seiner Darstellung. Häftlinge, die mit der SS kollaboriert und als Hilfspolizisten den Todesmarsch begleitet hatten, liefen in den ersten Monaten nach Kriegsende Gefahr, vom NKWD in ein Lager gesteckt zu werden, ohne dass die besonderen Umstände ihres Handelns genauer überprüft worden wären.

Im Oktober 1945 schrieb die ehemalige Ravensbrückerin Maria Wiedmaier einen Brief an den Hauptausschuss „Opfer des Faschismus" in Berlin. Auch sie erwähnt die Rettungsaktion nur in einem Satz, denn sie will vor

30 Zweifellos handelt es sich um Maria Wiedmaier.

31 Brief Hermann Ahlgrimm an Oberst Korbut vom 3. November 1945, zitiert nach Wolfgang Stegemann, Das rettende Versteck hat einen Namen: Hermann Ahlgrimm, in: Stegemann/Jacobeit (Hrsg.), Fürstenberg/Havel – Ravensbrück, S. 217.

allem in dem Konflikt zwischen Ahlgrimm und Schlaak und Schilling vermitteln. Hermann Ahlgrimm sei ihr aus Ravensbrück bekannt. „Er war derjenige, der von mir Rosa Thälmann übernommen hat. Er hat sie bei Verlassen des Lagers in seinem Haus aufgenommen." Weiter schreibt sie, „er hat sich auch uns gegenüber anständig verhalten und uns geholfen".[32] Wen meint Maria Wiedmaier mit „uns"? Und warum hat Ahlgrimm Rosa Thälmann „aufgenommen", ihnen aber nur „geholfen"?

Die mögliche Antwort auf solche Fragen findet sich in einem Protokoll, das die damalige Leiterin der Gedenkstätte Ravensbrück, Sieglinde Haak, im Oktober 1982 schrieb, nachdem sie Frieda Ahlgrimm über die Geschehnisse im April 1945 befragt hatte. Das Protokoll, das im Archiv der Gedenkstätte Ravensbrück niedergelegt wurde, enthält keine wörtlichen Zitate. Frau Haak referiert und fasst nach Gutdünken zusammen, was Frieda Ahlgrimm ihr erzählte.

Interessant ist die Darstellung vor allem wegen der Vorgeschichte der Rettung, die Frieda Ahlgrimm noch selbst erlebt hat, ehe sie mit ihren Kindern in den Wald flüchtete. Sie erinnert sich, dass Ende des Jahres 1944 Schlaak und Schilling zu ihnen gekommen seien, die sich als „sogenannte Ehrenhäftlinge" vorgestellt hätten. Sie hätten Häftlingskleidung getragen, seien aber aus der Haft entlassen gewesen und sollten als „freie Arbeitskräfte" für das KZ arbeiten. Beim nächsten Besuch hätten die beiden einige Koffer mitgebracht. Sie baten das Ehepaar Ahlgrimm, die Koffer für sie aufzubewahren. Später seien Schlaak und Schilling erneut vorbeigekommen. Sie kündigten an, sie würden in den nächsten Tagen „in SS-Uniform aufkreuzen". Dies sei nötig „für den Transport der Häftlinge aus dem Konzentrationslager". Zu dieser Zeit, so erinnert sich Frieda Ahlgrimm, hätten Wehrmachtsoldaten in Ravensbrück schon Geschütze aufgestellt. Ihr Mann habe mit den Soldaten darüber verhandelt, kein Geschützfeuer auf die Bevölkerung zu richten.

Weiter heißt es in dem Bericht von Ahlgrimm/Haak: „Während dieser Tage traf Herr Ahlgrimm drei ehemalige Frauenhäftlinge aus dem KZ auf dem Bahnhof in Fürstenberg. Es handelte sich um die Frauen Zilligen, Renner und Neumann (Buber-Neumann). Diese Frauen saßen bereits

32 Brief Maria Wiedmaier an den Hauptausschuss Opfer des Faschismus, Berlin, vom 30. Oktober 1945, zitiert nach Stegemann, ebenda.

mehrere Tage auf dem Bahnhof und waren ohne jede Verpflegung. Herr Ahlgrimm bot darauf den Frauen an, sich in seinem Haus aufzuhalten. Die Frauen nahmen das Angebot an, er gab jeder der Frauen 50,– Mark und riet ihnen, sich um Lebensmittelkarten zu bemühen." In dem Bericht ist auch die Rede von vier „sowjetischen Bürgern" – vermutlich Ostarbeiter, vermerkt die Protokollantin in Klammern –, die um Unterkunft baten. Sie seien in einer Baubude untergebracht worden und hätten nachts im Haus Verpflegung erhalten.

An dieser Stelle kommen die in SS-Uniform gekleideten Schlaak und Schilling wieder ins Spiel. Sie hatten sich offensichtlich, so Ahlgrimm/Haak, mit den drei Häftlingen Zilligen, Renner und Neumann über Rosa Thälmann verständigt. „Beim Vorbeimarsch dieser Kolonne ging der Häftling Zilligen mit einem Mantel zur Straße, warf ihn über Rosa Thälmann und brachte sie so in das Haus Ahlgrimm in Sicherheit." Die Familie Ahlgrimm habe daraufhin Rosa Thälmann auf den Dachboden ihres Hauses gebracht, wo sie sich notfalls in einer großen Truhe hätte verstecken können. Aber das sei nicht nötig gewesen. Nach wenigen Tagen habe die Rote Armee den Ort befreit, Rosa Thälmann sei von sowjetischen Offizieren im Rathaus von Fürstenberg untergebracht worden, wo sie etwa 14 Tage blieb.[33]

So weit der Bericht von Frieda Ahlgrimm, in der Interpretation von Dr. Sieglinde Haak. Frieda Ahlgrimm spricht von den drei aus dem KZ entlassenen Häftlingsfrauen „Zilligen, Renner und Neumann", die ihr Mann auf dem Bahnhof Fürstenberg getroffen habe. Er habe sie in seinem Haus aufgenommen, weil sie keine Möglichkeit sahen, in dem Chaos der letzten Kriegstage noch nach Hause zu kommen.

Dieser Vorgang ist verbürgt. Am 21. April 1945 wurden etwa 60 deutsche, österreichische und tschechische Frauen, zumeist langjährige politische Häftlinge, aus dem Lager entlassen. Unter ihnen waren zweifelsfrei Eugenie Zilligen[34] und Margarete Buber-Neumann.

In ihrem Buch „Als Gefangene bei Stalin und Hitler" beschreibt Buber-Neumann die Entlassung, sie erwähnt allerdings nichts von einem Aufenthalt

33 Bericht Dr. Haak, Ravensbrück Archiv I/16-780.

34 Vgl. VdN-Akte von Christian und Eugenie Zilligen, BLHA, Rep. 401, Nr. 2565.

in Ahlgrimms Haus, was plausibel scheint: So sehr sie ihre Befreiung auch herbeisehnte, so sehr fürchtete sie sich vor der Roten Armee, die sie vielleicht wieder zurück in das sibirische Lager bringen würde, in dem sie gefangen war, bevor der NKWD sie 1940 an die Gestapo auslieferte.

Es gibt keinen Anlass, an der Darstellung von Buber-Neumann zu zweifeln. Detailliert beschreibt sie, wie sie alles daran setzte, um doch noch in einen Zug in Richtung Nordwesten einzusteigen, und wie es ihr gelang, bei Bad Kleinen auf die amerikanische Seite zu wechseln. Sie erwähnt jedoch einige Mithäftlinge, die sich damals „in völliger Ratlosigkeit auf den Rückweg nach Ravensbrück" gemacht hätten.[35] Waren das die drei Frauen, die Hermann Ahlgrimm in sein Haus einlud? Die „Frau Renner", von der Frieda Ahlgrimm spricht, heißt in der Darstellung ihres Mannes Rentmeister.[36] Außerdem nennt er eine Frau Rittmeier, das klingt so ähnlich wie Rentmeister, aber offenbar meinte er damit Maria Wiedmaier, denn er fügt ihre Funktion im Referat „Opfer des Faschismus" hinzu. In der Darstellung von Hermann Ahlgrimm kommt Margarete Buber-Neumann nicht vor. Offenbar war sie tatsächlich nicht dabei, und seine Frau und seine Tochter irren sich.

Hermann Ahlgrimm traf also die drei Frauen auf dem Bahnhof Fürstenberg und bat sie in sein Haus. Das bedeutet aber, dass sie sich nicht verstecken mussten und dass Ahlgrimms mit ihrer Unterbringung zunächst kein großes Risiko eingingen. Das Risiko erhöhte sich natürlich in dem Moment, als Rosa Thälmann und nach und nach noch etwa zehn bis fünfzehn andere Häftlinge bzw. Zwangsarbeiter ins Haus kamen. Zilligen, Rentmeister und Wiedmaier dürften zwischen dem 23. und dem 25. April zu Ahlgrimm gekommen sein. Vielleicht waren sie schon dort, als Schlaak und Schilling sich meldeten, um ihr „Aufkreuzen" in SS-Uniform anzukündigen. Bei dieser Gelegenheit könnte es durchaus zu Absprachen zwischen den beiden Hilfswachleuten, den entlassenen Häftlingsfrauen und Hermann Ahlgrimm in Bezug auf Rosa Thälmann gekommen sein. Am 27. und am 28. April wurde das Häftlingslager evakuiert. Vermutlich verließ auch Frau Ahlgrimm mit ihren Kindern

35 Margarete Buber-Neumann, Als Gefangene bei Stalin und Hitler. Eine Welt im Dunkel, Herford 1985, S. 375.

36 Käthe Rentmeister war langjähriger politischer Häftling in Ravensbrück.

an einem dieser beiden Tage das Haus, um sich vor den Kampfhandlungen in Sicherheit zu bringen. Rosa Thälmann wurde, so steht es auf der Tafel, am 28. April bei Ahlgrimms untergebracht. Als Anneliese Ahlgrimm allein aus dem Wald zurückkam, war Rosa Thälmann schon da. Die ersten sowjetischen Einheiten erreichten am 30. April vormittags Fürstenberg.

Im Bundesarchiv gibt es einen unveröffentlichten autobiografischen Text von Rosa Thälmann. Er ist in der Ich-Form geschrieben, aber wie aus einem Vorwort zu diesem Manuskript hervorgeht, wurde er von Maria Wiedmaier nach Erzählungen von Frau Thälmann verfasst. Wiedmaier, die sich schon im Lager um die Ehefrau des KPD-Vorsitzenden gekümmert hatte, betreute die alte Frau nach dem Krieg weiter und diente ihr als eine Art persönliche Sekretärin. In dem Text schildert Thälmann/Wiedmaier, sie sei beim Ausmarsch aus dem Lager in der letzten Reihe gegangen. In der Ortschaft Ravensbrück sei die Kolonne ins Stocken geraten, weil Flüchtlinge und Soldaten die Straße versperrten. Dort seien plötzlich „einige Freundinnen" auf sie zugekommen, die schon etwa zehn Tage zuvor aus der Haft entlassen worden seien. Diese Frauen hätten ihr gesagt, sie hätten beschlossen, dass Rosa zu ihrer eigenen Sicherheit im Ort bleiben sollte: „Bei diesem Chaos, das hier herrscht, kannst du mit den Freundinnen, die ganz zuverlässig sind, verschwinden." Sie habe sich, so Thälmann/Wiedmaier, an eine Hauswand gestellt. „Nach wenigen Minuten war ich unter der Bevölkerung, – weg vom Transport – und landete bei einer Zimmermannsfamilie in einem Gartenhäuschen."[37]

War Maria Wiedmaier eine von diesen Freundinnen, die die Flucht von Rosa Thälmann beschlossen und vorbereitet hatten, oder scherte sie zusammen mit ihrer Schutzbefohlenen auf der Ravensbrücker Dorfstraße aus der Kolonne aus?[38] In dieser Erzählung fehlt die Erwähnung des Mantels. In ihren 1981

37 Erinnerungen Rosa Thälmann, Stiftung Archiv der Parteien und Massenorganisationen der DDR im Bundesarchiv (SAPMO-BArch), SgY 30/0927, S. 113.

38 Vgl. SAPMO-BArch, SgY 30/EA 1790. In den Erinnerungsberichten und Lebensläufen, die Wiedmaier für die SED schrieb, erwähnt sie nichts von einer vorzeitigen Entlassung aus Ravensbrück. Sie schreibt stets, sie sei von der Roten Armee befreit worden, was ja nicht falsch war. Aber das schließt die Möglichkeit nicht aus, dass Wiedmaier unter den entlassenen Frauen war. In den ersten Nachkriegsjahren hätte eine solche Mitteilung bei ihren Genossen möglicherweise

veröffentlichten Erinnerungen erwähnt auch die ehemalige Ravensbrücker Häftlingsfrau Charlotte Müller die Rettungsgeschichte, die sie jedoch nicht selbst erlebt hat. Müller zitiert Hannes Harder, der, wie Schilling und Schlaak, als Hilfswachmann den Todesmarsch in SS-Uniform begleitete. Harder habe ihr nach der Befreiung erzählt, das Gedränge der Häftlingskolonnen auf der Ravensbrücker Dorfstraße sei „inszeniert" worden, um Rosa Thälmann in Sicherheit zu bringen. „Sie war in dem allgemeinen Durcheinander zusammen mit zwei Russinnen in den Keller des Hauses Ahlgrimm gebracht worden."[39]

War das der Moment, in dem Eugenie Zilligen aus dem Haus trat, um Rosa Thälmann einen Mantel überzuwerfen? Und wo waren Schilling und Schlaak geblieben, die doch – jedenfalls nach der Darstellung von Hermann Ahlgrimm – ebenfalls in dem Haus Unterschlupf gefunden hatten? Beide Männer tauchen weder in den Erinnerungen von Frieda noch von Anneliese Ahlgrimm auf. Waren sie an der Rettungsaktion beteiligt? Hatten sie nur ihre untergestellten Koffer geholt und waren weitergezogen? Wenn sie sich in ihren Uniformen vom Evakuierungsmarsch abgesetzt hatten, mussten sie als fahnenflüchtig gelten und waren tatsächlich gefährdet. Und wie kamen die anderen Häftlinge, von denen Frieda Ahlgrimm und ihre Tochter Anneliese unabhängig voneinander berichten, in das Haus? Hatten sie das allgemeine Durcheinander in der Dorfstraße ebenfalls genutzt, um aus der Marschkolonne zu flüchten? Kamen sie spontan oder auf Initiative von Hermann Ahlgrimm ins Haus?

So viele Fragen, die nicht mehr beantwortet werden können. So viele Leerstellen, die sich wohl nicht mehr füllen lassen. Sollte es einmal eine neue Gedenktafel am Haus Nr. 42 geben, so würde es wahrscheinlich unmöglich sein, die Geschehnisse am 28. und 29. April 1945 in diesem Haus in zwei oder drei Sätzen zusammenzufassen. Aber verhält es sich so nicht letztlich mit allen historischen Ereignissen? Die einfachen Formeln, auf die sie später gebracht werden, geben nur wenig preis von den Motiven, den Verwicklungen und Ambivalenzen der handelnden Akteure.

Misstrauen ausgelöst. Später mag sie, wie viele andere kommunistische Überlebende, ihre Biografie dem allgemeinen Erinnerungskanon angepasst haben und solch verwirrendes Detail lieber weggelassen haben.

39 Charlotte Müller, Klempnerkolonne in Ravensbrück, Berlin 1981, S. 205.

Die neogotische Kirche auf dem Fürstenberger Marktplatz.

Zweimal Wende

Von der Entnazifizierung bis zum Supermarkt-Skandal

Merkwürdig, dass sich niemand von den befragten Fürstenbergern an die Entnazifizierungskommission erinnert. Zwischen dem 14. November 1947 und dem 27. Januar 1948 tagte diese Kommission mehrere Male im *Café Schröder* in der Brandenburger Straße. Überliefert sind Protokolle von Verhandlungen über die NS-Verstrickung von mehr als 20 Fürstenberger Bürgerinnen und Bürgern. Die Sitzungen waren öffentlich. Jeder konnte daran teilnehmen und konnte Belastendes oder Entlastendes über den/die Vorgeladenen äußern. Die Beschlüsse der Kommission entschieden nicht nur über die wirtschaftliche und bürgerliche Existenz der Betreffenden, in einigen Fällen lösten sie auch Ermittlungen der Staatsanwaltschaft aus und es kam zu Festnahmen.

Das Einzige, woran manche Fürstenberger sich in diesem Zusammenhang erinnern, sind die Strafarbeiten, die ehemalige Nazi-Aktivisten leisten mussten, um zu zeigen, dass sie gewillt waren, am friedlichen Aufbau teilzunehmen. Sie räumten Trümmer weg, reparierten zerstörte Häuser, demontierten Maschinen in Betrieben usw. Als Herr Henkel 1946 aus der Kriegsgefangenschaft zurückkehrte, begegnete er seinem ehemaligen Klassenlehrer als Nebenmann auf der Baustelle. Herr Nauhaus spricht von einem Mann namens Lorenz, der nach seiner Entnazifizierung mit ihm zusammen in der Mühle gearbeitet habe. Dieser Lorenz habe aber mit ihm nie über die Vergangenheit geredet. Überhaupt hätten die älteren Leute mit den jüngeren (Herr Nauhaus ist Jahrgang 1933) darüber nicht gesprochen. Solche Strafarbeiten waren schon seit 1945 von der Besatzungsmacht direkt angeordnet worden, später wurde diese Praxis von den Entnazifizierungskommissionen fortgeführt.

Im Briefwechsel um die Enteignung seiner Fleischerei weist Franz Gumbert unter anderem darauf hin, dass er engagiert und widerspruchslos alle Arbeiten, die von ihm verlangt worden seien – von der Entladung der Kohlewaggons bis zur Säuberung der Klärgruben – übernommen habe.

Herr Nauhaus erzählt, dass die am Schluss des Krieges gesprengte Brücke in Steinförde von ehemaligen SA-Leuten wieder aufgebaut worden sei. Die Leute hätten sie deshalb lange Zeit „Entnazifizierungsbrücke" genannt. Auch Frau Ermel erinnert sich an SS- und SA-Leute, die die zerstörten Brücken wiederherstellten. Außerdem habe sie einmal auf dem Marktplatz eine Gruppe von Frauen gesehen, die zwischen den Pflastersteinen das Gras hätten ausrupfen müssen. Zweifellos sei das eine Strafarbeit gewesen. Sie habe aber keine von den Frauen gekannt. Frau Marten spricht von einer ehemaligen BDM-Führerin, die eine Zeit lang die Straße hatte fegen müssen. Diese Liesbeth Hagenow habe ihr später erzählt, sie habe sich wie eine Aussätzige gefühlt, weil die Fürstenberger sie plötzlich nicht mehr gegrüßt hätten.

Vielleicht sind die Verhandlungen der Entnazifizierungskommission deshalb weitgehend in Vergessenheit geraten, weil sie tatsächlich nur eine Episode der Nachkriegszeit darstellten. Die im Landeshauptarchiv Schwerin überlieferten Protokolle der Sitzungen der Kommission dokumentieren zweifellos nur das letzte Kapitel der Entnazifizierung in Fürstenberg.[40] Die in den mehr als zwei Jahren zuvor von der Sowjetischen Besatzungsmacht praktizierte Suche nach NS-Tätern und Belasteten war zweifellos viel eindrücklicher, weil sie gewaltsamer, erschreckender und auch willkürlicher ablief. Die Besatzer beschlagnahmten große, aber auch kleinere Betriebe. Der NKWD verhaftete Männer einfach von der Straße weg zur Zwangarbeit hinter dem Ural. Jugendliche wurden unter „Werwolfverdacht" festgenommen und in die sogenannten Speziallager gebracht. Bei alledem war der Hintergrund der NS-Vergangenheit manchmal kaum noch erkennbar. Die Geschehnisse waren dramatisch und beängstigend, aber alle konnten sich dabei als Opfer fühlen – Opfer einer fremden Macht.

Die von den Landes- und Kreisverwaltungen eingesetzten Entnazifizierungskommissionen waren dagegen eine deutsche Angelegenheit. Sie waren erst im Sommer 1947 auf der Grundlage des Befehls 201 neu gebildet worden. Die Vorgängerkommissionen hatten bereits die Angestellten

40 Vgl. Landeshauptarchiv Schwerin, Bestand 6.11.22, Ministerium des Innern, Landesentnazifizierungskommission, Bd. 1, 4, 5, 6, 7 u. 29.

der Verwaltungen, der kommunalen und volkseigenen Betriebe, die Richter und Staatsanwälte, die Lehrer an den Schulen von NSDAP-Funktionsträgern und einfachen Mitgliedern gesäubert. In dieser letzten Phase ging es um Personen, die von den bisherigen Überprüfungen nicht erfasst worden waren. Ins *Café Schröder* wurden in der Mehrzahl kleine Handwerker und Gewerbetreibende vorgeladen, die NSDAP-Mitglieder gewesen waren oder Funktionen in der SA innegehabt hatten. Zwei Zellenleiterinnen der NS-Frauenschaft mussten sich verantworten, ebenso wie die Inhaberin eines Schreibwarenladens, der vorgeworfen wurde, einen ihrer Kunden denunziert zu haben.

Offenbar ging es in dieser Phase weniger um eine Auseinandersetzung mit der NS-Vergangenheit, sondern eher um die Enteignung der kleinen und mittleren Unternehmen. Wenn die Entnazifizierungskommission jemanden nämlich als „belastet" einstufte, dann durfte der oder die Betreffende nicht mehr selbstständig tätig sein und auch keinen Betrieb leiten. Für seine Firma musste ein Verwalter eingesetzt werden. Den Rest besorgte dann das Amt für Sequestrierung und Beschlagnahme. Manche Kommissionssitzungen muten wie Alibi-Veranstaltungen an, wenn etwa über die beiden NSDAP-Ortsgruppenleiter Helmut Sieker und Hermann Kaper, die schon im April 1945 in Richtung Westen geflohen waren, „in Abwesenheit" verhandelt wurde, oder gegen den als „SS-General" titulierten Leiter der Sicherheitspolizeischule Drögen, Dr. Trummler, der zu diesem Zeitpunkt (Januar 1948) von den Amerikanern in Dachau bereits zum Tode verurteilt worden war.

Die Entnazifizierungskommission empfahl auch Festnahmen. Durchschriften der Sitzungsprotokolle gingen außer an die K 5 an die Sowjetische Militäradministration, die Kreiskommandantur und den Kreisvorstand der SED. In manchen der Fälle, bei denen eine Anklage empfohlen wurde, befanden sich die Betreffenden bereits im „Gewahrsam des NKWD", wie vermerkt wurde. Die Kommission beantragte dann eine Auslieferung an die deutschen Behörden, denen seit August 1947 die Verfolgung der NS-Verbrechen oblag. Solchen Anträgen wurde jedoch niemals stattgegeben. Die Tore, hinter denen die Verhafteten verschwunden waren, erwiesen sich lange Zeit als hermetisch verschlossen. Aber diese Bemerkungen in den Protokollen sind vielleicht Hinweise darauf, dass die sowjetische Besatzungsmacht und die deutschen Verwaltungen unterschiedliche Auffassungen über den Umgang mit NS-Tätern hatten.

Die Entnazifizierungskommission des Kreises Neustrelitz bestand aus acht Mitgliedern, in einigen Fällen kam noch der Vertreter der K 5, des Vorläufers der Staatssicherheit, vermutlich als Beobachter hinzu. Abwechselnd tagten sie in Neustrelitz, in Wesenberg und in Fürstenberg. Alle Parteien und Organisationen der SBZ schickten ihre Vertreter in die Kommission. Der stellvertretende Vorsitzende Hans Büttner und der Berichterstatter Joachim Ohmert waren vermutlich von der SED, obwohl ihre Parteizugehörigkeit in den Protokollen nicht vermerkt ist. Von den Liberaldemokraten (LDP) war Carl Stiefel abgeordnet, von der CDU Alfred Strepp, der Freie Deutsche Gewerkschaftsbund (FDGB) hatte Walter Meier geschickt, der Verein der gegenseitigen Bauernhilfe (VdgB) Gustav Wolter, der Jugendverband FDJ wurde von Herbert Weichbrodt vertreten, der Demokratische Frauenbund (DFD) von Frau Leibküchler, deren Vorname in keinem der Protokolle vermerkt ist. Und schließlich Herr Buttler von der Politischen Polizei, der nur manchmal teilnahm.

Für einen kurzen Augenblick der Geschichte hatten die sieben Männer und die eine Frau eine Menge Macht über andere Menschen. Aus den Protokollen geht nicht hervor, ob sie sich bei ihren Beschlüssen immer einig waren. Aber zweifellos waren die SED-Mitglieder und die Angehörigen der von der Einheitspartei dominierten Organisationen in der Mehrheit gegenüber den bürgerlichen Vertretern, die damals noch eine echte Oppositionsrolle spielten.

Am 14. November 1947 behandelte die Kommission in Fürstenberg fünf Fälle, am 5. Dezember, laut vorliegenden Protokollen, vier, am 23. Januar 1948 entschieden sie sogar über das Schicksal von acht Menschen. Nicht alle Protokolle der Kommissionssitzungen sind im Archiv überliefert. So fehlen zum Beispiel die Unterlagen über die Verhandlung am 14. November 1947 gegen Franz Gumbert, auf die im späteren Beschluss über die Enteignung seiner Fleischerei Bezug genommen wird.[41]

41 Das Protokoll der Verhandlung über Franz Gumbert fand sich dann doch noch in seiner Strafakte im Archiv der DDR-Staatssicherheit. Vgl. BStU, ASt 229/48, Bl. 3 u. 4.

Man gewinnt den Eindruck, dass die Kommission in ihren Untersuchungen nur selten auf das Geschehen im Frauen-Konzentrationslager Ravensbrück Bezug nahm. Gumbert wurde vor allem deshalb als „politisch belastet im Sinne der Kontrollratsdirektive 38“ angesehen, weil er SA-Obertruppführer und Mitglied der NSDAP war. Erst an dritter Stelle werden die Lieferungen seiner Firma an das KZ aufgeführt. Der Bauunternehmer Ahlgrimm und der Tischlermeister Kemper, deren Firmen maßgeblich am Bau des Lagers mitgewirkt hatten, wurden offenbar gar nicht vor die Entnazifizierungskommission geladen. Jedenfalls erinnern sich ihre Kinder – Erich Kemper und Anneliese Ahlgrimm – nicht an eine solche Verhandlung. Kemper und Ahlgrimm waren schon seit Mai 1945 zu unentbehrlichen Helfern der sowjetischen Besatzungsmacht geworden.

Im Schweriner Landesarchiv sind nur drei Protokolle überliefert, in denen sich die Entnazifizierungskommission des Kreises Neustrelitz mit der Verstrickung von Fürstenbergern in das Geschehen im Frauen-KZ Ravensbrück befasste. Am 14. November 1947 wurde der Fall des ehemaligen Friedhofs- und Krematoriumsverwalters Rudolf Beyer verhandelt, Mitglied der NSDAP und Amtswalter der NSV (NS-Volkswohlfahrt). Zum Zeitpunkt der Verhandlung war Beyer als Hausmeister bei der Forstverwaltung beschäftigt. Er sollte sich vor allem für seine Mitwirkung an der Verbrennung von Häftlingsleichen aus dem Konzentrationslager verantworten. Bevor das lagereigene Krematorium Ende 1943 fertig gestellt worden war, seien, so Beyer, wöchentlich anfangs etwa fünf bis acht tote KZ-Häftlinge zur Verbrennung in das Krematorium gebracht worden, später habe sich die Zahl auf zwanzig bis fünfundzwanzig Tote erhöht. Der Beschuldigte beteuerte, stets unpolitisch gewesen zu sein. Die städtische Krematoriumsverwaltung habe sich nichts zuschulden kommen lassen. Verbrannt worden seien stets nur Häftlinge, die „eines normalen Todes“ gestorben seien. Die Totenscheine seien von ihm „ordnungsgemäß geprüft“ worden.

Die Kommission kam zu dem Schluss, dass Beyer „durch seine Stellung und Tätigkeit die nationalsozialistische Gewaltherrschaft wesentlich gefördert“ habe. Sie war der Auffassung, dass er die „Verbrennung der wegen ihrer politischen Gegnerschaft gegen den Nationalsozialismus umgebrachten

Häftlinge hätte verweigern können". Sie stufte Beyer als „belastet" ein. Der Fall wurde der Anklagebehörde zur weiteren Verfolgung überwiesen und eine sofortige Inhaftnahme empfohlen. Nach Verbüßung der zu erwartenden Strafe sollte ihm auf die Dauer von zehn Jahren untersagt werden, in einem gewerblichen Beruf oder selbstständig zu arbeiten. Ebenfalls auf Dauer von zehn Jahren wurde ihm das aktive und passive Wahlrecht entzogen. Bei der Forstverwaltung dürfe er nicht mehr arbeiten.

Am 10. Dezember 1947 erhob Rudolf Beyer Einspruch gegen diesen Beschluss und beantragte, ihn als „Mitläufer" einzustufen. Er legte zehn völlig gleichlautende Leumundszeugnisse von Fürstenberger Bürgern bei, die ihm bescheinigten, dass er unpolitisch gewesen sei und als Amtswalter der NSV nur Bedürftigen geholfen habe. Die Reaktion auf diesen Einspruch und das weitere Schicksal von Rudolf Beyer sind nicht überliefert.[42]

Am 5. Dezember 1947 wurde Anna Röwer, wohnhaft Fürstenberg, *Unter den Linden* 1, vor die Kommission in das *Café Schröder* geladen. Ihr wurde vorgeworfen, in den Jahren 1940/41 Aufseherin im Konzentrationslager Ravensbrück gewesen zu sein „und dadurch Wissen gehabt zu haben von den Verbrechen, die in den KZ-Lagern vorgenommen wurden". Anna Röwer, die der Vorladung gefolgt war, erklärte, sie habe „bezüglich ihrer Tätigkeit nichts weiter zu sagen". Darauf erhob sich aus dem Publikum Frau Irmgard Rheinsberg, ebenfalls wohnhaft in Fürstenberg, die angab, Häftling im KZ Ravensbrück gewesen zu sein. Frau Rheinsberg erklärte, sie habe selbst gesehen, wie Frau Röwer Häftlinge geschlagen habe. Die Zeugin gab allerdings an, erst ab 1942 in Ravensbrück gewesen zu sein. Die Beschuldigte ihrerseits erklärte, dass sie bereits 1941 ihren Dienst als Aufseherin wegen einer Schwangerschaft beendet habe.

Dieser offenkundige Widerspruch wurde von der Kommission nicht weiter beachtet. In ihrem Beschluss berief sie sich auf die Aussage von Irmgard Rheinsberg und stufte Anna Röwer als „Hauptschuldige" ein, da sie sich in mindestens einem Fall „an Grausamkeiten und Gewalttätigkeiten in irgendeiner Form an Häftlingen beteiligt" habe. Der Fall wurde der

42 Vgl. Protokoll vom 14. 11. 47, Landeshauptarchiv (LHA) Schwerin, 6.11.22, Landesentnazifizierungskommission, Bd. 1.

Anklagebehörde zur weiteren Verfolgung überwiesen. Außerdem wurde der Beschuldigten auf Lebenszeit das aktive und passive Wahlrecht entzogen. Sie durfte kein Mitglied einer politischen Partei oder Gewerkschaft werden, durfte nicht selbstständig tätig sein, keinen Betrieb leiten, unterlag den Wohnraum- und Aufenthaltsbeschränkungen und konnte gegebenenfalls zu gemeinnützigen Arbeiten herangezogen werden.[43]

Am 27. Januar 1948 stand Alfred Koch, Leiter der Fürstenberger Annahmestelle für Kartoffeln, Gemüse und Obst vor der Entnazifizierungskommission. Koch hatte bis zum April 1945 das Frauenkonzentrationslager mit Obst und Gemüse beliefert. Ihm wurde vorgeworfen, von diesen Lieferungen profitiert zu haben. Wieder trat Irmgard Rheinsberg als Zeugin auf. Sie erklärte, sie und andere Häftlinge seien beim Abladen des Gemüses von Koch schikaniert und misshandelt worden. Darauf meldete sich eine Martha Müller, wohnhaft in Ravensbrück, Dorfstraße 9, die nach ihren eigenen Angaben Anweisungshäftling in der Gemüsekolonne gewesen war. Sie bezeichnete die Aussage von Frau Rheinsberg als unwahr und warf ihr vor, sich im Lager schlecht gegenüber Mithäftlingen verhalten zu haben. Außerdem äußerten sich zwei weitere ehemalige Häftlinge, die ebenfalls bei Alfred Koch gearbeitet hatten. Helene Schulz und Auguste Pfitzner gaben an, von Koch stets anständig behandelt und mit zusätzlichem Essen versorgt worden zu sein.

Diesmal schenkte die Kommission den Aussagen von Frau Rheinsberg keinen Glauben. Es hieß, sie habe als Belastungszeugin schon einmal unwahre Angaben gemacht. Der Gemüsehändler kam mit einer Einstufung als „minderbelastet" davon. Mit der Belieferung des KZ habe er „nur wirtschaftliche Vorteile für sich herausschlagen" wollen. Für die Dauer von zwei Jahren sollte er die Annahmestelle nicht leiten dürfen. Das Urteil für Koch, der als „Anwärter der SED" bezeichnet wurde, endet mit dem versöhnlichen Satz: „Nach einer Bewährungszeit von zwei Jahren wird er seine Pflichten als Bürger eines friedlichen demokratischen Staates erfüllen." Alfred Koch erhob dagegen Einspruch und schrieb in seiner Begründung, er habe es damals für seine Pflicht gehalten, „die Insassen des früheren KZ-Lagers mit

43 Vgl. Protokoll vom 5. 12. 1947, LHA Schwerin 6.11.22, Landesentnazifizierungskommission, Bd. 3.

Gemüse zu versorgen". Offenbar sah er den Spruch der Kommission als reine Willkür an, denn er fügte hinzu: „Wenn ich mich geweigert hätte zu liefern [...], wäre ich eventuell heute auch noch zur Rechenschaft gezogen worden." Seine Beschwerde wurde abgelehnt.[44]

Einen Monat später, am 27. Februar 1948, verkündete die sowjetische Besatzungsmacht als erste der vier alliierten Siegermächte überraschend das Ende der Entnazifizierung in ihrer Besatzungszone. Die Tätigkeit der Kommissionen wurde abrupt beendet. Naziaktivisten, deren Fall bis dahin noch nicht verhandelt worden war, hatten Glück gehabt. In den folgenden Jahren hoben die Landesverwaltungen, später die DDR-Regierung, die von den Kommissionen verhängten Strafmaßnahmen stufenweise auf, bis schließlich am Ende des Jahres 1953 allen ehemaligen NS-Funktionsträgern und Wehrmachtoffizieren, wenn sie nicht wegen Verbrechen gegen die Menschlichkeit verurteilt worden waren, die staatsbürgerlichen Rechte wieder zuerkannt wurden. Positionen in Wirtschaft, Verwaltung und Politik standen ihnen erneut offen, sofern sie bereit waren, sich loyal zur neuen Ordnung zu verhalten. Unter die Vergangenheit wurde ein Schlussstrich gezogen.

Ziel der Politik war jetzt der Aufbau einer neuen Gesellschaft. Dabei konnten die Regierenden, ebenso wie in der Bundesrepublik, auf die Fachkompetenz der Millionen Mitläufer und kleinen Nazis nicht verzichten. Die NS-Vergangenheit wurde mit einer staatsoffiziellen symbolischen Erinnerung zugedeckt, in deren Zentrum der kommunistische Widerstand stand. Dieser weitgehend ritualisierte Umgang mit der Vergangenheit verlor alle Bezüge zur persönlichen Verantwortung der einzelnen Menschen. Die Schuld für die Verbrechen wurde vor allem in den Westen verlagert, wo die neuen Gegner im Kalten Krieg saßen.

Die Fürstenberger mussten nun nicht mehr die Frage beantworten, was sie denn gewusst und warum sie nichts getan hätten. In der antifaschistischen Erinnerung an den Widerstand im Frauen-KZ Ravensbrück kamen sie nicht vor. Zur Entwirklichung der Erinnerung an das Konzentrationslager trug zweifellos auch der Umstand bei, dass die sowjetische Armee das Gelände

44 Vgl. Protokoll vom 27. 1. 1948, LHA Schwerin, 6.11.22, Landesentnazifizierungskommission, Bd. 4.

weiträumig absperrte und als Kaserne nutzte. Das historische Lager war damit der Wahrnehmung entrückt. An seine Stelle trat die Gedenkstätte.

Zusammenleben mit den Besatzern

Nach den unberechenbaren, turbulenten und schwierigen Nachkriegsjahren folgte der Alltag des Zusammenlebens mit den sowjetischen Besatzern. Während sich die Militärs aus vielen anderen Ortschaften und Städten der Region bald wieder zurückzogen, blieben sie in Fürstenberg und bauten ihre Präsenz sogar mit den Jahren immer weiter aus. Sie saßen nicht nur auf dem Gelände des Frauenkonzentrationslagers, sie saßen auch im ehemaligen Jugendlager „Uckermark", in der Sicherheitspolizei-Schule Drögen, sie blieben in den Kurheimen und Wohnhäusern der Röblinseesiedlung und am Baalensee. Einige der 1945 besetzten Straßenzüge und Häuser wurden in den fünfziger Jahren an die Einwohner bzw. Eigentümer zurückgegeben. Der letzte Sitz der sowjetischen Stadtkommandantur war bis zum Abzug der Truppen das ehemalige Zwangsarbeiterlager in der Zehdenicker Straße.

Einige Einwohner erzählen von „Triumphbögen", die die Besatzer in den Nachkriegsjahren an bestimmten Punkten der Stadt errichteten. Diese hölzernen Tore waren spätestens in den achtziger Jahren nicht mehr vorhanden. Als Einziger der Befragten erinnert sich Horst Kowalski an ein riesiges Stalin-Porträt, das um 1950 in der Mitte des Schwedtsees verankert gewesen sein soll. Dieses Bild habe die Grenze zwischen dem zugänglichen und dem gesperrten Teil des Sees markiert. Er erinnert sich vor allem deshalb daran, weil er als junger Mann einmal während einer Kahnpartie mit einem Mädchen das Boot an dem Grenzpfahl angebunden habe. Innerhalb kurzer Zeit sei ein „Sturmboot" der Russen auf sie zugerast. Nach der Kontrolle hätten sie dann aber weiterrudern dürfen. Ihre Harmlosigkeit war wohl überzeugend.

Die Rote Armee unterhielt in Fürstenberg eine Schule für die Offizierskinder, eine Krippe und einen Kindergarten, eine Poliklinik, mehrere Einkaufsmagazine, von denen einige auch für die Fürstenberger Bevölkerung zugänglich waren. In der ehemaligen Munitionsfabrik *Faserstoff* wurden Panzer und Kraftfahrzeuge repariert, im ehemaligen SS-Versuchsgut richteten sie eine Apotheke ein. In der Schützenstraße befand sich ein Verpflegungslager, an der

Lychener Chaussee wurden eine Fallschirmsprunganlage, eine Turnhalle und eine Wohnsiedlung für die Offiziersfamilien neu erbaut. Einheiten der Roten Armee verschiedenster Waffengattungen lagen auch rings um Fürstenberg: in Dahmshöhe, Menz, Neuglobsow, Neuthymen, Kastaven usw. Insgesamt standen den etwa 5000 Fürstenberger Einwohnerinnen und Einwohnern 15 000 Angehörige der sowjetischen Armee gegenüber. „Hier waren ja unendlich viel Russen. Lagen hier rundrum", sagt Frau Frank. „Also wir waren hier direkt eingezingelt. Alles was war, waren Russen. Die waren den Deutschen überlegen."

Der Ortschronist Wolfgang Stegemann sagt, viele Fürstenberger hätten lange Zeit gehofft, die Besatzer würden die Stadt bald wieder verlassen: „Immer dann, wenn die Tischlereien Aufträge kriegten, also Klaviere zu verpacken und Möbel und so weiter. Die wurden verladen, und dann zogen die Russen ab. Dann atmeten die Fürstenberger auf. Und dann kam der Schock kurz drauf, wenn nämlich neue Truppen kamen. Also es war am Anfang noch nicht die Gewissheit da, die Russen bleiben auf lange Sicht in Fürstenberg. Es war immer die Hoffnung da, jetzt ziehen sie ab."

Stegemann ist der Meinung, dass die Russen an der Entwicklung und dem weiteren Ausbau der Stadt Fürstenberg kein Interesse hatten. „Es ging um die Geheimhaltung. Kontakte gar nicht mal, denn die war'n ja eingesperrt. Die kamen ja nicht viel raus. Aber die vielen Kasernen in der Umgebung, in den Wäldern, da lag ja alles voll. Und Übungsplätze, die dazu kamen. Nicht? Das ging ja rundrum. Es war ja überall Sperrgebiet. Und mittendrin in diesem Sperrgebiet, da lag dieses alte, kleine ehemalige Ackerbürgerstädtchen Fürstenberg. [...] Aber dass die Stadt sich ausweitet und da noch vielleicht Industrie ansiedelte, da war kein Interesse daran. Und man sah's ja auch. Die Innenstadt verfiel immer mehr. Da kam denn so'n Bauzaun rum und der stand dann zehn Jahre oder noch länger bis ... bis 1990."

Frau Marten spricht davon, dass Fürstenberg viele Jahre lang „eine tote Stadt, eine vernachlässigte Stadt" gewesen sei. „Dadurch, dass die vielen Häuser und ganze Stadtviertel besetzt waren von der Roten Armee, konnte kein normales Leben pulsieren. Es konnte wenig getan werden. Und das, was früher den Reiz ausgemacht hat, die Hotels und das Bootfahren und Baden auf den vielen Seen, das war ja alles irgendwie eingeschränkt."

Wolfgang Stegemann spricht von einem verbreiteten Gefühl der Ohnmacht gegenüber den sowjetischen Militärs, die schalten und walten konnten, wie sie wollten: „Wir haben ja gesehen, dass auch die deutsche Polizei gegenüber, na ja also, Übergriffen der Russen nichts machen konnte. Die Russen sind, beispielsweise ... das habe ich selber öfter gesehen, die Russen sind mit einem Lkw voll beladen mit Asche, die glühte, die glimmte, das qualmte alles, sind die durch die Stadt gefahren und haben das irgendwo im Wald abgeladen. Und im Wald war'n dann die Waldbrände. Die Feuerwehr hat nicht mal mehr den Alarm ausgelöst, also mit der Sirene, sondern die haben nur ihre Klingelalarme dann gehabt."

Im Verlauf der jahrzehntelangen Nachbarschaft zwischen Russen und Deutschen in Fürstenberg ereignete sich zumindest ein weitaus schlimmerer und tragischerer Zwischenfall als das Abkippen von glühender Asche im Wald. Im Juni 1987 wurden auf dem Gelände der Kaserne in Drögen zwei Jugendliche von einem Wachsoldaten erschossen. Die Brüder Uwe und Christian Baer waren 17 und 19 Jahre alt. Sie wohnten zusammen mit ihrem Vater in einem kleinen Haus, das direkt an das Militärgelände grenzte. Eigentlich kannten die Soldaten der in Drögen stationierten Einheit die beiden Baer-Jungen seit Langem. Die meisten wussten, dass Uwe und Christian oft über die Mauer stiegen, um auf dem Gelände Schrott zu sammeln, den sie dann verkauften. Das war zwar nicht erlaubt, wurde aber toleriert – bis zu jenem Nachmittag des 11. Juni, an dem der junge Wachsoldat sein Gewehr anlegte und die beiden erschoss.

Wie und warum es dazu kam, ist bis heute nicht geklärt. Horst Baer, der Vater der beiden Jungen, sieht heute den Tod seiner Söhne im Zusammenhang mit der überraschenden Landung des 17-jährigen Deutschen Mathias Rust mit einer *Cessna* im Mai 1987 in Moskau auf dem Roten Platz. Kurz darauf seien die Sicherheitsmaßnahmen der sowjetischen Objekte in Drögen, in Ravensbrück und anderswo verschärft worden. Offenbar habe es da einen Befehl gegeben.[45] Herr Baer hat niemals erfahren, ob und in welcher

45 Mein Gespräch mit Horst Baer im Jahr 1993, vgl. Horst Baer, Schmerzhafte Erinnerungen in: Florian v. Buttlar/Stefanie Endlich/Annette Leo, Drögen. Fürstenberg-Drögen. Schichten eines verlassenen Ortes, Berlin 1994, S. 200 ff.

Weise der 19-jährige Soldat, der die Schüsse abgab, zur Verantwortung gezogen worden ist. Er erinnert sich aber noch genau an die Bemühungen der Staatssicherheit, den Vorfall weitgehend zu vertuschen. Als besonders demütigend empfand er die Tatsache, dass ihm der Text auf dem Grabstein vorgeschrieben wurde. Auch seine Traueranzeige in der Zeitung wurde zensiert. 1988 beauftragte er den Rechtsanwalt Schnur, Einsicht in die Untersuchungsergebnisse der DDR-Militärstaatsanwaltschaft zu nehmen. Auf eine Antwort wartete er vergeblich.[46]

Der Sachbuchautor Volker Koop veröffentlichte 1997 über die Geschehnisse ein Buch, dass kurzzeitig in Fürstenberg Beachtung fand.[47] Danach geriet der Tod von Christan und Uwe Baer wohl allmählich in den Hintergrund. Von den befragten Fürstenbergerinnen und Fürstenbergern bezieht sich nur Martha Gieske auf das Ereignis. Sie wohnte damals in unmittelbarer Nachbarschaft der Baer-Familie. Sie sagt, sie habe danach „doll Angst" gehabt, dass ihrem Mann so etwas auch passieren würde. Der habe sich nämlich zum „Alkoholiker entwickelt". Offenbar fürchtete sie, dass er, der übrigens als SS-Mann in den vierziger Jahren in Drögen seinen Dienst verrichtet hatte, in betrunkenem Zustand etwas Unbedachtes tun könnte.

Mehr als zehn Jahre nach dem Abzug der russischen Garnison aus Fürstenberg und Umgebung scheinen die freundlichen Erinnerungen an das jahrzehntelange Zusammenleben zu überwiegen. Viele Befragte versichern, es habe vor allem in den späteren Jahren keine Probleme gegeben. Frau Wiese, deren Vater in den Nachkriegsjahren als Klavierlehrer bei den Offiziersfamilien in der Röblinsee-Siedlung arbeitete, sagt, die Russen seien doch nicht so schlimm gewesen, wie zuerst befürchtet. Aber der Abstand wurde gewahrt: „Wenn wir ausgingen, dann waren die Russen mit auf'm Tanzboden, und wenn die uns aufforderten, haben wir uns denn auch zurückgezogen. Das haben wir nicht so sehr gemocht."

46 Wolfgang Schnur gründete Ende 1989 die Partei „Demokratischer Aufbruch". Als deren Spitzenkandidat stellte er sich März 1990 zur Wahl. Kurz vor dem Wahltermin wurde jedoch publik, dass Schnur ein langjähriger Spitzel der Staatssicherheit gewesen war.

47 Volker Koop, Deckname Vergeltung. Die Stasi und der Tod der Brüder Baer, Bonn 1997.

In den ersten Jahren konnten auch die einfachen Soldaten sich zumindest zu manchen Anlässen frei im Ort bewegen. Herr Gärtner erinnert sich an einen Sonntag vor mehr als 50 Jahren: „Da hatten sie mal einen Sonntag frei, und da kamen sie alle hier rein. Da kamen die reingeströmt. Wir haben gedacht, da kommen Heuschreckenschwärme. Und wie die Russen sind, die saufen ja gleich. So, und dann lagen die hier nachmittags, gegen Abend lagen die hier überall rum. Hier im Stadtpark und so weiter. Und denn kamen die Kommandos mit Lastwagen. Die haben sie denn so angefasst, rauf – wie die toten Schweine, zack, immer rauf, rauf und abgefahr'n. Und dann war Feierabend. Dann kamen die nie wieder, nur unter Aufsicht. Das gab's nicht mehr. Das war dann vorbei."

Nachdem die Rote Armee einige der besetzten Straßenzüge wieder freigegeben hatte, die Soldaten die Kasernengelände einzeln und ohne Aufsicht nicht mehr verlassen durften, wurde die Distanz vermutlich etwa seit Mitte der fünfziger Jahre zum Normalfall im Umgang miteinander. Die Fürstenberger richteten sich pragmatisch in der Situation ein und versuchten das Beste daraus zu machen. Die anfängliche Furcht vor den Besatzern wich der Gleichgültigkeit oder sogar dem Mitleid. Es war ja nicht zu übersehen, wie primitiv die einfachen Soldaten in den Kasernen lebten und wie schlecht sie oft behandelt wurden.

Monika Weber, die mit ihrem Mann in einem Haus direkt gegenüber der Kaserne Drögen wohnte, erzählt, einige Soldaten seien manchmal zu ihnen gekommen. Die hätten überhaupt keine Ahnung von der DDR gehabt: „Uns haben zum Beispiel zwei junge Soldaten erzählt: Die Autos, die hier vorbeifahren, das wären alles Firmenwagen, die gehörten volkseigenen Betrieben, Privatautos würde es in der DDR gar nicht geben. Wir haben sie Fernsehen gucken lassen, und mein Mann spricht ja ein bisschen Russisch, der hat sie aufgeklärt. Die wollten es zuerst gar nicht glauben. Mein Mann hat gesagt: Guckt mal, ich hab' hier auch ein Auto, das ist mein privates Auto." Frau Weber erzählt auch von kleinen, für beide Seiten lukrativen Geschäften: „Soldaten sind auch zu uns gekommen, wenn sie irgendwo was geklaut hatten, dann haben sie das verscheuert. Da war zum Beispiel so ein Kleiner, den sehe ich heute noch vor mir, der muss wohl in der Küche gearbeitet haben, der hat uns mit Fleisch versorgt. Säckeweise haben sie Nudeln ... die haben ja immer gleich in Massen gebracht, also nein, was wir gelacht haben."

Herr Bock, dessen Grundstück an das Kasernengelände in Ravensbrück grenzte, ist stolz darauf, dass er damals nie Benzin an der Tankstelle bezahlen musste. „Das haben sie mir alles ins Haus gebracht. Kanister 15 Mark. Und wenn ich für meinen Wartburg nachher 12 Liter gebraucht habe, hab' ich also für 75 Pfennig n'Liter gekauft. Jetzt hab' ich einen Fiat, der braucht 6 Liter, also die Hälfte, dafür bezahl' ich das Doppelte an Benzin."

Frau Schröder betont, dass sie keine schlechten Erfahrungen mit den Russen gemacht habe. „Man kam eben in verschiedene Stadtteile nicht rein, die waren gesperrt, das ist ja genauso, als wenn man nach Berlin kam, war auch die Mauer. So ungefähr war das hier im Kleinformat. Und ansonsten haben wir versucht, in den Magazinen mal so ein bisschen was zu bekommen, was es sonst nicht gab." Als sie bei der Forstwirtschaft angestellt war, seien an bestimmten Feiertagen immer russische Abordnungen eingeladen worden. „Also die haben dann da ihren Klimbim gemacht und wir unseren da. [...] Und die meisten, die hier in diesen Russenobjekten gearbeitet haben, die waren ja regelrecht befreundet mit den Russen."

Herr Gärtner und seine Frau sprechen sogar davon, dass sie die Russen heute irgendwie vermissen würden. Damals jedenfalls hätten sie sich nachts auf den Straßen sicherer gefühlt. Wohl sei es in den ersten Jahren „ein bisschen bedrückend" gewesen, diese vielen Kasernen ringsherum. Aber dann habe man sich daran gewöhnt. Herr Bock erzählt, die Russen hätten in den ersten Jahren im Haus seiner Schwiegereltern gewohnt. Seine Schwiegermutter habe für sie gekocht. Dadurch habe die ganze Familie etwas mehr zu essen gehabt. „In der Schlafstube auf dem Furnier ist sogar noch russisch was eingekratzt. Weil das im Holz drin ist. Mit den Russen hatten wir eigentlich ein gutes Verhältnis. Jedenfalls konnte man unbeschadet auf die Straße gehen, nachts als Frau alleine, was man ja heute nicht mehr kann."

Die Besatzungsarmee war der größte Arbeitgeber der Region. Viele Interviewpartner arbeiteten zeitweise oder ständig für die sowjetischen Militärs. Sie belieferten sie, führten Handwerksarbeiten aus oder waren sogar bei ihnen angestellt. Herr Henkel arbeitete von 1952 bis 1955 als Expeditor im

„Russenmagazin". Er habe seinen Maurerberuf aufgegeben, weil er im Magazin mehr Geld verdienen konnte. Erst sei er in der Verkaufsstelle am Röblinsee gewesen, eine Zeit lang habe er sogar im ehemaligen KZ im Zellenbau Lebensmittel verkauft. Im Zellenbau, das sei aber nur für kurze Zeit gewesen, sagt er.

Herr Kopf fertigte als Schuhmachermeister Stiefel für die Offiziere und Schuhe mit Pfennigabsätzen für deren Frauen. „Wie sich das nachher hier alles gelegt hatte, muss man sagen, dass es mit den Russen hier überhaupt gar keinen Ärger gab."

Bevor ihr Mann 1949 aus der Kriegsgefangenschaft zurückkam, arbeitete Martha Gieske zwei Jahre in der Offizierskantine am Röblinsee als „Offizianka". Offizianka, sagt sie, heißt Servierdame. Sie habe damals sehr schnell Russisch gelernt. Später übernahm sie eine Imbissbude an der Schleuse, wo sie Russen und Deutsche bediente, und ganz zum Schluss war sie noch einmal Serviererin. Beim zweiten Mal sei sie aber ganz offiziell registriert gewesen, sagt sie, „kriegten wir unsern Lohn und alles über deutsch". Nähere Bekanntschaften zu Offizieren und ihren Familien hätten sich in all den Jahren nicht ergeben. Aber in Drögen sei die unmittelbare Nachbarschaft zu den Russen doch manchmal ärgerlich gewesen. Ihr Obst hätten sie eigentlich nie selbst ernten können, und die Abfälle wurden häufig einfach über den Zaun in ihren Garten geworfen. Nach einer Beschwerde beim Kommandanten, sagt Frau Gieske, sei es dann „mal wieder so seinen Lauf" gegangen. Wenn sie die SS und die Russen in Drögen miteinander vergleichen sollte, dann müsse sie doch sagen, dass die SS-Leute sauberer gewesen seien.

Das Grundstück des Ehepaars Hanke in der Krummen Straße grenzte direkt an ein von der Roten Armee besetztes Stadtgebiet. Frau Hanke sagt, sie könne sich nicht beklagen: „Wenn ich im Garten war, die sind dann vorbeigegangen, haben gegrüßt oder haben mich gebeten um eine Rose oder so, sie bezahlen auch. Also dass einer rübergekrochen wäre und hätte was gestohlen, das kann man nicht sagen." Ihr Mann ergänzt, im Laufe der Jahre habe sich das „immer ein bisschen mehr humanisiert". Aber beide sind sich einig, dass die „Deutsch-Sowjetische Freundschaft", in der sie alle Mitglied waren, nur „leere Worte" gewesen seien. Frau Hanke: „Das frühere

Strandhotel unten vor der Brücke, das große Gebäude das war ein riesiger russischer Kindergarten. Da brachten sie die Kinder vom Röblinsee mit einem Bus hier rein. Und die kamen hier oft rumgelaufen. Aber mit deutschen Kindern zusammen. Um Gottes Willen! Na und das wäre doch gerade die Freundschaft gewesen, nicht."

Frau Golz hat während ihrer letzten drei Berufsjahre bis zur Rente beim HO-Spezialhandel gearbeitet, der die „Magazine" mit Waren belieferte. Das war ihre schönste Zeit, sagt sie. Frau Frank war 20 Jahre lang Putzfrau in der sowjetischen Schule. In den ersten Jahren habe sie nebenbei auch in Offiziershaushalten Wäsche gewaschen und abgewaschen. Eigentlich habe sie das gar nicht gewollt. Obwohl sie das Geld gebrauchen konnte, hatte sie zu Hause mit den Kindern und dem Garten genug zu tun. Aber wenn eine Offiziersfrau sie aufforderte, abends noch in ihr Haus zu kommen, habe sie nicht gewagt zu widersprechen. „Dann hieß es nachher: die Frauen dürfen nicht mehr. Deutsche Frauen dürfen nicht mehr bei Russen so eben nebenbei arbeiten. Na, nun musste ich mich erst mal da rausringen wieder."

Frau Frank spricht auch das Reizthema zwischen Russen und Deutschen der siebziger und achtziger Jahre an: „Ich komme mal zur HO, ist ja jetzt der Fidschen-Laden[48] da drinne, da war ein ... na Kleider und Wäsche und so was alles. Und da sagt die eine Frau zu einer Russin: ‚Ihr Kleid ist schon zurückgehängt. Das ist Ihnen schon sicher.' Das ging ja nur [nach dem Motto] gibste was – kriegste was. Für uns war ja nichts da. Die haben ihre Vorteile von gehabt, nicht? Aber wir haben drunter gelitten." Mit der wachsenden Kaufkraft der DDR-Bevölkerung wurden die sowjetischen Offiziersfrauen in den Garnisonsstädten (anderswo waren es die Polinnen im kleinen Grenzverkehr) zunehmend als Konkurrentinnen beim Wettlauf um die stets mangelnden Konsumgüter angesehen. „Die kaufen uns alles weg", hieß es, und „die" hatten ja auch am Vormittag schon Zeit, um alles mitzunehmen, was sich in den Läden bot.

Wenn am Nachmittag die Läden geöffnet wurden, erinnert sich Frau Falk, sei alles hineingeströmt, „Die Russinnen standen als erste am Ladentisch.

48 „Fidschis" oder „Fidschen" – eine abwertende Bezeichnung in der DDR für die vietnamesischen Vertragsarbeiter.

Und nahmen den Anorak, der gefiel ihnen nicht, bleibe ich mal beim Anorak, denn gaben sie ihn der Zweiten, der Dritten, der Vierten, der Fünften, und für uns blieb da nichts übrig. Und da hatten wir eigentlich eine ziemliche Wut auf die Russinnen." Frau Falk sagt, sie habe in all den Jahren nie ein Wort mit einer Russin oder einem Russen gewechselt. Ihre Worte spiegeln deutlich die Distanz wider: „Die Frauen von den Offizieren, die hier draußen wohnten, die machten sich schick, ich sage noch mal, die stanken wie ein Moschusochse, wenn sie kamen, und ... sie haben uns nicht belästigt, das nicht, aber sie waren nicht beliebt bei uns."

Im Juli 1990, nach der Währungsunion, füllten sich die Läden mit den ehemaligen Mangelwaren, und damit entfiel schließlich dieser Konfliktstoff. Vielleicht sind die überwiegend freundlichen Erinnerungen der Fürstenbergerinnen und Fürstenberger vor allem von dieser letzten Phase des Zusammenlebens gefärbt, als in einer veränderten politischen Situation die Machtverhältnisse sich verkehrten, als freundschaftliche Kontakte zwischen den Militärs und den Anwohnern leichter möglich waren und als, nicht zuletzt, die vorher mit Unmut betrachteten kauflustigen Offiziersfrauen zu erwünschten Kundinnen wurden, denen mancher Ladenbesitzer später nachtrauerte.

Der Supermarkt-Skandal

Der Abzug der Russen veränderte alles. Plötzlich waren die jahrzehntelang besetzten Territorien wieder frei. Die Spuren der Vergangenheit, die hinter hohen Zäunen versteckt waren, kamen wieder zum Vorschein. Und zu den riesigen leeren Flächen, zu denen sich Stadt und Gedenkstätte irgendwie verhalten mussten, gesellte sich ein anderes Vakuum: Zusammen mit dem DDR-Staat lösten sich die bisherigen Grundlagen des Lebens auf, die bisherigen Gewissheiten stürzten zusammen, die bisherigen Deutungen der Vergangenheit verloren ihre Gültigkeit. So viel Offenheit und Leere lösten hektische Aktivitäten, aber auch Angst und Unsicherheit aus. Sichtbarster Ausdruck dieser Situation war der Supermarkt-Skandal im Sommer 1991.

Noch im Sommer 1990, unmittelbar nach Inkrafttreten der Wirtschafts- und Währungsunion, hatte die Stadt das Areal an der Himmelpforter

Landstraße an einen Bauunternehmer aus Wuppertal billig verkauft, ohne vorher die Eigentumsfragen zu klären, wie sich später herausstellte.[49] Aber auch um die Vergangenheit des Geländes kümmerte sich niemand. Zur Zeit der sowjetischen Nutzung saß die Firma *Spezialbau* dort, außerdem hatte es eine Badestelle für die sowjetischen Offizierskinder, eine Gastwirtschaft, eine Sauna und einen Festsaal gegeben, in dem die Fürstenberger jedes Jahr ihren Fasching feierten. Nun sollte dort möglichst schnell ein „gemischtes Gewerbegebiet" entstehen. Geplant waren unter anderem ein Autohaus, ein Café, ein Jachthafen und eben der neue Supermarkt, der endlich nach so vielen Jahrzehnten der Mangelversorgung die Segnungen des Kapitalismus auch nach Fürstenberg bringen sollte. Dass das ganze Areal bis 1945 zum Gelände des Konzentrationslagers gehört hatte, war in Vergessenheit geraten.[50]

Im Januar 1991 begannen die Bauarbeiten. Erst als der Supermarkt schon fast fertig war, protestierte der Gedenkstättenleiter gegen das geplante Vorhaben. Als es ihm in Verhandlungen mit der Stadtverwaltung nicht gelang, wenigstens den Bau des Autohauses und des Cafés zu verhindern, informierte er die Presse. Inzwischen hatten die Frauen des Ravensbrück-Komitees ihrerseits die internationale Öffentlichkeit alarmiert. Je weitere Kreise der Skandal zog, desto verkürzter waren die Informationen. So mussten französische und belgische Zeitungsleser den Eindruck gewinnen, der Supermarkt würde unmittelbar auf dem Appellplatz des ehemaligen Häftlingslagers gebaut. Entsetzen machte sich breit über die Deutschen, die die neuen demokratischen Freiheiten sogleich dafür nutzen wollten, um den Konsum an die Stelle des Gedenkens an die NS-Opfer zu setzen.

Am 6. April 1991 demonstrierten etwa 50 Personen zusammen mit überlebenden Ravensbrücker Häftlingen mit einer Mahnwache gegen die Kommerzialisierung des Geländes. Auch der damalige Vorsitzende des Zentralrats

49 Vgl. Katharina Barnstedt, Der Supermarkt in Ravensbrück. Zur Kontroverse um den Bau eines Einkaufszentrums, 1991, in: Insa Eschebach/Sigrid Jacobeit/Susanne Lanwerd, Die Sprache des Gedenkens. Zur Geschichte der Gedenkstätte Ravensbrück 1945-1995, Berlin 1999, S. 311.

50 Häftlingsfrauen hatten die Straße gebaut, in den Wirtschaftsgebäuden hatte die SS u. a. Baumaterialien und Kartoffeln gelagert.

der Juden, Heinz Galinski, unterstützte den Protest. Der Brandenburgische Ministerpräsident Manfred Stolpe mischte sich ein. Als sich schließlich die Gerüchte über einen bevorstehenden Baustopp verdichteten, gingen etwa 600 Fürstenbergerinnen und Fürstenberger auf die Straße. Sie blockierten die Bundesstraße B 96 an ihrer schmalsten Stelle. Vermutlich war das eine der spontansten und unorganisiertesten Demonstrationen überhaupt. Es gab keinen Sprecher, es gab keine Transparente. Die Fürstenberger, die während der Wendezeit im Herbst 1989 nicht auf die Straße gegangen waren, standen nun einfach da und hinderten eine von Minute zu Minute wachsende Schlange von Fahrzeugen an der Weiterfahrt. Schließlich trafen Journalisten am Ort ein und befragten die Umstehenden nach ihrer Meinung.

Herr Bock ist bis heute verbittert über sein Erlebnis mit einer neuen ungewohnten Medienöffentlichkeit. Er sagt, er habe zu den Initiatoren der Straßenblockade gehört. Eine Reporterin vom NDR sei gekommen, und ihr habe er seine Meinung gesagt. Als er abends den Bericht im Fernsehen gesehen habe, sei er entsetzt gewesen: „Alles andere hatten sie da weggeschnitten. Und ich hab' selber gesagt: so einen Trottel stellen sie da hin und der meckert da rum, ja was soll das?" Ein wenig übergangslos berichtet er plötzlich von einem anderen Gespräch, das er während der Straßenblockade offenbar ohne Fernsehkamera „mit Ausländern", wie er sagt, geführt habe: „Da kamen Ausländer. Und die sagten, das ist ja unerhört, wo die Verbrennungsöfen gestanden haben, machen sie nu so'n Supermarkt. Ich sag': jetzt langt mir das aber hier, ich werd' Ihnen mal sagen, was hier war. Und da hab' ich ihnen das gesagt, da waren ja nie Verbrennungsöfen, da hat der Zirkus aufgebaut nach '45 und in der Hitlerzeit, wo hier ein KZ war, waren da Kartoffelmieten und Kornfeld und so was. Da war ja gar nischt, wo der Markt steht." Für Herrn Bock steht bis heute fest, dass der Galinski, „der Chef von den Juden", hinter dem ganzen Streit gesteckt habe. Der und die Kommunisten hätten das „alles so aufgebauscht".

Auch Frau Abel ist der Meinung, dass letztlich der Protest der Jüdischen Gemeinde den Konflikt ausgelöst habe. Während der Straßenblockade habe sie von ihrem Fenster aus die Leute stehen sehen, mit Kerzen. Sie habe noch überlegt, ob sie auch hinausgehen sollte. Aber ihr Mann sei dagegen gewesen.

Die Mehrzahl unserer Interviewpartner hielt sich, wie das Ehepaar Abel, aus dem Konflikt heraus. Zwar hatten die meisten von ihnen kein Verständnis für den Protest der Häftlingsfrauen, weil der Supermarkt ihrer Meinung nach die Gedenkstätte gar nicht gestört hätte, aber auf die Straße gehen wollten sie dafür nicht. Frau Reppin sagt, das habe sie den Männern überlassen, „wenn die meinen, sie müssen ... Bloß sie ändern sowieso nichts daran." Frau Schröder war zu der Zeit verreist und hat, wie sie sagt, von dieser Straßenblockade nichts mitbekommen. Den Streit selbst fand sie überflüssig. Schließlich seien zu DDR-Zeiten dort jedes Jahr Faschingsfeiern veranstaltet worden, ohne dass sich jemand daran gestört habe. Frau Berger meint, in der Presse sei das alles ganz falsch dargestellt worden: „Wir haben bloß gesagt, wenn die Person oder Einwohner oder ist egal, wie Sie die bezeichnen wollen, wenn die alle zum KZ gehen, dann können die doch da einkaufen gehen. Da haben wir doch den Vorteil und das bringt uns doch Geld ein. Wie kann man so verbohrt sein!" Herr Hanke findet den ganzen Konflikt „hirnverbrannt". So ein Supermarkt sei doch schließlich keine Vergnügungsstätte.

In vielen Meinungsäußerungen spielt die Bemessung des räumlichen Abstands zwischen dem Supermarkt und der Gedenkstätte eine wichtige Rolle. Herr Bock sagt, er habe vor Zeugen mit seinem Auto die Strecke abfahren wollen: „Ich fahr' vorweg und Sie fahren hinterher, und dann gucken Sie auf Ihren Tacho, wie weit das ist. Das waren genau 800 Meter bis hierher." Offenbar war er nicht der Einzige, der die Kilometer gezählt hat, andere sprechen von „einem Kilometer" oder einem „knappen Kilometer". Herr Gärtner meint, das sei „weit genug ab von der Gedenkstätte" gewesen. Für Herrn Karl steht fest, dass der Supermarkt eindeutig außerhalb des damaligen Lagers gebaut worden sei.

Doch darin irrt er, und genau hier liegt der Kern des Konflikts. Das Gelände des Konzentrationslagers und das der DDR-Gedenkstätte waren keineswegs deckungsgleich. Zwar lässt sich die Verständnislosigkeit der Fürstenbergerinnen und Fürstenberger gegenüber dem Protest der überlebenden Häftlinge einigermaßen nachvollziehen. Warum sollte ein Supermarkt schlimmer sein als eine Disco, eine Sauna oder ein Rummelplatz – und warum hatte das Ravensbrück-Komitee nie gegen die Umwandlung des eigentlichen Häftlingslagers in eine Kaserne protestiert? Doch andererseits wussten gerade die Älteren, die die NS-Zeit noch bewusst erlebt hatten, wie weit das Gelände des Konzentrationslagers tatsächlich reichte, wo überall Häftlinge gearbeitet hatten. Viele wussten, dass die Straße, die am Supermarkt vorbeiführte, von den Häftlingsfrauen gebaut worden war. Die jahrzehntelange unsensible und achtlose Nutzung des Areals durch die sowjetischen Militärs war von den meisten Bürgerinnen und Bürgern hingenommen oder sogar akzeptiert worden.

Der Abzug der Roten Armee aber hob die bisher sehr willkürlich gezogene Grenze zwischen dem historisch belasteten und dem alltäglich nutzbaren Raum wieder auf. Bei dem Konflikt um den Bau des Supermarktes ging es letztlich um eine neue Aushandlung dieser Grenzen in einer veränderten politischen Konstellation. Für viele Fürstenberger stellte das eine Bedrohung dar, auf die sie mit Abwehr reagierten. Sie verteidigten ihr „normales Leben" häufig mit Argumenten, die an die Rechtfertigungsmuster der Nachkriegszeit erinnerten, denn der Supermarkt-Konflikt beförderte ein Thema wieder an die Oberfläche, das jahrzehntelang nicht berührt worden war: die Beziehung zwischen Stadt und KZ, die Haltung und Verantwortung ihrer Bewohner. Er polarisierte die Bevölkerung des kleinen Ortes. Einige wenige schlossen sich in einem Förderkreis zur Unterstützung der Gedenkstätte zusammen. Die Mehrheit allerdings sieht sich als Opfer von Umständen, die sich ihrem Einfluss entziehen. So ist Frau Müller der Meinung, sie als Anwohner müssten bis heute „dafür büßen". „Ich hab' immer das Gefühl, wir werden alle als Nach ... das ganze Fürstenberg wird als KZ gehandelt." Herr Kemper fragt: „Sollen wir nu dauernd ... dauernd irgendwie daran denken? Das kann man doch nicht verlangen. Ich meine, wir haben's ja schwer genug gehabt."

Der engagierte und optimistische Wolfgang Stegemann spricht von einem „heilsamen Zwang" für die Fürstenberger, sich mit der KZ-Geschichte auseinanderzusetzen: „Da musste sich ja jeder positionieren irgendwie. Da konnte ja niemand sagen, also ‚na ja, interessiert uns nicht'. Das interessierte jeden. Nicht? Und da wurde die Frage [gestellt], also wie stehe ich zur Gedenkstätte und überhaupt zur Bewertung dieser ... dieser ganzen Dinge da um das KZ herum."

Bauruine des Supermarkts an der „Straße der Nationen".

Ein Schnitt durch den Boden

Wie Erinnerungen sich übereinander schieben

In den Jahren 1999 und 2000 befragte ich zusammen mit meinem Kollegen Jens Schley rund 35 Bürgerinnen und Bürger des Städtchens Fürstenberg der Geburtsjahrgänge von 1913 bis 1933 nach ihren Lebensgeschichten und ihren Erinnerungen an das Frauenkonzentrationslager. Dieser Satz klingt einfach. Doch die Wirklichkeit war anders, denn eigentlich wollte zunächst fast niemand mit uns reden. Häufig standen wir vor verschlossenen Türen, trafen auf Misstrauen, Angst und Ausflüchte. Der Schock über die Berichterstattung der Medien im Zusammenhang mit dem Supermarktskandal wirkte noch nach.

In dieser kleinen Stadt, in der niemand anonym bleiben konnte, bewegten wir uns wie auf einem Präsentierteller. Wen wir ansprachen, wer uns absagte oder zusagte, was wir wie fragten – alles wurde genauestens registriert. Nachdem einige Männer und Frauen, die im „Förderverein Mahn- und Gedenkstätte Ravensbrück" engagiert waren, sich zu einem Interview bereit gefunden hatten, brach das Eis an einigen Stellen. Einer vermittelte uns an den Nächsten weiter. Aber immer wieder standen wir, sogar trotz erklärter Bereitschaft zu einem Gespräch, vor fest gefügten Rechtfertigungsstrategien und dem nahezu körperlich spürbaren Unwillen, die Vergangenheit wieder aufzurühren. Diese Situation bedrückte mich manchmal dermaßen, das ich in Telefongesprächen oder Anschreiben unser Gesprächsinteresse am Konzentrationslager und an der Gedenkstätte bis zur Peinlichkeit verharmloste, nur um nicht wieder eine Absage hinnehmen zu müssen. Im Rückblick frage ich mich, ob ich damit nicht meine eigene Abwehr überspielen wollte, die ich gegenüber Leuten empfand, die jahrelang neben dem Konzentrationslager gelebt hatten und die durch diese Erfahrung offenkundig keineswegs alle zu Helfern der Häftlinge oder gar zu Widerstandskämpfern geworden waren.

Jenseits von solchen Projektionen und Vorannahmen jedoch erwies sich der – vielleicht ein wenig vorgeschobene – lebensgeschichtliche Ansatz der Interviews als ziemlich fruchtbar. Die Biografien unserer Interviewpartner bestanden schließlich aus weit mehr als aus den gelegentlichen Kontakten zum nahen Konzentrationslager oder zu den Häftlingen. Die Leute waren zur Schule gegangen, hatten Berufe gelernt, hatten sich verliebt, verheiratet, Kinder bekommen, waren in den Krieg gezogen, vor den Russen geflüchtet, hatten ihr Haus verloren und sich mit der neuen Macht arrangiert. Vor diesem Hintergrund gewann auch das anfangs so schattenhafte „Lager", von dem kaum jemand etwas gewusst haben wollte, mehr und mehr Kontur.

Die Wirklichkeit, die sich in den Gesprächen offenbarte, war komplizierter und komplexer. Die Frage, ob die Fürstenberger hingeschaut oder weggeschaut hatten, verblasste irgendwann vor der Frage, wie sie ihre Leben gelebt hatten direkt neben dem Ort des Verbrechens und was für eine Rolle diese räumliche Nähe später in ihren Erinnerungen, in ihrem Umgang mit der Vergangenheit spielte. Es ging nicht mehr nur darum, was unsere Interviewpartner gesehen und wie sie auf das Gesehene reagiert hatten, sondern auch darum, ob und wie ihre Wahrnehmungen und Bewertungen sich nach dem Erlebnis von mindestens zwei gesellschaftlichen Brüchen – 1945 und 1990 – veränderten.

Im Verlauf der Gespräche hatte ich oft das Gefühl, dass wir nach und nach unterschiedliche Ebenen von Erinnerungen freilegten. Das geschah zwar weder logisch noch chronologisch, aber trotzdem entstand bei mir die Vorstellung eines Schnittes durch den Boden, der die verschiedenen Erfahrungen und Deutungen wie die Linien und Farben in einem Bodenprofil sichtbar macht. An manchen Stellen gingen die Schichten ineinander über, vermischten sich in der Erinnerung, während andere Zeitebenen oder auch nur einzelne Erlebnisse eingeschlossen und verkapselt blieben. Das hatte zweifellos etwas zu tun mit dem Wechsel von Machtverhältnissen, mit radikalen Paradigmenwechseln, mit Tabus, die nach vielen Jahren plötzlich aufgehoben bzw. ausgewechselt wurden.

Das Ende von NS-Herrschaft und Krieg im Mai 1945 bildete zweifellos eine „Schnittstelle" der Erinnerungen. Das Konzentrationslager und seine Insassen erschienen in einem völlig anderen Licht. Die bisher erlebte alltägliche Nachbarschaft zum KZ Ravensbrück, das zwar einerseits Angst eingeflößt hatte, dessen Anwesenheit aber auch in unterschiedlichem Maße akzeptiert worden war oder sogar Nutzen gebracht hatte, musste von einer hermetischen Rechtfertigungshaltung umhüllt werden. Zur gleichen Zeit erlebten sich viele unserer Gesprächspartner vor allem als Opfer von Willkür und Gewalt der Sieger. Vermutlich gingen diese beiden Erinnerungsschichten damals eine enge Verbindung miteinander ein. Sie wurden schließlich zugedeckt von der antifaschistischen Deutungsversion der DDR-Zeit, in der einerseits die Fürstenbergerinnen und Fürstenberger und ihre Verwicklungen in die Geschichte keine Rolle mehr spielten und andererseits die Willkür der Besatzungsmacht nicht mehr thematisiert werden durfte.

Um im Bild zu bleiben: Die tektonischen Beben, die den Jahren 1989/1990 folgten, legten verschüttete Erinnerungen wieder frei und rüttelten das „Bodenprofil" an einigen Stellen durcheinander. Dabei scheint es, als habe das jahrzehntelang offiziell beherrschende DDR-Geschichtsbild die geringsten Spuren hinterlassen. Obwohl lange Zeit zweifellos akzeptiert, weil es die Möglichkeit bot, gewissermaßen eine neue Identität anzunehmen und bei loyalem Verhalten auf die Seite der Sieger zu wechseln, führten die kontrastierenden eigenen Erinnerungen und früheren Deutungen unter diesem Deckel vermutlich weiterhin ihr Eigenleben. Weil sie aber allenfalls im privaten Kreis artikuliert werden konnten, wurden sie niemals hinterfragt. Als das Jahr 1990 sie wieder an die Oberfläche brachte, war die Bindekraft der antifaschistischen Geschichtsversion bereits in dem Maße geschwunden, in dem die Verheißungen der neuen Gesellschaft sich nicht erfüllt hatten.

Aber vielleicht fanden in dieses Amalgam aus Rechtfertigungsformeln und den endlich öffentlich formulierbaren eigenen Leidensgeschichten auch Einsprengsel der DDR-Erzählung, zumindest semantisch, Eingang. Mir fielen Erzählungen auf, die einander seltsam glichen und in denen unsere Interviewpartner/innen die Erlebnisse ihrer Ehemänner, Väter, Mütter oder Brüder als Opfer von Gewalt der Besatzungsarmee wiedergaben und sie in Begriffe und Sprachbilder kleideten, die wir allgemein mit der NS-Verfolgung in Verbindung bringen. Angesichts des vorherrschenden Diskurses über die NS-Verbrechen waren diese Geschehnisse vielleicht nur auf diese Weise fassbar und erzählbar geworden. Vielleicht verband sich damit der unbewusste Wunsch, die eigenen Leiden in die Nähe der Opfer der

NS-Diktatur zu rücken. Es lässt sich wohl nicht mehr zurückverfolgen, seit wann die Begriffe „Hungermarsch“ oder „Todesmarsch“ für die Deportation der Männer nach Sibirien verwendet wurden. Genauso wenig lässt sich heute noch herausfinden, ob die sowjetischen Soldaten tatsächlich – ebenso wie die SS-Leute während des Todesmarsches der KZ-Häftlinge – Männer, die nicht mehr weitergehen konnten, unterwegs erschossen. So einhellig, wie diese Geschichte wiedergegeben wird, hat sie sich vermutlich nicht überall abgespielt. Derart übereinstimmende Bilder, meist aus zweiter oder dritter Hand übermittelt, deuten eher darauf hin, dass die Erzählungen sich bereits zu bestimmten Mustern verdichtet haben.

Aber zurück zum Profil der Erinnerungsebenen: Während manche Schichten, die in unterschiedliche Zeiten gehören, sich miteinander vermischt haben, sind andere, die eigentlich zusammengehören, voneinander abgespalten. Ich meine das offensichtlich unverbundene Nebeneinander von sehr konträren Aussagen über das Lager und die Häftlinge. Es scheint, als habe es in Ravensbrück mindestens zwei Lager gegeben, vielleicht sogar drei: das „normale“ alltägliche Lager, in das die „leichten Mädchen“ und die „Arbeitsscheuen“ eingesperrt waren, die einigermaßen gut genährt mit einem Lied auf den Lippen durch die Straßen des Ortes zogen; das grauenhafte, schmutzige Lager des Jahres 1945 mit den Leichenbergen, den abgemagerten sterbenden Häftlingen, in das die entsetzten Fürstenbergerinnen zum Aufräumen geschickt wurden; das dritte Lager schließlich war das Ravensbrück der Mahn- und Gedenkstätte, der Ort des heroischen Widerstands der kommunistischen Häftlingsfrauen, eine Erzählung mit tröstlichem Ausgang, die dem unfassbaren Leiden einen Sinn verleihen wollte.

Was passiert, wenn diese drei getrennten Ebenen plötzlich zusammentreffen? Fügen sie sich zu einem komplexen Bild oder bleiben unerklärte und beunruhigende Restformen, die über die Ränder ragen, Leerstellen, in denen sich das eigene Erleben spiegelt? Die Schutzfunktion solcher Aufspaltungen wird auch bei den Äußerungen über die Aufseherinnen deutlich. Offenbar war es vielen Gesprächspartnern unmöglich, das in der Nachkriegszeit rasch verbreitete Bild von der grausamen Aufseherin, der „Bestie“, als die Dorothea Binz und (etwas abgeschwächt) auch Margarete Mewes galten, mit den netten, braven Nachbarstöchtern und Schulkameradinnen in Verbindung zu bringen, die im KZ gearbeitet hatten und die sich „bestimmt nichts hatten zuschulden kommen lassen". Schließlich kannte man sich aus der Schule und war zusammen konfirmiert worden.

Zum Schluss sei noch angemerkt, dass Fürstenberg ein Beispiel ist. Es steht für viele ostdeutsche Orte, in denen die Menschen ihre widersprüchlichen Erfahrungen mit ähnlichen Wörtern beschreiben. Zweifellos hat die räumliche Nähe zum Frauen-Konzentrationslager und die spätere jahrzehntelange Anwesenheit der Sowjetischen Armee die Situation dramatisch zugespitzt. Die Brüche und Kontinuitäten in der Erinnerungslandschaft des vergangenen gewalttätigen Jahrhunderts drängen sich hier wie in einem Mikrokosmos zusammen. Ihre Nähe zu einem Ort des Verbrechens hat die Bürger von Fürstenberg nicht zwangsläufig zu Komplizen der Verbrecher gemacht. Aber diese Nähe machte sie alle zu Zeugen des Geschehens, sie brachte Versuchungen und Verstrickungen mit sich und sie erlegte ihnen die Last einer Verantwortung auf, die zu tragen sie und ihre Kinder sich bis heute schwer tun. Die Enkel und Urenkel werden es vermutlich leichter haben, dies zu akzeptieren.

Annette Leo

Leben als Balance-Akt

Wolfgang Steinitz
Kommunist, Jude, Wissenschaftler

Kaum vorstellbar, was sich da in einem einzigen Leben zusammendrängt: ein hochbegabter Sohn aus jüdisch-bildungsbürgerlichem Hause, der in jungen Jahren in die KPD eintrat und als Mitarbeiter des sowjetischen Geheimdienstes die Welt verändern wollte, der Widerstand gegen Hitler leistete, ins Exil floh, der zur Gründergeneration der DDR gehörte und sich schließlich resigniert aus der Politik zurückzog. Gleichzeitig gelang ihm eine einzigartige Karriere als international beachteter Volkskundler und Spezialist für finnisch-ugrische Sprachen. In Sibirien zeichnete er die Lieder und Mythen eines kleinen Volkes auf. Nach seinem Lehrbuch erlernte eine ganze Generation von Schülern im Nachkriegsdeutschland die russische Sprache. Seine Sammlung revolutionärer Volkslieder wurde im Osten wie im Westen gleichermaßen populär.

Wolfgang Steinitz bezauberte die Menschen in seiner Umgebung mit einer „unwiderstehlichen Substanz“, wie Alfred Kantorowicz es nannte, aus Klugheit und Naivität.

2004 · ISBN 978-3-936411-49-2 · 363 Seiten · 19,– Euro

(M) | METROPOL

Annette Leo

Umgestoßen

Provokation auf dem Jüdischen Friedhof in Berlin Prenzlauer Berg 1988

Zu Beginn des Jahres 1988 kletterten fünf Jugendliche mehrmals nachts über die Mauer des Jüdischen Friedhofs an der Schönhauser Allee, stießen Grabsteine um und riefen antisemitische Parolen. Als die Polizei sie schließlich verhaftete, wurde der „Einzelfall" zum DDR-Problem: Die Vorbereitungen für eine Gedenkkampagne anlässlich des 50. Jahrestages des Novemberpogroms waren in vollem Gange. Die DDR wollte sich als „wahre Heimstatt" der Juden präsentieren, als ein Staat, in dem die Wurzeln des Antisemitismus für immer ausgerottet seien. Es kam zu einem Schauprozess, bei dem die hohen Gefängnisstrafen für die 16/17-Jährigen schon vorher feststanden. 15 Jahre später suchte die Historikerin Annette Leo nach den Spuren des Geschehens. Sie sprach mit den Verurteilten, mit deren Mitschülern und Lehrern, mit Anwälten und einem der Stasi-Vernehmer. Aus den unterschiedlichen Erinnerungen der Akteure entstand eine Momentaufnahme der DDR, ein Jahr vor ihrem Ende.

Reihe ZeitgeschichteN, Band 2

2005 · ISBN 978-3-938690-06-2 · 156 Seiten · 16,– Euro

Simone Erpel (Hrsg.)

Im Gefolge der SS:
Aufseherinnen des Frauen-KZ Ravensbrück

Begleitband zur Ausstellung

Das Frauen-Konzentrationslager Ravensbrück diente zwischen 1942 und 1944 als zentrales Ausbildungslager für weibliches KZ-Personal.
Über 3500 SS-Aufseherinnen hielten in ihren zumeist niederen Rängen das Lagersystem am Laufen. Sie nahmen Verbrechen billigend in Kauf oder waren selbst daran beteiligt. Wer waren diese Frauen und wie wurde ihre Beteiligung an den KZ-Verbrechen nach 1945 juristisch geahndet? Wie gingen überlebende Häftlinge mit den Erinnerungen an ihre Peinigerinnen um? Auf welche Weise wurde weibliche Täterschaft im öffentlichen Gedächtnis, aber auch im Familiengedächtnis und in der Nachbarschaft des ehemaligen Frauen-KZ tradiert?
Die in dem Begleitband zur Ausstellung versammelten Beiträge gehen diesen Fragen nach.

Schriftenreihe der Stiftung Brandenburgische Gedenkstätten, Band 17

2007 · ISBN 978-3-938690-19-2 · 374 Seiten · 22,– Euro

(M) | METROPOL

Gedenkbuch für die Opfer des Konzentrationslagers Ravensbrück 1939–1945

Herausgegeben von der Mahn- und Gedenkstätte Ravensbrück

Wissenschaftliche Leitung:
Bärbel Schindler-Saefkow
unter Mitarbeit von *Monika Schnell*

Im Jahr 2005, 60 Jahre nach der Befreiung des Frauen-Konzentrationslagers Ravensbrück ist das Gedenkbuch erschienen mit den Namen von 13 161 Frauen, Männern und Kindern, die als Häftlinge nach Ravensbrück verschleppt wurden und dort bei Vernichtungsaktionen ermordet worden sind oder an Hunger, Kälte, Erschöpfung und auf Todestransporten starben.
Viele seit der Befreiung unbekannt gebliebene Schicksale konnten aufgeklärt werden. An dem Projekt Gedenkbuch Ravensbrück wurde jahrelang weltweit gearbeitet.

2005 · ISBN 978-3-936411-75-1 · 728 Seiten · 36,–Euro

Linde Apel

Jüdische Frauen im Konzentrationslager Ravensbrück 1939–1945

Sie sind bisher von der Forschung weitgehend unbeachtet geblieben: jüdische Frauen, die in den Jahren 1939 bis 1945 im Konzentrationslager Ravensbrück inhaftiert waren. Linde Apel fragt nach ihren Haftbedingungen, dem System der Zwangsarbeit und den Formen ihres gewaltsamen Sterbens. Die Untersuchung, die auf neu erhobenen ebenso wie auf vorliegenden und erstmals ausgewerteten mündlichen und schriftlichen Selbstzeugnissen jüdischer und nichtjüdischer Frauen sowie auf Gestapo-Akten und KZ-Dokumenten basiert, leistet einen Beitrag zur Konzentrationslagerforschung und zur Geschichte des Holocaust.

2003 · ISBN 978-3-936411-03-4 · 422 Seiten · 21,– Euro